全国革命老区县发展史丛书——山西卷

古县革命老区发展史

古县老区建设促进会 编

山西出版传媒集团　山西人民出版社

图书在版编目（CIP）数据

古县革命老区发展史 / 古县老区建设促进会编. -- 太原：山西人民出版社，2022.5
 ISBN 978-7-203-12048-3

Ⅰ．①古… Ⅱ．①古… Ⅲ．①古县－地方史 Ⅳ．①K292.54

中国版本图书馆CIP数据核字(2021)第276608号

古县革命老区发展史

编　　　者：	古县老区建设促进会
责任编辑：	员荣亮
复　　审：	贾　娟
终　　审：	梁晋华
装帧设计：	王聚金

出 版 者：	山西出版传媒集团·山西人民出版社
地　　址：	太原市建设南路21号
邮　　编：	030012
发行营销：	0351－4922220　4955996　4956039　4922127（传真）
天猫官网：	https://sxrmcbs.tmall.com　电话：0351－4922159
E—mail：	sxskcb@163.com　发行部
	sxskcb@126.com　总编室
网　　址：	www.sxskcb.com

经 销 者：	山西出版传媒集团·山西人民出版社
承 印 厂：	山西万佳印业有限公司

开　　本：	787mm×1092mm　1/16
印　　张：	25.5
字　　数：	350千字
版　　次：	2022年5月　第1版
印　　次：	2022年5月　第1次印刷
书　　号：	ISBN 978-7-203-12048-3
定　　价：	148.00元

如有印装质量问题请与本社联系调换

编纂委员会

主　　　任：庞明明
常务副主任：赵晨伟
副　主　任：贾晓文　阴和平　李荣强
　　　　　　赵贤慧　周　兴　孙林峰
委　　　员：董玲爱　刘红亮　亓国峰　孟繁盛　苏红光
　　　　　　于志明　酉振国　王保芳　杨晓亮　杨青保
　　　　　　张玉敏　刘金生　吴俊君　马玉林　李滨峰
　　　　　　刘云峰　刘广亮　贾　辉　任　斌　李俊峰
　　　　　　李云鹏　程财旺　孙江涛　郭剑虹　刘金虎
　　　　　　李晋川　王红刚

编辑部

主　　　编：王文选
执行主编：赵新民
副　主　编：王学亮　亓采祥　付珍祥
　　　　　　李永辉　韩志亮
编　　　辑：李　宁　王建红　兰瑞鹏
　　　　　　范国忠　范国宏　惠聚义
摄　　　影：孟福红
提供资料：赵秉峰　赵怀林　张栋家　郭建军　侯为民

侯国让　张栓魁　马德草　郭　璟　李丹丹
李　丽　冯拴云　武绍君　马方俊　阴森奎
鞠　蓉　许　磊　阴宏超　张婷婷　张志鹏
刘晋玲　赵　婧　刘金柱　刘如卫　王　勇
郭旺旺　杨　昊

办公室

主　　任：韩志亮
副 主 任：兰瑞鹏　王建红
工作人员：邹婷婷　郭明慧　纪红丽

审核委员会

主　　　任：庞明明
常务副主任：赵晨伟
副 主 任：贾晓文　阴和平　李荣强　赵贤慧
　　　　　周　兴　孙林峰
委　　员：刘红亮　亓国峰　孟繁盛　苏红光
　　　　　杨晓亮　刘广亮　李秀萍　杨青保
　　　　　杨广诗　孙　立　王文选　李建国
　　　　　曹廷元

古县革命老区发展史

古县政务中心

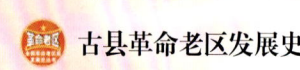 古县革命老区发展史

古县革命老区发展史

县城全貌

古县革命老区发展史

全国文明城市

国家卫生县城

国家园林县城

古县荣获"全国文明城市"称号

县四大班子重温入党誓词

古县革命老区发展史

县委书记庞明明指导脱贫攻坚工作

县委副书记、县长赵晨伟下乡调研

古县革命老区发展史

县委副书记贾晓文在南垣乡调研

《古县革命老区发展史》评审会

古县革命老区发展史

蔺相如塑像

牡丹仙子塑像

总 序

在举国欢庆中华人民共和国成立70周年前夕，中国老区建设促进会王健会长请我为"全国革命老区县发展史丛书"作序，作为一名在老区战斗过并得到老区人民生死相助的老兵，回首往事，心潮澎湃，感慨万千，深感义不容辞。

中国革命老区，是以毛泽东为代表的中国共产党人在领导人民推翻帝国主义、封建主义和官僚资本主义三座大山，争取民族独立和人民解放伟大斗争中建立的革命根据地，在这片红色的土地上，诞生了无数可歌可泣的革命英雄儿女，为后人树起了一座座不朽的丰碑，她是新中国的摇篮，是党和军队的根。

在艰苦卓绝的战争年代，老区人民把自己的命运与中华民族的命运紧紧地联系在一起，与中国共产党和人民军队的命运紧紧地联系在一起，他们生死相依，患难与共。我曾亲历过战争年代，并得到过老区红哥红嫂的救助，切身感受到发生在身边的一幕幕感天动地的革命故事，在那极其艰难的条件下，老区人民倾其所有、破家支前，不怕艰难困苦，不怕流血牺牲。"最后一碗米送去做军粮，最后一尺布送去做军装，最后一件老棉袄盖在担架上，最后一个亲骨肉送去上战场"，这是当时伟大的老区人民为建立新中国做出巨大牺牲的真实写照，它将永远镌刻在中国共产党、中国人民解放军、中华人民共和国的历史丰碑上。

他们的光辉业绩永载史册，他们的革命精神必将影响一代又一代的革命新人，造就一代又一代的民族脊梁。在社会主义革命和建设时期，革命老区和老区人民响应党的号召，面对落后的面貌、脆弱的经济、恶劣的生态环境，他们本色不变，精神不丢，自力更生，艰苦奋斗，干一行爱一行。始终坚持"革命理想高于天"，自觉做共产主义远大理想的坚定信仰者和忠实实践者，勇于向恶劣的自然环境和贫穷落后宣战，他们在各条战线上为国建功立业，用平凡的双手创造了一个又一个不平凡的奇迹，彰显了老区人的崇高精神和人格力量。

在改革开放的伟大进程中，老区人民解放思想，勇于创新，发奋图强，攻坚克难，老区的经济社会建设取得了辉煌成就。特别是在改变中国的面貌、中华民族的面貌、中国人民的面貌、中国共产党的面貌的伟大实践中发挥了至关重要的作用。老区人民既是改革开放的参与者，也是改革开放的推动者。

艰苦练意志，危难见精神。老区人民在近百年的革命战争、社会主义建设和改革开放的伟大实践中，孕育形成了伟大的老区精神：爱党信党、坚定不移的理想信念；舍生忘死、无私奉献的博大胸怀；不屈不挠、敢于胜利的英雄气概；自强不息、艰苦奋斗的顽强斗志；求真务实、开拓创新的科学态度；鱼水情深、生死相依的光荣传统。这是党和人民宝贵的精神财富、丰厚的政治资源，是凝心聚力、振奋民族精神的重要法宝，也是社会主义核心价值观的重要内容。

中国老区建设促进会怀着强烈的政治责任感和历史使

命感，组织全国各地老促会人员克服困难，尽心竭力编纂"全国革命老区县发展史丛书"，记录老区的光辉历史和辉煌成就，传承红色基因，弘扬老区精神，是功在当代，利及千秋的一件大事。手捧这部丛书的部分书稿，读着书中的故事，倍感亲切，深感这部丛书具有资政、育人、存史的社会功能，有着重要的时代和历史价值。它是不忘初心、牢记使命的源头活水，是赞颂共产党、讴歌老区人民的一部精品力作，是弘扬老区精神、传承红色记忆的丰厚载体，是一项继承优秀传统文化、弘扬革命文化、发展社会主义先进文化，坚定"四个自信"的宏大文化工程。它必将成为一种文化品牌，为各界人士了解老区宣传老区支持老区提供一部有价值的研究史料。希望读者朋友们能从中了解并牢记这些为党和民族的利益不断奉献的老区人民，从中得到教益，汲取人生奋斗的精神动力。

新时代赋予新使命，新起点开启新征程。让我们更加紧密地团结在以习近平同志为核心的党中央周围，坚持以习近平新时代中国特色社会主义思想为指导，增强"四个意识"，坚定"四个自信"，做到"两个维护"，弘扬老区精神，铭记苦难辉煌，为实现"两个一百年"奋斗目标，实现中华民族伟大复兴的中国梦作出新的更大的贡献！

2019 年 4 月 11 日

序

中共古县县委书记　庞明明
古县人民政府县长　赵晨伟

《古县革命老区发展史》历经数年编纂，几易其稿，现在终于正式出版。恰逢建党100周年和建县50周年之际，实属可喜可贺！

古县是太岳革命老区、战国名相蔺相如故里，不仅有着灿烂的历史文化，而且有着光荣的文化传统。千古名相留下"和"的传承，千年牡丹护佑国泰民安；太岳中学传递抗日烽火，岳阳楼碑记述古岳沧桑；三晋春秋镌刻太岳之巅，勤劳的古县人民在这片热土上播洒汗水，努力拼搏出可歌可泣的历史传奇。

在艰苦卓绝的战争年代，这里是晋冀鲁豫边区太岳区党政军机关驻扎地，朱德、刘少奇、邓小平、陈赓等老一辈革命家都曾在这里开展革命活动。老区人民生死相依、患难与共，冒着敌人的炮火奔赴前线、英勇杀敌，先后有7706名青壮年参军、参战，3万余名民兵、民工和群众远征支前，200余名干部支援新区建政工作，400余名党员、干部、战士、民兵和民工血染疆场、为国捐躯。他们用生命和鲜血谱写了一曲曲壮丽的凯歌，铸造了一座座不朽的丰碑。他们的光辉业绩永载史册，他们的革命精神必将影响一代又一代的革命新人，造就一代又一代的民族脊梁。

中华人民共和国成立后，在历届县委、县政府的正确领导下，老区人民不屈不挠、艰苦奋斗、群策群力、奋发图强，发挥聪明才智，努力重建家园，在一穷二白的古岳大地上，绘出了最新最美的图画，赢得了一个又一个胜利和辉煌。

在社会主义革命和建设时期，老区人民积极响应党的号召，面对落后的面貌、脆弱的经济、恶劣的生态环境，始终坚持"革命理想高于天"，勇于向恶劣的自然环境和贫穷落后宣战，在各条战线上用平凡的双手创造了一个又一个不平凡的奇迹，彰显了老区人的崇高精神和人格力量。1958年古县被国务院授予"干果经济林之乡"，2010年古县核桃获国家农产品地理标志。

在改革开放的伟大进程中，勤劳朴实的老区人民解放思想、勇于创新、抢抓机遇、乘势而上，利用区位优势，打造了"古岳古树""旧县小米""太岳连翘"等一个又一个特色品牌，经济社会建设取得了辉煌成就。特别是在改变古县的面貌的伟大实践中发挥了至关重要的作用。

党的十八大以来，在以习近平同志为核心的党中央坚强领导下，老区人民高举习近平新时代中国特色社会主义思想伟大旗帜，紧紧围绕县委"1234"工作重心，成功摘得"全国文明城市"金字招牌，省级经济技术开发区获批设立，国道341线古县至洪洞段改建工程开工建设，"古岳古树"核桃品牌舞起农业产业化发展龙头，"天下第一牡丹"AAAA级景区建设巩固提升。如今的古县老区，街道纵横交错，高楼高耸入云，花草芳香四溢，树木郁郁葱葱，充满盎然生机。

序

古县老区建设促进会怀着强烈的政治责任感和历史使命感,组织全县老促会人员克服困难,尽心竭力编纂《古县革命老区发展史》,记录古县老区的光辉历史和辉煌成就,传承红色基因,弘扬老区精神。手捧这本书的部分书稿,读着书中的故事,倍感亲切,深感这本书具有资政、育人、存史的社会功能,有着重要的时代和历史价值。希望读者朋友们能从中了解并牢记这些为党和民族的利益不断奉献的老区人民,从中得到教益,汲取人生奋斗的精神动力。

新时代赋予新使命,新起点开启新征程。让我们更加紧密地团结在以习近平同志为核心的党中央周围,坚持以习近平新时代中国特色社会主义思想为指导,增强"四个意识",坚定"四个自信",做到"两个维护",弘扬老区精神,铭记苦难辉煌,为实现"两个一百年"奋斗目标,实现中华民族伟大复兴的中国梦作出新的更大的贡献!

编写说明

2017年6月,中国老区建设促进会组织全国各地老促会启动编纂"全国革命老区县发展史丛书",按照"建立中国共产党、成立中华人民共和国、推进改革开放和中国特色社会主义事业"三大里程碑的历史脉络,系统书写革命老区百年历史,深入挖掘革命老区红色文化资源,这对于充实丰富中国革命史籍宝库、在新时代传承红色基因、弘扬革命精神、强固根本,对于激励人们在新的历史条件下夺取中国特色社会主义伟大胜利,实现中华民族伟大复兴的中国梦具有重要意义。

丛书编纂以习近平新时代中国特色社会主义思想为指导,以《中国共产党历史》《中国共产党的九十年》等重要文献为基本依据,以党的领导为核心,以老区人民为主体,以老区发展为主线,体现历史进程特征,突出时代发展特色,坚持辩证唯物主义和历史唯物主义相统一、历史真实性与内容可读性相统一的原则,书写革命老区从站起来、富起来到强起来的光辉革命史、不懈奋斗史、辉煌成就史,把老区人民的伟大贡献、伟大创造、伟大成就、伟大精神充分展示出来,形成一部具有厚重历史特征和鲜明时代特色的精品力作。这是一部培根铸魂、守正创新,既为历史立言,又为时代服务,字里行间流淌着红色血脉、催生着革命激情的传世之作。丛书的编纂出版将成为讴歌党讴歌人民讴歌时代、传播红色文化、为革命老区和老区人民树碑立传的重要载体。

丛书按照编年体与纪事本末体相结合、以编年体为主的编写体例确定框架结构；运用时经事纬、点面结合的方式记述史实；坚持人事结合、以事带人的原则处理人与事的关系；采取夹叙夹议、叙论结合以叙为主的方法展开内容。做到了史料与史论、历史与现实、政治与学术统一，文献性、学术性、知识性相兼容。

为编纂好"全国革命老区县发展史丛书"，打造红色文化品牌，中国老区建设促进会认真组织，积极协调，提出政治立场鲜明、史料真实准确、思想论述深刻、历史维度厚重、时代特色突出、编写体例规范、篇目布局合理、审读把关严格、出版制作精良的编纂出版总要求，力求达到革命史籍精品的精神高度、思想深度、知识广度、语言力度，增强丛书的权威性和社会影响力。各省（区、市）、市（州、盟）、县（市、区、旗）老促会的同志，以强烈的使命感、责任感和紧迫感，勇于担当，积极作为，认真实施，组织由老促会成员、专家学者等参加的十余万人的编纂队伍。编纂工作主体责任在县，省、市组织协调、有力指导、审读把关。各方面人员以高度负责的精神和科学严谨的态度，满腔热情地投入工作，为丛书编纂出版做出了重要贡献。丛书编纂工作还得到了党和国家有关部委、地方各级党委政府及有关部门的大力支持和积极参与，社会各界也给予了热情帮助。中共中央政治局原委员、中央军委原副主席、原国务委员兼国防部长迟浩田上将，对老区人民怀有深厚感情,对革命老区建设发展十分关注,欣然为"全国革命老区县发展史丛书"作总序。丛书由总册和1599部分册(每个革命老区县编纂1部分册)组成,共1600册。鉴于丛书所记述的史实内容多、时间跨度长和编纂时间紧,不妥之处,敬请批评指正。

中国老区建设促进会

目 录

总序 ··· 1
序 ··· 5
编写说明 ··· 8
概述 ··· 1

第一编 革命老区的形成和发展

第一章 抗日根据地的建立 ··················· 11
 第一节 建立根据地的有利条件 ··········· 11
 第二节 建立共产党组织 ····················· 16
 第三节 建立抗日民主政权 ·················· 21
 第四节 建立和发展抗日武装 ··············· 26

第二章 抗击日本侵略军的斗争 ············· 34
 第一节 抗日军事斗争概述 ·················· 34
 第二节 主动出击打击敌人 ·················· 36
 第三节 粉碎敌人奔袭的战斗 ··············· 40
 第四节 围攻日军据点 ························ 44

第三章 抗战中的牺牲和贡献 ················ 51
 第一节 日军占领古县 ························ 51
 第二节 日军在古县制造的血腥惨案 ······ 54

第三节　人员伤亡和财产损失情况……58
第四节　古县老区对抗战的贡献……59

第四章　解放战争的大后方……65
第一节　积极参加自卫反击战……65
第二节　民兵征战、民工支前支援战略反攻……68
第三节　青壮年踊跃参军入伍……71
第四节　抽调干部支援新区建设……72

第五章　根据地的经济和社会发展……75
第一节　从减租减息到土地改革……75
第二节　从大生产运动到全县经济的恢复和发展……80
第三节　组织起来互助合作……84
第四节　老区的文教和卫生事业……87
第五节　革命老区模范村——贾寨……95

第二编　在社会主义革命和建设中探索前行

第一章　乡村体制沿革……103
第一节　互助合作及初高级合作社……103
第二节　人民公社……104

第二章　国民经济恢复时期的农业生产……106
第一节　改变耕作方式……106
第二节　农业机械……107
第三节　水利事业……108

第三章　植树造林　绿化家乡……111
第一节　育苗……111
第二节　植树造林……111

第三节　古县核桃……………………………………………113

第四章　工业交通在起步中求发展……………………………117
　　第一节　县办集体工业………………………………………117
　　第二节　乡镇及村办企业……………………………………118
　　第三节　国营工业企业………………………………………119
　　第四节　公路建设与养护……………………………………122
　　第五节　公路运输……………………………………………124
　　第六节　邮政电信……………………………………………125

第五章　文体事业稳步向好……………………………………127
　　第一节　中华人民共和国成立初期的群众文化……………127
　　第二节　继承和发展文化艺术………………………………129
　　第三节　蓬勃开展体育运动…………………………………131
　　第四节　文物普查与保护……………………………………133

第六章　卫生事业欣欣向荣……………………………………136
　　第一节　防疫工作……………………………………………136
　　第二节　妇幼保健……………………………………………138
　　第三节　医疗卫生……………………………………………140
　　第四节　公共卫生……………………………………………141
　　第五节　名老中医……………………………………………141

第七章　教育事业成就辉煌……………………………………143
　　第一节　幼儿教育……………………………………………143
　　第二节　普通教育……………………………………………144
　　第三节　职业技术教育………………………………………146
　　第四节　成人教育……………………………………………146
　　第五节　教育管理和经费……………………………………147

第三编　老区与改革开放同行

- 第一章　农业经济稳步发展……………………………………151
  - 第一节　农业改革的探索……………………………………151
  - 第二节　林业…………………………………………………155
  - 第三节　水利水保……………………………………………158
  - 第四节　畜牧业………………………………………………161
  - 第五节　农机事业……………………………………………163
- 第二章　工业经济突飞猛进……………………………………165
  - 第一节　工业经济的改革与发展……………………………165
  - 第二节　煤炭工业……………………………………………166
  - 第三节　焦化工业……………………………………………167
  - 第四节　建材工业……………………………………………169
  - 第五节　乡镇企业……………………………………………169
  - 第六节　邮政电信……………………………………………171
- 第三章　文化旅游蓬勃发展……………………………………172
  - 第一节　文化事业……………………………………………172
  - 第二节　旅游产业……………………………………………173
- 第四章　社会事业全面进步……………………………………177
  - 第一节　社会保障……………………………………………177
  - 第二节　城乡居民生活和消费………………………………182
- 第五章　财税商贸日益增长……………………………………184
  - 第一节　财政税收……………………………………………184
  - 第二节　商业贸易……………………………………………186
- 第六章　城市建设日新月异……………………………………188

第一节　城市建设……………………………188
　　第二节　城市园林化建设……………………190
第七章　交通运输四通八达………………………191
　　第一节　公路交通……………………………191
　　第二节　运输…………………………………193
　　第三节　"村村通"工程………………………194
第八章　科技教育蒸蒸日上………………………196
　　第一节　教育事业……………………………196
　　第二节　科技事业……………………………203
第九章　卫生防疫谱写新篇………………………207
　　第一节　医疗…………………………………207
　　第二节　卫生防疫和妇幼保健………………210
　　第三节　爱国卫生……………………………212
　　第四节　计划生育……………………………213
第十章　广播电视覆盖城乡………………………215
　　第一节　有线广播……………………………215
　　第二节　电视…………………………………216
第十一章　党的建设和精神文明建设……………218
　　第一节　党的建设……………………………218
　　第二节　精神文明建设………………………220
第十二章　人民武装坚如磐石……………………223
　　第一节　军事组织……………………………223
　　第二节　军事工作……………………………224
　　第三节　营房建设……………………………226
　　第四节　民兵组织……………………………226
　　第五节　国防教育……………………………228

第四编　十八大以来的辉煌成就

第一章　经济建设取得新成绩……………………………235
　第一节　三农工作………………………………………235
　第二节　煤炭工业………………………………………241
　第三节　焦化产业………………………………………244
　第四节　中小企业………………………………………246
　第五节　经济技术开发区建设…………………………248
　第六节　财税收入………………………………………251

第二章　科教文卫事业开创新局面………………………253
　第一节　文化事业………………………………………253
　第二节　文化旅游事业…………………………………259
　第三节　教育事业………………………………………261
　第四节　医疗卫生事业…………………………………264
　第五节　精神文明建设…………………………………268

第三章　基础设施建设实现新突破………………………272
　第一节　城市建设………………………………………272
　第二节　交通事业………………………………………272

第四章　政法工作不断取得新成就………………………276
　第一节　公安……………………………………………276
　第二节　检察……………………………………………277
　第三节　司法……………………………………………278
　第四节　法院……………………………………………279

第五章　全面打赢脱贫攻坚战……………………………281
　第一节　早期的扶贫工作………………………………281

第二节　精准扶贫的组织机构及责任单位……………283
　　第三节　指导思想及总体目标……………………………286
　　第四节　驻村工作队的任务与管理………………………287
　　第五节　全方位精准扶贫…………………………………290
　　第六节　退出贫困县行列　摘掉贫困县帽子……………301
　　第七节　决战完胜脱贫攻坚………………………………307

第六章　回顾建县 50 周年光辉历程………………………309
　　第一节　纪录片《足迹》回顾总结古县发展历程………311
　　第二节　文艺采风活动"记录古县"………………………312
　　第三节　举办庆祝建县 50 周年书画展、摄影展………313
　　第四节　举办庆祝建县 50 周年系列成就展……………315
　　第五节　"古县文化系列丛书"出版发行…………………317
　　第六节　召开招商引资推介签约会………………………320
　　第七节　召开古县建县 50 周年总结暨全方位推进高质量发展
　　　　　　动员大会……………………………………………321
　　第八节　建县 50 年以来主要荣誉………………………325

附　录

革命领导人路居地……………………………………………331
革命历史遗址……………………………………………………335
革命烈士纪念基地………………………………………………341
　附：革命烈士名录……………………………………………343
红色教育基地……………………………………………………352
党政军领导在古县革命老区活动简介…………………………353
革命战争时期的先烈精英简介…………………………………368

建设时期模范人物……383
历任县委书记、县长名录……389

后　记……392

概　述

　　古县位于山西省南部、临汾市东北部、太岳山南麓、洪安涧河中上游。东与安泽毗邻，南与尧都、浮山相参，西与洪洞接壤，北与霍州、沁源交界。县城距临汾市55千米，距省会太原250千米，距首都北京860千米。境域南北长56.85千米，东西宽20.05千米，总面积1206.38平方千米。境内山脉连绵，沟壑纵横，地势西北高、东南低。最高海拔2346.8米，最低海拔590米。境内有两大水系石壁河、旧县河水系和洪安涧河水系在县城南汇合，向西注入汾河。其中最大水系洪安涧河平均流量0.888立方米/秒，流程63千米。

　　古县属温带大陆性季风气候。春季干旱多风，夏季高温多雨，秋季凉爽湿润，冬季寒冷干燥，四季分明。年平均气温11.8℃，年平均日照2077.5小时，日照率为47%。初霜期10月20日左右，终霜期4月14日左右，年平均无霜期183天。年均降水量512.4毫米，60%集中在7、8、9三个月内。

　　全县地形地貌大致分为三个类型区：北部石山地貌区，平均海拔1333米，面积445.36平方千米，是涧河与蔺河的发源地。区内山峰林立，资源广布，草木丰茂，植被覆盖较好。中东部土石山地貌区，平均海拔1000米，面积581.56平方千米，是黄土丘陵与石质间杂区域。涧河、旧县河、石壁河冲淤而成的河谷川地土壤肥沃，沿河土地开垦比例较大，且气候温和，无霜期长，雨量适中，水源充足，发展种植业条件优越。南部黄土丘陵沟壑区，平均海拔898米，面积179.47平方千米，区内丘陵起伏，土层较厚，土地资源广阔，农田面积大，光照充足，气候温和，为小麦主产区。

古县境内煤炭资源较为丰富。县城至石壁一线以南地区，煤层埋深超过500米。北平、古阳、岳阳境内，煤层埋深小于500米，面积约980平方千米，占县域面积的80%以上，探明储量51.87亿吨，预计可采储量为36.31亿吨，是山西省的优质主焦煤基地。现有煤矿主体企业7家，焦化企业4家。煤炭产能675万吨，焦炭产能657万吨；其次还有硬质耐火黏土、石灰岩、白云岩、硅石、铜、钴、钛、钼、石墨、紫砂陶土稀有矿藏。此外，古县的旅游资源也较为丰富。被誉为"天下第一牡丹"的三合牡丹、树龄已逾数百年的四大树王、战国名相蔺相如墓、隋唐时期罗成阵亡之地淤泥河等都是其中的代表。闻名全国的旅游避暑胜地灵空山、太岳山森林公园位于古县北部。

古县历史悠久，春秋属晋，战国属赵，汉属谷远，魏晋属杨县，北魏建义元年（528）境内建安泽县。隋大业二年（606），安泽改名岳阳。唐、五代、宋，岳阳县均隶属晋州。金、元、明、清，岳阳县改属平阳府。民国3年（1914），岳阳复名安泽。民国27年（1938）7月，因抗战形势需要，县治移驻和川（今安泽境内），隶属山西省三专区。民国28年（1939）本县区域归属晋冀鲁豫边区太岳区八专区。民国29年（1940）岳阳县与安泽县分治，古县区域重建岳阳县，治辛佛村，隶属太岳八专区。民国31年（1942），岳阳县境重新并入安泽县。

1971年7月，从安泽县划出7个公社、浮山县划出3个公社，组建古县，属临汾地区行政公署。1973年，县城迁往岳阳镇张家沟、湾里两村之间的新城。现全县辖5镇1乡、73个行政村、6个社区，总人口7.9万人。

古县是著名的革命老区。早在1926年，安泽县（今古县）进步青年在外地接受马克思主义思想教育，就读太原平民中学、省立第一师范、山西省立一中的学生乔中岳、党新春和党中和毕业后，受党组织委派，在北平一带以教师身份为掩护，秘密从事革命活动，宣传马克思主义和革命主张，并陆续发展到9名党员。

1937年11月，朱德和彭德怀率领八路军总部由晋东南经白素、岳阳、苏堡到洪洞，路居白素村，沿途宣传抗日主张，动员群众团结抗日。1938年2月，朱德率领八路军总部从洪洞到安泽县城关（今古县城关），先后在城关、旧县、核桃垣村、刘垣村住了9天。此间指挥了七里坡阻击战、草峪岭阻击战，迟滞了日军进占临汾的速度，掩护了临汾军政机关和群众的安全撤离。

1938年秋，山西省第六专区河东办事处和牺盟会洪赵中心区河东办事处设立，主任为裴丽生，副主任邹桐、杨振亚，在多沟村五谷寺一带举办多期农、青、妇、民兵各方面的领导骨干培训班，为巩固扩大涧河流域抗日根据地做了大量工作。

1940年1月，中共太岳区党委成立，安子文任书记，王一新任组织部部长，顾大川任宣传部部长，党的工作迅速在这里开展。1942年日军占领沁源县后,安泽(包括古县)就成为太岳区的政治军事中心,以薄一波、安子文、陈赓、牛佩琮、裴丽生等为首的太岳区党政领导机关长期驻扎在宝丰、贾寨一带,指挥着全区的抗日战争。1942年8月,安泽县西南办事处改称岳阳县委后,中共太岳二地委(对外称包头部)从安泽迁往白素村泽泉庄,靠前指挥岳阳县的抗日工作。

1943年1月,晋豫区与太岳区合并,组建新的中共太岳区委员会。同时,组建了新的太岳军区,司令员陈赓、副司令员谢富治,薄一波为政委。原太岳区一、二、三地委、专署、军分区合并为新的太岳一地委、一专署、一分区。第一军分区在贾寨成立,太岳地委、专署在宝丰成立。至1945年5月,驻贾寨、宝丰近两年半,为抗日战争最后胜利发挥了巨大作用。

抗日战争时期,古县境内曾发生大小战斗30余次,其中有朱总司令指挥的著名临屯公路阻击战,太岳军区司令员陈赓指挥的太岳根据地保卫战及支队长景仙洲指挥的辛佛村反击战等。在漫长的抗日战争和解放战争中,英雄的古县老区儿女在中国共产党的领导下,不怕牺牲,前仆后继,先后有7706名青壮年踊跃参军、参战,3万余人(次)民兵和群众分别参加远征支前,5次抽调200余名干部支援新区建设,有400余名党员、干部、战士和民工为国捐躯。古县老区人民用生命和鲜血谱写了一曲曲壮丽的凯歌,铸就了一座座不朽的丰碑。

中华人民共和国成立后,古县老区人民在党和政府的领导下,发扬勤劳勇敢、不怕困难、艰苦奋斗、无私奉献的优良传统，组织起来，走互助合作化道路，依靠自己的双手，迅速医治战争创伤，努力重建家园。在"鼓足干劲，力争上游，多快好省地建设社会主义"总路线指引下，老区人民的生产积极性和创造性空前高涨。农田基本建设、兴修水利、植树造林全面展开，农村经济快速发展，人民生活得到极大改善。同时，利用自然资源优势，发展以煤炭为主的小型工业生产，境内交通、商业、教育、卫生等各项基础建设都取得了一定成就。

改革开放后，古县历届县委、县政府根据实际情况，因势利导。70年代后期提出"北煤南桑"。80年代初期调整为"北抓煤焦铁，南抓农林牧"。90年代初期，制定了"北抓煤焦铁，修田造林兴畜牧；南抓农林牧，稳粮扩经栽果树"的经济开发指导方针。1995年，调整后的县委、县政府领导班子，提出了"一体两翼五大工程"的发展战略，致力于煤焦强县，核桃富民。2001年，旅游业方兴未艾，县委、县政府及时抓住本县丰富的旅游资源，将旅游业发展提上议事日程，提出"长抓核桃短抓菇，改善生态兴畜牧，煤焦企业促提升，建材旅游求突破"的发展方针。

进入21世纪，县委、县政府全面贯彻落实科学发展观，以加快转变经济发展方式为主线，以转型跨越、领先发展为主旋律，大力实施工业新型化、农业产业化、城乡一体化、文化旅游品牌化"四大"发展战略，力求壮大特色农业，提升传统工业，培育新兴产业，创优发展环境，促进民生事业，建设富裕古县、优美古县、文明古县。

党的十八大以来，县委、县政府深入学习贯彻习近平总书记系列重要讲话精神，认真落实中央和省、市各项决策部署,主动适应新常态,践行新发展理念,针对县域经济社会发展存在的突出问题和明显短板,进一步理清工作思路,提出办好"兴煤力保增长、修路打通瓶颈、治污改善环境、扶贫致富乡亲"四件大事,以滚动实施百项工程为抓手,着力抓重点、补短板、强弱项,县域经济社会发展保持良好态势。到2020年底,全县地区生产总值完成50.55亿元,同比增长3.6%;社会消费品零售总额完成10.9亿元,增速高于全市平均水平2.5个百分点,位居全市第二;规模以上工业增加值完成32.2亿元,同比增长5.3%;固定资产投资完成14.1亿元,同比增长26.9%;公共财政预算收入完成4.88亿元,增速高于全市平均水平4.3个百分点;城镇居民人均可支配收入完成35465元,同比增长4.2%;农村居民人均可支配收入完成13146元,同比增长10%;粮食生产喜获丰收,总产量达6000万公斤;核桃产业快速发展,全县共种植23万亩、780余万株,人均3亩经济林,年总产量602.9万公斤,成为全省三大核桃传统产区之一,获国家农产品地理标志认证。

随着经济建设的飞速发展和财政收入的稳步增长,各项社会事业也得到全面发展。交通实现"村村通";电视实现全覆盖;义务教育达国家标准,教学质量稳步提升;卫生医疗改革顺利推进;水、电、暖、合作医疗、农村低保等民生需求得到有力保障。以"天下第一牡丹"为龙头,旅游景点逐步拓展,乡村旅游悄然兴起。人民群众的获得感和幸福感有效提升。

党的建设和精神文明建设进一步加强。党的基层组织由建县时的10个党委、1个总支、144个支部到2020年发展到9个党委、34个总支、300个支部,党员总数由2351人发展到7298人。党的组织教育活动在内容上、形式上不断改进,不断创新,党组织的战斗力、凝聚力进一步增强,党的执政基础更加巩固。在精神文明建设上,通过开展"五讲四美三热爱""讲文明,树新风"、学习宣传贯彻《公民道德建设实施纲要》、"社会主义核心价值观"、评选"古县道德模范""古县最美青少年""古县最美乡村教师"等活动,不断创新精神文明建设的新途径,全县精神文明建设取得了明显成果。

走进新时代,古县县委、县政府坚持以习近平新时代中国特色社会主义思想为指引,全面贯彻落实党的十九大精神,始终把革命老区发展时刻放在心上,贯彻新发展理念,坚持推动高质量发展,聚焦打好"三大攻坚战",统筹推进稳增长、促改革、调结构、惠民生、防风险工作,全面实施乡村振兴战略,全面加强党的建设和干部队伍建设,切实以新思想引领古县发展新时代、以新理念定位古县发展新方向、以新作为推动古县发展新突破、以新担当不负古县发展新使命。2019年以来,新一届县委在深刻把握古县实际,深入调查研究和多方面征求意见的基础上,梳理总结拓展成功经验,进一步提出"擦亮一张名片,做强两大产业,提升三大品牌,办好四件大事"的"1234"工作重心。"擦亮一张名片"就是要擦亮"天下第一牡丹"旅游名片;"做强两大产业"就是要做强以氢能源为主攻方向的能源产业,做强以核桃为主的特色农业;"提升三大品牌"就是要持续巩固提升"全国文明城市""国家卫生县城""国家园林县城"三大国字号品牌。"办好四件大事"就是要全心全意办好当务之急的事、群众期盼的事、增进福祉的事和夯基垒台的事，切实增强人民群众的获得感幸福感安全感。在省、市的高度重视和大力支持下，经过几年努力，全县上下紧紧围绕县委"１２３４"工作重心，干成了一批事关长远发展的大事要事和干群翘首期盼的喜事好事，实现了一系列具有标志性意义的重大突破，古县脱贫攻坚取得决定性胜利，摘掉了贫困县帽子，成功摘得"全国文明城市"金字招牌，省级经济技术开发区获批设立，国道341线古县至洪洞段改建工程开工建设，"古岳古树"核桃品牌舞起农业产业化发展龙头，"天下第一牡丹"名片绽放新光彩，全县经济社会发展和党的建设取得了令人鼓舞的重大成就。

伟大时代充满创造，赢得未来唯有奋斗。让我们更加紧密地团结在以习近平同志为核心的党中央周围，在县委的坚强领导下，不忘初心，牢记使命，凝心聚力，开拓进取，围绕县委"１２３４"工作重心，奋力谱写建设富裕文明美丽幸福古县新篇章，全面开启古县高质量发展的新征程。

第一编

革命老区的形成和发展

（1926—1949）

第一章　抗日根据地的建立

第一节　建立根据地的有利条件

▶ *优越的地理位置，良好的群众基础*

古县地处太岳山南麓，洪安涧河中上游，太岳山主峰老爷顶耸立于古县的西北部，海拔2346.8米，为山西南部最高峰。北部崇山峻岭，层峦叠嶂，森林茂密，灌木丛生；南部丘陵起伏，梯田层层，残垣断壁，沟壑纵横。境内交通闭塞，没有一条像样的道路。这种恶劣的自然环境，正是建立敌后抗日根据地、开展山地游击战争的有利条件。在太岳革命老区，古县属于岳北地区，同安泽县和沁源县一样，都属于太岳区的腹心区，是太岳区西南的重要门户。对于同蒲路沿线的霍县、赵城、洪洞、临汾、襄汾、浮山来说，退，可以成为他们的可靠后方，进，可以作为他们的前进基地。

抗日战争前夕，古县同全国一样，逐步沦为半殖民地半封建社会。帝国主义、封建主义对劳动人民的双重压迫和劳动人民的反抗，构成了古县的主要社会矛盾。大地主和官府互相勾结，通过"领荒"等方式，大量掠夺兼并土地，农民受尽地租和高利贷的剥削。石壁村大地主张庆兰，祖、父、兄三代为官。张家倚仗权势，在领荒时，先后领取大小200多个村庄的土地，年收租达8300石。据1936年统计，古县境内近300户地主，人口不足全县人口的2%，而掠夺农民的租额达到7万多石，几乎占到全县粮食总产量的45%。其中，收租100石以上的地主有82户，收租5.25万石，占总租额的75%。土地集中在大地主手中，无地少地的农民多，地租高利贷剥削残酷，是当时古县农村经济的显著特点。帝国主义列强的掠夺、军阀之间的混战，进一步使人民群众生活在水深火热之中。

▶ **早期共产党员的活动**

五四运动、五卅运动、北伐战争的阵阵风暴，震撼着封闭的古县山区，唤醒了一大批先进的青年学生和知识分子。1924年，中国共产党最早的党员之一高君宇，回到太原创建山西党团组织。当时在太原平民中学、省立第一师范读书的进步青年乔中岳（北平村）、党新春（北平村）、党中和（贾寨村）、李仙洲（旧县村）等学生，接受了马克思主义思想教育，积极参加党团组织领导的各项革命活动，并加入了社会主义青年团，到毕业时又转为共产党员。1926年秋，他们从学校毕业返乡，在北平一带任教，积极从事革命活动，宣传马克思主义和共产党的主张。据当年中共山西省委给中共中央的报告中记载：1927年3月，安泽县（今古县）境内有党员9人。1927年，阎锡山公开"清党"反共，下令通缉共产党员。国民党安泽县党部李云飞、田在九策划在全县逮捕共产党员。乔中岳和党中和被捕，党新春和籍润田躲走。被捕的还有旧县镇的李魁瀛（字仙洲）。乔中岳、党中和、李魁瀛被押往太原山西省反省院严刑拷打，党中和被用药致哑，乔中岳被打残一条腿。

乔中岳在县国民二高任教期间，经常给学生传播革命思想。张万真、任秉政、樊洪权等青年受其教育，投身革命，成长为党的领导干部。在红军东征期间，党新春帮助红军筹集枪支，掩护红军撤退。阎锡山县政府以私通红军罪名把党新春抓捕入狱，摧残致死。

著名电影表演艺术家赵子岳，也是县内较早参加中国共产党的一名热血青年。他于1926年就读省立第一师范期间，加入了社会主义青年团，并担任文艺宣传委员。1936年12月，赵子岳在石家庄由陶鲁笳介绍加入中国共产党。1937年秋，他组织外地回乡的进步青年成立了抗日宣传队，积极配合县牺盟会开展抗日救亡宣传活动。

▶红军东征到古县传播革命火种

1936年2月，以毛主席为总政治委员、彭德怀为总司令，组织了中国人民红军抗日先锋军，并发表了东征宣言。3月22日，红军一部约100余人，到达洪洞县苏堡镇，打开苏堡大地主刘家的粮仓和当铺，救济贫苦农民。当时，辛庄村东全坪（今属古县）佃户程福元等人到苏堡卖炭，红军给他们每人分了几斗小麦，并让他们转告古县的群众到苏堡镇领取典当衣物。3月24日，红军一部由苏堡到并侯村，收缴了村防共保卫团的枪支，向大地主吕洪泉的儿子吕文郁筹集军饷，并开仓济贫。当时正值春荒，贫苦农民纷纷前往领粮。4月1日，有一支红军由洪洞曲亭村到旧县村、尧店村、孙寨村。在孙寨村，红军收缴了村防共保卫团的枪支。红军向旧县村大地主孔祥麟、张福营，尧店村大地主张福兴，孙寨村大地主孙如凯、孙熙等晓以民族抗日大义，动员他们出钱出粮，支持抗战，救济贫民。张福营、孙熙、孙如凯顽固不化，拒不筹粮筹款，被带到洪洞县曲亭村。红军打开他们的粮仓，救济贫民。红军所到之处，宣传抗日救国，发动群众打击土豪劣绅。广大群众看到红军纪律严明，风餐露宿，公买公卖，不拿群众一针一线，真是人民自己的子弟兵，阎锡山的欺骗宣传不攻自破。

另一部红军约200余人，从赵城县兴唐寺翻越霍山，经石滩、凌云村到热留村。在热留村，红军包围了公安局卡子，缴枪8支，并俘虏了警长张贵生等人。4月1日，红军驻扎热留村老爷庙内。4月2日一早，红军由热留村村长赵新林、村警赵丙元带路到达金堆村。在金堆村，红军刷写标语，宣传抗日救国，并把财主赵家昌、李生彦等家的衣物分给穷人。午后，红军向北平镇进发。到达北平镇，在街头书写标语，宣传抗日救国。夜里，红军住在几家旅店和庙里，从未扰民。地下党员党新春帮助红军筹到4支枪，并掩护红军撤退。4月3日，阎锡山防共保卫团一个营也驻扎热留村，到处杀猪宰羊，祸害百姓。鲜明的对比，使红军的光辉形象在热留村民心中深深地扎下了根。4月4日清晨，红军沿乌儿岭南下，天明到上掌村。红军首长和当地进步青年杨晋升等座谈，委托他们隐藏、掩护王永、秦继续等12名伤病员。4月5日，红军撤出县境。

红军在短短十几天时间，到达了北平、古阳、岳阳、石壁、旧县、永乐和南垣等7个乡镇的30多个村庄（今属古县）。红军所到之处斗争土豪劣绅，开仓济贫，发动群众，宣传抗日救国的主张。人民群众看到红军纪律严明，不拿群众一针一线，是亘古未有的文明之师、仁义之师。上治村的李保德、尧店村的王金保、旧县村的邵竹林和范洪德、湾里村阎德庆、辛庄村薛文明、哲才村邓文升、河底村王根明等30多名热血青年报名参加了红军。红军东征传播革命火种，为建立抗日根据地奠定了坚实的思想基础和群众基础。

▶ 牺盟会掀起抗日救亡运动的高潮

在山西，共产党通过改组牺盟会，成功地同阎锡山建立了特殊形式的抗日民族统一战线。从1936年12月开始，训练100多名村政协助员，派往全省各县；举办军政训练班，培训大批抗战干部；动员2万余名进步青年，报考国民兵军官教导团，组建山西新军。

1936年12月，山西牺盟会派张恒业、韩根生等人，以临时村政协助员的身份来到安泽县城（今古县城关），立即分赴各村，宣传抗日救国，发展牺盟会员，动员组织青年报考国民兵军官教导团。北平区张万真、任秉政、房聚奇、樊洪权，城关区李晨、王志学、李荣福、冯春祯、韩忠荣、李泽玉，旧县区的李志忠、张云兴等一大批先进青年带头参加了牺盟会。1937年3月，300余名青年到县城报考国民兵军官教导团，60多名青年被录取赴太谷受训，当年冬被编入山西青年抗敌决死队。

1937年6月，省牺盟总会派巩绍英（中共党员）、董知花（女）等3人到县开展工作，巩绍英任特派员，全县牺盟会组织得到进一步发展。8月，古县牺盟会在城关建立，巩绍英任特派员。10月，县境内两个半区、29个编村、54个副村及139所学校普遍建立了牺盟会组织。一区（城关）牺盟秘书为冯春祯，二区（旧县）秘书为祝金友。各村也都由牺盟会骨干担任中心组长。七七事变后，进一步激发了全县人民的爱国热情，有数千名青年加入了牺盟会，抗日救亡运动空前高涨。牺盟会以公开、合法的身份，协助党开展工作，成立三年来取得了巨大成绩。1939年12月，阎锡山发动反共高潮，进攻新军，破坏牺盟会等抗日群众团体，摧毁抗日政权，屠杀抗日干部。12月17日到26日，全省牺盟会代表大会在晋东南召开，宣布牺盟会完成了自己的历史使命。会后，全县的牺盟会机构全部撤销，工作人员由县委政府另行分配。

第二节 建立共产党组织

▶ 建立抗战时期第一个党小组和第一个党支部

抗日战争爆发后，上级党组织在古县采取多种方法、充分利用牺盟会的合法平台，大力进行党建工作。1938年1月，中共党员吴兴国在北平、热留、古阳一带活动，介绍古阳镇金堆村进步青年韩忠荣加入了中国共产党。1938年3月，韩忠荣在贾寨村秘密发展了原继英、郭顺兴、任栓财3名进步青年加入中国共产党，并成立了抗日战争时期古县第一个农村党小组——贾寨村党小组，原继英任组长。

多沟村（今属岳阳镇南坡村）青年冯春祯1936年12月带头加入牺盟会组织，并于1937年5月考入国民兵军官教导团赴太谷学习培训。培训期间，冯春祯加入了中国共产党。9月，冯春祯随教导团编入新军决死队，到洪洞县万安村训练抗日自卫队。1938年春，冯春祯受党组织委托，回县秘密开展党的工作。他以牺盟会协助员的身份，活动于城关、下冶、多沟、热留一带，宣传抗日救国，为抗日军队筹粮、筹款。5月，冯春祯在自己家乡多沟村大峪庄秘密发展冯春俊、张福英、张福堂、张福成4人加入党组织，成立了抗日战争时期古县第一个农村党支部——多沟村党支部，冯春俊担任支部书记。支部成立后，支部成员经常深入农户家中，宣传党的抗日主张，发展壮大党组织。不久，又吸收了冯春耀、王国隆、冯春景、赵利文、王长禄5人加入党组织，并建立了3个党小组。

▶ **建立共产党县区领导机关**

1938年6月，太岳三专署派中共党员张学纯任安泽县县长。当时，县政府和牺盟会组织已经有了几名共产党员。为了加强党对政府和群团工作的领导，太岳特委派张一樵到安泽县任党组负责人，其公开职务是牺盟会特派员、牺公联主任。同时，特委还派了好几批党员干部担任区长、政府科长和群团负责人。田玉、华逸（女）、郭版图、杨建江、陈热风、徐洪文、王正中、吕思贤等人，都是从三专署和决死队派来的共产党员。他们的努力工作，使改造旧政权、建立抗日武装等项抗日工作能够顺利地开展。

太岳特委建立后，提出建立太岳区根据地的任务，加强了对党建工作的领导。1938年8月，太岳特委派八路军工作团到安泽县，对外称八路军驻安泽县联络处，实际上是党的县委班子。工作团团长张潮（又名龙光瀛）、副团长宋川（又名宋怀和）、成员有董省三、陈登善、李二红、苗熙春等十几位同志。10月下旬，建立了中共安泽县工作委员会，后建立了中共安泽县委，书记张潮，副书记宋川兼管宣传，成员有董省三、县长张学纯和牺公联主任张一樵。1939年5月，太岳地委派任志远、韩柏（又名焦善民）接替张潮、宋川主持县委的工作，任志远任书记。9月，韩柏任县委书记，任明道任副书记，王云任组织部部长，李时维任宣传部部长。

县工委成立以后随即在各区建立了中共区工委（后改为区分委）。当时，安泽县有4个区，县境内有一区（今古县城关）和二区（今古县旧县）。一区分委书记是冯春祯（后为杨盛喜），二区分委书记是苗培学（后为柴占厚、武体太）。一区分委和早期几位共产党员，不断深入村庄，秘密发展党员，建立党组织。韩忠荣在贾寨村建立起党小组以后，于1938年七八月间发展圪堆村的牛照明、乔兴山和安吉村的张水金入党。1939年正月，由县委派往一区分委的领导人李安在圪堆村建立党支部，牛照明任支部书记。1938年8月，韩忠荣介绍金堆村李生浔加入党组织。1939年3月，李生浔先后介绍范如源、原野、杨聚元入党，建立了金堆村党小组，此后建立了党支部。1939年，一区分委书记冯春祯派半脱产的区分委委员冯春俊到辛佛村发展党员。"十二月事变"前，一区分委领导冯春祯、李安、王波和韩忠荣等，在哲才、多沟、韩母、白素、辛佛、热留、相力、金堆、圪堆、安吉等村发展党员，建立党组织。1938年的安泽县二区，包括今旧县镇、石壁乡、永乐乡和南垣乡，临屯公路横穿其中。日军在旧县村、草峪岭和祖师顶建了3个据点，阎锡山的部队也在二区驻扎。1938年10月，县委在二区建立了区分委和抗日区公所，先后派苗培学、柴占厚、武体太到二区担任分委书记，负责建党。1938年在旧县村发展李全德、段秀兰入党。日军占领旧县后，区分委和区公所转移到上治、三合、高城一带。1938年12月，柴占厚在赵寨村发展倪焕文、李修德和王松保入党，建立党小组，1939年10月，建立支部，书记倪焕文，组织委员李修德，同时建立起农会和民兵组织。随后，柴占厚又在高城、三合、朱家窑等村发展党员，建立党组织。

▶ 建立中共岳阳县委

1940年1月，为了建立强大的太岳抗日根据地，中共太岳区党委成立，同时在太岳区的西南部设立太岳二地委，以岳阳、安泽为中心，包括浮山以及洪洞、赵城、临汾、襄汾等县同蒲路以东地区。1940年5月，太岳区召开书记县长联席会议，会议针对太岳区13个县在同蒲路和白晋路的包围之中，十分之八九皆为敌占据点的情况，提出"面向同蒲路，开展敌占区工作"的党的重大任务。会议决定安泽和岳阳两县分治，在涧河流域设立岳阳县。

在此之前，为了加强涧河流域的工作，安泽县委和县政府，于1940年4月设立安泽县驻西南办事处，代行县委政府的职权，办事处主任亢保芳（又名谷震）。4月初，谷震同新任一区区分委书记杨盛喜（又名李之坚）、区长李印堂、农会秘书周一清等同志带领一支武装工作队来到下冶村。4月，决一纵队四十二团、二十五团开赴涧河流域，同日军和卫立功部展开斗争。5月，太岳军区第二军分区在热留成立。7月上旬，太岳军区司令员陈赓率太岳军区主力来到岳阳，指挥了晋家山保卫战，巩固了岳阳抗日根据地，为岳阳县的建立奠定了良好的基础。8月初，中共太岳二地委从安泽县驻地迁到岳阳县泽泉村（今属古阳镇白素村）。

1940年8月1日，任明道、杨泽生一行带着太岳区党委的布告，在岳阳镇辛庄村正式宣布岳阳县成立，县委书记任明道，县长杨泽生，县委副书记李仲甫，县委秘书原野。不久，岳阳县委、县政府移驻古阳镇辛佛村。县委、县政府成立后，将全县划分为5个区。一区（热留）分委书记崔岗（后为郭正卿），二区（上治）书记雷光（后为郭树塘），三区（永乐）书记陈振华，四区（辛佛）书记由县委组织部部长王献英兼任（后为郭佐塘），五区（并侯）未设分委机构，只设了政权机构。

岳阳县委成立后，首先在各区建立了游击分队，由区长兼队长，区分委书记兼政委，另设专职副大队长。接着组建了县游击大队，由县长兼大队长，县委书记兼政委，由副大队长专管军事工作。另外，县区村分别成立了人民武装委员会（简称武委会），大力抓民兵工作。县委把民兵工作作为农村党支部的主要工作之一，规定支部委员中必须设一名武装干事，大力抓对敌斗争。在政权建设方面，岳阳县委结合减租减息、合理负担、反"维持"等工作，按照"三三制"的原则实行村级民主选举，进一步确立了党在抗日根据地的执政地位。

岳阳县委的建立，进一步促进了全县党的建设。岳阳县委建立前,县境内只有7个农村党支部,65名党员。到1942年安泽岳阳合并前,岳阳县32个村,除五马、偏涧、张庄、石壁外,28个村都建立了党组织,18个村建立了党支部,共有党员173名。到抗日战争结束时,全县(不包括今临屯公路以南各村)共建立31个党支部,80个党小组,发展党员565人。

第三节 建立抗日民主政权

▶共产党员邓肇祥担任县长,开始改造旧政权

1937年11月8日,薄一波就任山西省第三专员公署专员,经过一系列工作之后,13个县的县长全部由牺盟会和决死队中的共产党员担任。1937年10月,长治牺盟中心区派共产党员邓肇祥作为中心区巡视员来到安泽县接收和检查工作。11月19日,邓肇祥接替旧县长王纲英担任安泽县县长。上级组织又从临汾调来共产党员朱剑白和邓子坚,朱剑白担任县政府秘书。12月,北方局从八路军总部学兵团派来关子平、祁果、董光(女)、邓钟祥、董坚(女)、乔淑泽(女)6名学员,八路军总部派来红军干部周国钧、侯福安,牺盟总会从决死队派来武装干部陈热风和徐洪文。

在上级党组织的领导下,邓肇祥县长紧紧依靠牺盟会的合法组织,大张旗鼓地开展抗日救亡工作,同时积极对旧的县区政权进行改造。短短三个月的时间,做了大量工作。一是对原县政府的科长作了调整,由县政府秘书、共产党员朱剑白兼教育科长并分管县政府财务,派关子平担任公安队指导员。二是改造县主张公道团。主张公道团是

阎锡山防共反共的组织，邓肇祥在大觉寺举办训练班，揭露县区主张公道团团长贪污腐化、欺压群众的罪行，由邓子坚接任县主张公道团团长，由王志学、吕学义、房洪福、吕青山分别担任4个区团长。三是成立民族革命战争战地总动员委员会（简称动委会）。1937年12月，动委会在城关文庙正式成立，县长邓肇祥任主任，下设组织部、宣传部、经济部和武装部。动委会动员群众参军支前，配合八路军决死队开展抗日工作，协调友军之间的关系，维持地方秩序。四是组建人民抗日武装自卫队，由武装干部陈热风和徐洪文分别担任县人民抗日武装自卫队的队长和指导员。到1938年2月，县抗日自卫队发展到100多人。4个区也建立起抗日自卫队。五是组建了抗日宣传队。动委会成立后，由负责宣传的赵子岳组建30多人的抗日工作团，后改为抗日宣传队。

▶ 夺权事件和县政府迁往和川

1938年1月，国民党军八十三师移驻金堆村，其四九四团驻城北白素村。不久，八十三师派了一个工作团来到县城，处处和县政府搞摩擦，经常提出一些不合理要求，甚至要收编县抗日自卫队。3月初，八十三师派1个连兵力向县城进犯，没有得逞。3月3日，日军轰炸县城，县政府立即召开会议，动员居民转移，县级机关撤至城东张才村。7日，日军撤回洪洞，政府机关返回县城。

3月8日凌晨，八十三师1个团勾结警察局长杨广文进占县城，扣押了县长邓肇祥和秘书朱剑白，抢走县政府印章和几千元公款。当天，八十三师师长刘戡出了一个布告,说邓肇祥"弃城潜逃,违反国法,撤职查办",委任国民党员王庆兰为县长。八十三师工作团逼迫邓肇祥向王庆兰办理移交手续,被邓肇祥拒绝。

事件发生后,邓子坚和巩绍英步行到和川一带,找到决死队领导牛佩琮汇报了事件经过。薄一波和牛佩琮几次找国民党第十四军军长李默庵和八十三师师长刘戡谈判。5月初,邓肇祥和朱剑白才获释。为了缓和矛盾,三专署派进步人士付钟隆为县长,遭到八十三师的阻挠。5月下旬,太岳特委和三专署派在决死一纵队做民运工作的张学纯任安泽县县长,和张学纯同行的还有党组负责人张一樵,其公开身份是牺盟会特派员。同时,派决死一纵队的杜兴元带领一支武装工作队,护送张学纯进城上任。王庆兰和杨广文自觉心虚逃跑到洪洞,投靠了张书榜的八十三师游击队。

张学纯上任后,和张一樵等人研究,决定把县政府从城关迁往和川村。一是因为城关靠近日军驻扎的洪洞,半年来日军屡犯县城。二是因为县城周围各大村镇都驻有八十三师的军队,工作不易开展。三是三专署驻沁县,决死纵队驻和川附近,便于得到支持。四是城关士绅集聚,旧势力太重。1938年7月1日,县政府和各群众团体迁往和川村,在太岳特委、三专署和县委的领导下,继续改造旧政权。完善动委会的领导,由张学纯任主任,张一樵、华逸任副主任,并吸收决死纵队、国民党十七军和九十三军工作团代表参加。八路军工作团(县委)的负责人,也参加动委会的领导。在县政府,任命决死队队长郭版图为民运科长,任命共产党员杨建江为财政科长,共产党员陈热风和徐洪文为武装科正副科长，公安局局长由决死队来的共产党员王正中担任。这样，县政府6个职能科，有4个要害部门由共产党员担任领导。在4个区，委任决死队骨干担任区长。一区（今古县城关）区长为田玉（后为王波、李印堂）；二区（今古县旧县）区长孟庭栋（后为邓子坚、王志学、栗券）。当时，县境内有15个编村，几十个副村，主要由地主阶级把持。县政府发动群众，通过反贪污舞弊、反摊派不公、反封建压迫，撤换了一批编村村长，通过培训，吸收了一批村长、自卫队队长加入共产党组织。整顿公安局，是改造旧政权的一部重头戏。为了整顿公安局，张学纯县长请求上级支持。太岳特委派延安抗大毕业的袁平带领决死队十几名骨干组成工作组进驻公安局，把90多名不可靠人员调出公安局。整顿后的公安局成为一支受党绝对领导，有一定战斗力的武装力量。改造旧政权是一项长期的工作，不仅要撤换顽固分子，而且要改变脱离群众的旧的官僚习气。当时县长月薪是200元，张学纯只拿20元生活费，不摆官架子，还和老百姓一起参加劳动，在群众中影响很大。

▶ 成立岳阳县抗日民主政府

1940年4月，安泽县抗日民主政府在涧河流域设置安泽县西南办事处，亢保芳为主任，作为县政府的派出机构，代行县政府的职权。1940年5月，太岳区召开书记县长联席会议，决定安泽、岳阳分治，在涧河流域设立岳阳县，以加强太岳区的政权建设。8月1日，岳阳县正式成立，县政府先是驻辛庄村（今属古县岳阳镇），因距城关日军据点太近，不久移驻古阳镇辛佛村。县长杨泽生（后为程诚），民运科长陈明弦，财政科长杨占云（后为刘占隆），粮食科长王焕章，文教科长温成斌（后为郑德山），司法科长杨茂，建设科长苗丰半（后为朱宝玉），公安局局长亢保芳（后为李如之），交通科长王焕章，武委会主任吉佩芝。抗日游击大队由县长兼大队长，专职副大队长徐洪文，教导员王直夫。岳阳县各抗日群众团体负责人有工救会主席张丁（后为董治伟），农救会主席周一清（后为祝金友），青救会主席武孟宇，妇救会主席安启凤（后为李炎）。8月13日，社会各界人士举行大会，庆祝岳阳县诞生。

当时的岳阳县，只包括现在古县涧河流域的一部分，北平镇的贾寨、宝丰等村仍归安泽县。临屯路南的南垣乡和永乐乡、旧县镇的几个村为国民党驻防区，1941年5月后，归冀氏县管辖，1942年5月后，归浮山县管辖。新成立的岳阳县，划分为5个区，32个村。一区为热留区，辖热留、凌云、金堆、圪堆、相儿、安吉、古阳7个村，区长为李学广（后为张海云、孟四奎）。二区为上治区，辖上治、赵寨、高城、三合、天池、张才6个村，区长为栗券。三区为永乐区，辖永乐、尧峪、草峪、西庄、旧县、秦家垣6个村，区长为杨健（后为姚允奎）。四区为辛佛区，辖辛佛、哲才、多沟、白素、辛庄、韩母、董必庵7个村，区长为陈明弦（后为陈寿亭）。五区为并侯区，辖并侯、城关、湾里、偏涧、五马、张庄6个村，区长为田英（后为高唐侯、李志忠）。

1942年4月，贯彻精兵简政精神，安泽、岳阳两县合并为安泽县，成为太岳区的中心县，专员杨少桥，二地委副书记石平兼任安泽县县长和县委书记。县境内划分为安泽县的3个区和浮山县的1个区：三区（上治）区委书记雷光（后为杨柳），区长田英（后为高唐侯）；四区（热留）区委书记李安（后为李波生），区长张海云（后为李学广、吕明）；六区（北平）区委书记阎茂公（后为孟健），区长李长远（后为张海云）；浮山县三区（北韩）区委书记卫锋，区长秦兴华。

第四节　建立和发展抗日武装

主力部队在古县

抗日战争时期，一直有八路军主力部队战斗在县境内（今古县），主要有：八路军总部，三八六旅主力和总部特务团，决死一纵队，还有太岳军分区等地方军事领导机关及其所属的基干部队。在党的领导下，在主力部队和上级军事领导机关的支持下，全县的地方抗日武装逐步建立、发展、壮大起来，形成了主力部队、地方游击队和广大民兵相结合的人民武装的完整体系，成为巩固根据地、开展抗日游击战争的中坚力量。

1937年11月20日，八路军总部经沁源县转移到白素村（今属古县），第二天转移到洪洞。1938年2月21日，八路军总部从洪洞来到县城城关，先后在城关、旧县、核桃垣和刘垣村住了9天时间，3月1日离开古县转移至浮山县山交村。在此之前的1937年10月上旬，八路军分监派出所进驻城关，并在全县建立了8个兵站。他们深入农村，宣传抗日，几个月时间招收百余名青年参加了八路军。

1938年2月初,八路军总部联络参谋裴世昌在城关"四裕德"商行建立联络处,同县政府及友军联系,协商抗日工作。联络参谋覃应机多次到城关与县长邓肇祥联系,协助建立抗日武装。"三八"夺权事件后,覃应机到监狱探望邓肇祥,参与营救工作。

平型关战役胜利后,八路军一一五师三四三旅六八五团驻洪洞、今古县一带休整补充。先是一部分伤病员住在城关模范小学内,接着六八五团三营十二连住进城关大觉寺,连长陈金保。六八五团的前身是红一军团的红二师,当年东渡黄河来过本县,又在平型关打了胜仗。程福元、赵福庆等30多名青年积极报名参军。

1940年1月,一二九师三八六旅主力和总部特务团进入太岳区。此后,八路军主力经常在太岳区一带(含今古县)对日作战。

1937年11月,决死一纵队进入武乡、沁县、沁源、安泽等县。从1937年12月到1938年5月,决死一纵队派出张学纯、徐洪文等一大批干部进入县区两级政权。1938年2月,决死一纵队派胡荣贵、谷景生、郭清文带领民运工作队在城关、下冶、白素、古阳一带开展抗日活动,维持社会秩序,抵制国民党军队的骚扰。1940年以前,决死一纵队经常在县境内活动,参加过临屯公路阻击日军的战斗,两次收复县城的战斗。"十二月事变"后,决死二纵队、二一二旅、二一三旅转战来到安泽、沁源,经过整编,建立起新的决死一纵队,正式编入八路军序列,下辖二十五、三十八、四十二、五十七、五十九5个团以及二一二旅(下辖五十四、五十五、五十六3个团)。决死一纵队主力部队长期战斗在县境之内。1942年,为了开辟浮山县抗日根据地,临屯公路以南的十几个村划归浮山县管辖。二一二旅五十四团一部常驻南垣乡五十亩垣村一带,协助浮山县开辟了浮山北部抗日根据地。

▶ 上级党政军机关在古县

1940年1月,中共太岳区委成立。同时,成立山西省第三专署路西办事处,后改为山西省第三专署(通称太岳行署)。6月,太岳军区成立,由三八六旅旅部兼军区领导机关,后改由决死一纵队兼军区领导机关。

太岳区党政军领导机关成立后,接着组建了各地区的党政军机关。1940年8月初,中共二地委和太岳行署办事处(后改为太岳八专署)迁驻泽泉村(今属古阳镇),史健为二地委书记,杨少桥为八专署主任。同期,在岳阳县热留村组建第二军分区,下辖安泽、岳阳、临汾(河东)、洪洞(河东)、赵城(河东)和浮山等县的地方军事组织。司令员先后为张汉丞、李明如,政治委员为二地委书记史健。二军分区直接领导着一支武装力量——二分区基干营,营长李国贞,副营长罗志友,教导员先后为朱英、刘忠(又名刘一新)。基干营下属两个连,在抗战最艰苦的年代,一直战斗在岳阳(今古县)的大地上。二军分区还领导一支部队,即景仙洲的汾东游击队。景仙洲曾任二军分区副司令员,他在临汾组建抗日游击队,1939年奉命到多沟村(今属古县)一带,成为裴丽生领导的第六专署河东办事处的独立营,转战于涧河流域。1940年初,经八路军总部批准,被命名为八路军汾东游击支队,支队长景仙洲,政委陈可春，一直在岳阳、安泽、洪赵一带战斗，立下赫赫战功。景仙洲作战勇敢，身先士卒，敌人闻风丧胆，老百姓亲切地称他"景疯子"。1942年7月，为了进一步加强对民兵工作的领导，成立了二分区人民武装抗日自卫委员会（简称武委会），二分区武委会主任为郑刚。

1942年日军占领沁源县城以后，安泽县（包括古县）就成了太岳区的政治军事中心。太岳区党政军领导机关长期工作、战斗在这里，指挥全区军民的对敌斗争。

1943年1月，晋豫区与太岳区合并组建新的中共太岳区委员会和太岳行署，同时组建新的太岳军区。原太岳区一、二、三地委、专署、军分区合并为新的太岳一地委、一专署、一分区，也称岳北地委、行署、分区。3月，岳北地委、专署在北平镇宝丰村成立，书记顾大川，专员周义中。第一军分区在贾寨村成立，由决一旅领导机关兼第一军分区司令部，司令员先后为李聚奎、李成芳，地委书记顾大川兼政治委员。第一军分区下辖二十五团、三十八团、五十九团（分区基干团）、汾东游击队和沁源、安泽等11个县的地方军事组织。

抗日战争时期，洪洞、赵城、浮山等县也把岳阳（今古县）作为他们的后方基地，作为开辟本县工作的前进基地。这些县的领导经常率领游击队在古县活动，甚至牺牲了宝贵生命。1940年2月，洪洞县抗日县长卫勋元带领游击队同敌人战斗，牺牲于五马岭村。

▶ 建立和发展县、区抗日游击队

1937年12月，决死一纵队派武装干部陈热风和徐洪文到县里帮助建立抗日武装。1938年1月，县抗日自卫大队成立，大队长陈热风，指导员徐洪文。2月，县抗日自卫大队发展到130多人。从决死队带回一部分枪支弹药，县长邓肇祥又从县警察局仓库中拿出三四十支枪，发给自卫队。1937年12月底，八路军总部派来排级干部周国钧和侯福安，被邓肇祥派往二区（旧县）和三区（府城），组织起一支30多人的区自卫队。一区（金堆）和四区（唐城），也分别成立了区自卫队。1938年2月，八路军总部来到城关，向自卫队赠送了部分枪支弹药。县区抗日自卫队成立后，参加了临屯公路阻击战。3月8日，国民党八十三师颠覆了县抗日民主政府，收编县自卫队，多数人不从，返回家乡。陈热风、徐洪文率一部分队员转移到和川；周国钧率三区区干队参加了八路军白晋游击队；侯福安率二区区干队参加了洪洞县游击队。

1938年县委成立后，派杨晋升和张中林两位共产党员组建县抗日游击大队。杨晋升以当年红军留下的王永、秦继续等12名伤病员为骨干，又动员了一批贫苦农民，共60余人参加了县游击大队。张中林在临屯路南北也组织起五六十名青年。1939年7月，县委正式宣布沁河游击大队成立，杨晋升任一连连长，秦继续任副连长，王永任指导员。张中林任二连连长，董汉卿任三连连长。县长张学纯兼任沁河游击大队大队长，县委书记韩柏兼任政委。"十二月事变"后，沁河游击大队补充进八路军总部特务二团，同时把杨晋升、张中林、董汉卿等骨干留下，再建县游击大队。

1940年3月，上级从决死纵队派吉佩芝、杨迎春、张波平等军事干部到古县，正式成立了安泽县农民子弟兵团，杨晋升任团长，吉佩芝任政委，张波平任政治主任，杨迎春任参谋长。子弟兵团发展到300多人，配合主力部队参加了百团大战和晋家山保卫根据地的战斗。此后，大部分编入主力二十五团，剩下的留作县抗日游击大队。

岳阳县成立以后，第二军分区派王直夫、赵光荣、吴海功、李景红、武健、温一斋、张春雅等一批骨干到古县充实县区游击队的领导。在组织上，除了县委书记、县长、区委书记、区长继续兼任县区游击队的领导外，县区游击队的专职副队长、专职副政委、副指导员都由军分区直接任命。1940年9月，安岳抗日游击大队成立。副大队长徐洪文（后为杨晋升），专职教导员王直夫；第二任副大队长韩固，专职教导员赵光荣（后为张汉农）；第三任副大队长刘丰生，专职教导员张汉农；第四任副大队长郭志坚，专职教导员张汉农。

1940年，首先建立县游击大队第一连，由武健带领县公安局两个班和在白素区活动的游击区分队20多人为基础组成一支80多人的连队，连长王旭斋，副连长吴开荣，指导员张春雅，工作员（党支部书记）武健。该连经常活动在金堆、圪堆、热留、白素、城关一带，后来由张春雅带队，奉命升级到决死一纵队二十五团三营。

新的岳阳游击大队基干第一连，于1941年2月在张才村关南沟成立。该连是由军分区抽调1个排和城关区游击队合编，连长吴海功，副连长王德胜（后为王希文），指导员先后为郭伟、温一斋、安志、张春雅，副指导员李梦桐。

1941年冬，由敌工站情报员武元亨在旧县、永乐等村组成安岳游击大队第二中队，武元亨任中队长，王裕民任指导员，杨寿昌任副大队长。1942年年底扩充为70多人的连队，改称安岳游击大队基干第二连，连长杨寿昌（后为杨发仕），指导员先后为尚庆梅、宋福有。

1943年2月，以三区（上治）区分队50多人为主组建了县游击大队基干第三连。第一任连长朱尤林，副连长熊光模，指导员郭建民（后为郭伟）；第二任连长熊光模，指导员宋福有。县游击大队除辖3个连队以外，还指挥白素（四区）、北平（六区）等几个区分队。四区分队长刘占奎，指导员安志；六区分队长常玉亭（后为李振清），指导员任德明。抗日战争胜利后，县游击大队成建制加入晋冀鲁豫野战军第十三旅，后归十三军。

▶建立和发展村级民兵组织

1938年10月，县抗日民主政府设人民武装科，陈热风任科长，徐洪文任副科长，各村都成立了抗日自卫队。1939年10月，县武装科分别在和川、多沟两村集训抗日自卫队骨干300多人。针对当时不少村自卫队被地主把持的情况，县区党政领导加强整顿工作，把一部分村自卫队队长调整为共产党员和牺盟会积极分子，同时在可靠的村自卫队队长中发展共产党员。在一区，多沟村自卫队队长冯春耀、安吉村自卫队队长张水晶被发展为共产党员，金堆村把共产党员李生浔调整为村自卫队队长。在二区，把共产党员李志忠和李修德分别调整为上治和赵寨村的自卫队队长，把高城村自卫队队长朱尤林和朱家窑村自卫队队长刘钊培养成共产党员。

1940年5月,县武装科改称武委会,徐洪文、吉佩芝任正副主任,各区、村都相应建立起武委会。村自卫队改称民兵队,民兵队长由村武委会主任兼任。青年男女踊跃参加民兵组织。据1941年8月统计,岳阳县5个区共有民兵游击小组115个,民兵364名。抗战后期,全县民兵发展到2216名。

第二章　抗击日本侵略军的斗争

第一节　抗日军事斗争概述

从 1938 年到 1940 年冬，日军先后 5 次出动 2000 人以上的兵力，占领县城及县境内的主要村镇交通要道，在城关、旧县、草峪岭、祖师顶、黄梁山和佐村修筑碉堡，建立据点，成立日伪县政府。1940 年冬到 1943 年底，抗日战争进入最艰苦的阶段，日军在小路山、白素、安吉、北平等地增设据点，先后 5 次出动 7000 人以上的兵力，对太岳区根据地进行大规模的"扫荡"，时间长达 230 多天。与此同时，进一步扩大伪军和特务组织，不断对根据地进行"清剿"和奔袭，以达到"蚕食"和消灭根据地的目的。进入 1944 年，随着世界反法西斯战争的不断胜利，日军在太平洋战场和华北战场步步失利，县内日军据点陷入全县军民的围困之中，抗日根据地逐步扩大。日军垂死挣扎，仍对岳北地区发动 7 次千人以上的"扫荡"，长达 71 天。在抗战期间，国民党顽固派不断制造摩擦，3 次出动大规模兵力，勾结日军，侵占县境临屯公路南北的抗日根据地；霍山土匪和红枪会反动武装也依托日军据点，骚扰残杀抗日军民。

在强敌入侵的危急时刻,全县军民在中国共产党的领导下,同仇敌忾,浴血奋战,英勇杀敌。特别是在1942年日军占领沁源县城以后,古县就成了太岳区政治军事中心,太岳区党政军领导机关和主力部队长期工作战斗在这里。1940年开始,太岳二地委、专署和二军分区长期驻泽泉、热留一带,后来岳北地委、专署、军分区长期驻宝丰、贾寨一带。在上级党政军的领导和支持下,古县县委和县抗日民主政府不断加强对日军事斗争,壮大县区游击队和民兵组织,建立县、区、村战时指挥部和反"扫荡"委员会,并分设武装、情报及战时工作各股、组,县派干部到区,区派干部到村,加强对军事斗争的领导。战时,实行主力部队、县区游击队和广大民兵三位一体的全民抗战武装体系,紧紧依靠和发动全县人民,广泛地开展麻雀战、地雷战、伏击战、反击战、围困战、破击战等灵活机动的游击战争。全县军民反"扫荡"、反"清剿"、反奔袭、反"蚕食",同敌人展开艰苦卓绝、前仆后继的殊死斗争。特别是在长期反"扫荡"战斗中,一方面在敌人"扫荡"前动员群众空室清野,分遣机关人员和伤病员,转移妇幼老弱,另一方面采取外线与内线相结合的作战方案,主力兵团大部分转出外线作战,跳到敌后,灵活集结主力,袭击敌人运输线,攻击其后方据点,打乱敌人"扫荡"部署,吸引敌人回援。同时,一部分主力分散成小分队,与县区游击队和民兵组成武工队,采取广泛的游击战争,坚持腹地斗争,消耗敌人的力量,保护群众的生命财产。据不完全统计,抗日战争期间,县区游击队、全县民兵或配合主力部队或单独作战共1400多次,毙伤日伪军8100余人,俘虏日伪军820

余人；配合主力部队毙伤勾结日军、侵占抗日根据地的国民党顽固军8500余人，生俘3300余人，并完全消灭了霍山土匪和红枪会反动武装。

第二节　主动出击打击敌人

▶ 人马沟围困日军

1938年4月14日，从沁源城逃出的800多名日军在安泽县和川镇上县村和人马沟一带被决死一纵队、国民党四十七师、八十三师各一部团团围住，伤亡700余人。15日，日军飞机猛烈轰炸西南部八十三师防守的界牌岭，100多日军丢下伤员和尸体，突破界牌岭防线，逃跑到古阳、下冶、城关、石壁、旧县等地（今古县），多数被当地军民歼灭。

▶ 哲才伏击战

1941年春，哲才村民兵配合二军分区基干营第二连，在哲才村前八亩口设伏，打死打伤日伪军6名，缴获子弹100余发。

▶ 疙瘩沟伏击战

1941年4月，决死一纵队五十七团三连在连长赵华清、指导员吴培恩的指挥下，在北平镇东南巧妙地伏击了由白太峪返北平镇的日伪军，歼敌30余人，打击了进占北平镇之敌的嚣张气焰。

10月，从柏子镇、北平镇一带撤退之敌5000余人途经疙瘩沟。在北平镇民兵积极配合下，二十五团团长苏鲁令一营对住宿在疙瘩沟的敌人一个中队发起袭击。16日凌晨,趁敌人集合之机,在重机枪掩护下,我军以手榴弹、刺刀冲击敌人。经激战,毙伤敌50余人,缴获骡马10多匹。

▶ 大觉寺诱击战

1942年初,四区分队埋伏在距离城关南堡日军碉堡约400米的大觉寺,以一个战斗小组引诱日军出动。日军肆无忌惮地追到大觉寺门前,埋伏在寺内的区分队立即对日军开火,击毙日军2人,伤数人。

▶ 四羊滩伏击战

1942年2月初,岳阳县武委会指挥部获悉城关据点日军一个分队前往白素村临时据点。县武委会主任吉佩芝和县游击大队副大队长徐洪文指挥四区游击分队和白素、哲才两村民兵配合洪赵支队,在下冶村的四羊滩至水泉子地段埋伏。经过一小时激战,日伪军被全部歼灭。当晚,又侦知在白素驻扎的日军一个小队于次日返回城关据点。吉佩芝连夜召集下冶、乔家山等村民兵,配合洪赵支队再次在水泉子地段设伏,包围全歼敌人。两次伏击共歼敌60多人,缴枪50多支、军马1匹及其他军用物资。两次伏击战的胜利,极大地鼓舞了人民群众的抗日热情。

11月24日,驻哲才村高家岭的洪洞县游击大队得到可靠情报,白素据点一小队日伪军次日要到城关据点。大队长段龙章决定由连长霍马驹率领一连在官洼庄前的四羊滩设伏。

上午八点半左右,30多名日军呈一路纵队走来,前面有3个尖兵开路,小队长斜挎着指挥刀。全队还配有1挺机枪,1个掷弹筒。在敌人走近一、四班时,霍连长一声令下,各种武器一起开火,当即毙伤敌八九人。这次战斗,消灭了日军伊藤大队的一个小队,大部毙伤。霍马驹连长和战士文金业英勇顽强,壮烈牺牲。

在庆祝反"扫荡"胜利大会上,太岳二地委、专署为纪念四羊滩战斗中英勇牺牲的烈士,改四羊滩为马驹滩,并授予一连四班为战斗英雄班。

▶芦家庄伏击战

1942年10月28日,决一旅三十八团侦知敌1000余人由沁源经北平镇向霍县"扫荡"。副旅长孙定国、团长蔡爱卿决定在芦家庄设伏。

29日中午,当敌后卫部队进至芦家庄西南河滩时,二连连长李梦海率全连战士在三连掩护下,对敌发起冲击。敌人在河滩里乱窜,无处隐蔽,后来退入村内。二连冲入村内与敌拼杀。经两小时激战,共毙伤敌320余人,缴获军械一批,沉重打击了奔袭合击之敌。六区(北平)游击分队和附近民兵配合了这次伏击战。

▶拦马沟伏击战

1942年秋的一天,接地下情报员报告,城关日伪军70多人到了旧县据点,企图寻找机会与县游击大队决战。连长吴诲功带领县游击大队一连在距城关据点5千米的拦马沟设伏。下午5时左右,日伪军70多人,按尖兵、本队、后卫的顺序,沿大路向城关走来。日伪军队形拉得很长,不易全部包围。吴诲功连长当即决定歼其后卫,以便速战速决。待后卫进入伏击圈后,一声令下,各种火器一起开火。熊光模排长乘机带领突击队冲上大路,与敌展开格斗,当敌人清醒过来时已当了俘虏。敌人本队与尖兵回援时,被高地上的掩护分队以猛烈的火力压住,并把指挥反击的日军小队长打下马。此次伏击战,打死打伤日军小队长等4人,生俘伪军12人,缴枪12支,游击队无一伤亡。

▶ 古阳滩伏击战

1942年冬季"扫荡"快结束时,一队日伪军赶着一大群抢来的骡马、牛、羊从根据地返回敌占区。一营副教导员陈泽民指挥二十五团一营三连和热留村民兵在古阳河滩伏击了这股敌人。经过不到一小时激战,共击毙日伪军30余人,打死敌骡马20余头,夺回牛羊100多头。

▶ 小曲伏击战

城关据点伪县警备队大队长是个死心塌地的汉奸,老百姓恨之入骨。1943年4月的一天,连长杨寿昌、指导员王裕民带领全连战士,设伏于旧县镇和小路山两据点之间的小曲村附近大路两旁。上午10点多钟,敌人进入伏击地段。突击队放过尖兵班后,一齐向大队射击,十几颗手榴弹投向敌群。突击队冲上大路,冲入敌群,与敌人展开搏斗。伪大队长被打下马,几个伪军架着他往旧县镇逃跑。尖兵班的8个伪军钻进路边一孔小土窑洞里,经游击队喊话,缴枪投降。经过十几分钟的激烈战斗,打死打伤伪大队长以下5人，俘虏8人，缴获步枪8支，子弹一部分，游击队无一人伤亡。

▶ 机智斗敌

一天，哲才村民兵发现敌人骑兵向村里进发，而村民尚未全部撤出。一个民兵迅速占领有利地形，瞄准射击，打伤骑兵1人。其他骑兵立刻返回，全村群众安全撤离。

古阳村民兵逯鸿才在山头隐蔽时，被汉奸发现，汉奸用手枪逼逯鸿才向他靠近，逯一拳将其手枪打落在地，汉奸返身就跑，逯徒手夺得手枪1支。

金堆村民范长运被敌抓捕，押回城关据点支差。一天，范长运瞅准机会，抡起镢头砸昏日兵逃出。金堆村农民李国勋被抓捕，用一块石头砸向敌人脚部，李国勋得以逃脱。有一天，黄梁山据点一日兵喝醉了酒，一人跑到附近神岭上党有金家骚扰，党有金把日本兵掐死。

第三节　粉碎敌人奔袭的战斗

▶ 高家岭反击战

1941年春，辛庄民兵韩培良等人把玉皇疙瘩的维持间长李锁牛抓到山上训话，教育他不要给日军当走狗。李锁牛当即表示要回心转意，不料他回去后竟带领一队日伪军奔袭岳阳县四区区公所驻地。区游击队和辛庄民兵在高家岭上配合作战，掩护区公所和群众撤退。战斗打了1个多小时，有两个伪军被打死，还有几人被打伤，敌人抬着尸首仓皇退去。游击队设专人监视李锁牛的活动，不几天，辛庄村民兵下山抓住汉奸李锁牛，移交区抗日政府依法惩办。

▶ 辛佛村反击战

1941年4月，景仙洲支队和二十五团一部在同蒲沿线作战后，回到辛佛村休整。16日拂晓，岳阳驻敌150人带机枪3挺，顺白素河袭击辛佛村。景支队立即占领张家岭山头，二十五团一部也登上茨节梁，同敌人展开激战，毙伤敌数人。敌人退到库菜沟，杀死周姓4人。天亮，敌人刚退出库菜沟，又被景支队击溃，丢下8具尸体，仓皇逃窜。这次战斗，共毙伤敌40多人，缴获步枪4支和其他军用品。

▶ 金子峪反击战

1941年11月10日拂晓，赵城县明姜据点日军1个中队袭击位于赵城与今古县交界的金子峪地区，企图一举消灭汾东游击支队主力。汾东支队奋力抵抗，战斗十分激烈。我二分区司令员李明如指挥分区基干营，二十五团副团长刘丰指挥三营两个连，火速前往支援。

这次反袭击战斗，击毙日军中队长以下40多人，俘虏日军3人，缴获轻机枪2挺，步枪10余支。基干营和景支队牺牲战士4人，伤6人，二十五团三营无一伤亡。晋冀鲁豫军区通令嘉奖了二十五团三营。

▶ 黄土梁反击战

1941年11月，在反"蚕食"斗争中，八路军三十八团三连活动于黄梁山一带。土匪向黄梁山据点的日伪军告密，日伪军占领黄土梁高地向辛庄攻击，连长鲁全及11名战士壮烈牺牲。

1942年6月，太岳区党委决定全面打击日伪操纵的封建会道门及霍山土匪。9月13日，在追剿残匪时，三十八团三连又到了辛庄附近。连长胡尚礼与指导员司马敏研究认为，10个月前敌人袭击驻辛庄的三连，尝到了甜头。如果这次再驻辛庄，并给敌人以"可乘之机"的假象，黄梁山敌人很可能还要袭击。把敌人引诱出来，消灭敌人的有生力量，不仅可以满足战士们为烈士报仇雪恨的心愿，而且可以打击土匪的靠山，加快剿匪的步伐。为引诱敌人来袭，三连伴装疲惫不堪，黄昏进入辛庄。

次日9点多钟，潜伏哨发出敌人来袭的信号。连长命令按预定部署进入战斗岗位。战斗进行了约30分钟，来袭的日伪军各1个小队被打死打伤六七十人。三连无一伤亡。

为了纪念在前一年黄土梁战斗中牺牲的烈士，当地军民于1942年12月将12位烈士遗骨集中安葬，建立了"黄土梁烈士公墓"，立碑一块，永资纪念。

▶ 平圪台突围战

二十五团一个连和四区游击分队、民兵组成游击集团，坚持在腹心区打游击。指挥部设在金堆村西山一个叫平圪台的庄上。1942年11月6日，"清剿"之敌把平圪台四面围住，圈子越缩越小。庄上除了指挥机关，还有几百名群众，情况十分紧急，只有突围才有生路。太岳区二分区武委会主任郑刚带领20多个战士和10多个民兵，突然向山下的敌指挥所发起攻击，迫使敌人回撤援救其指挥所。

游击集团指挥部和群众迅速安全转移到外围。这次突围战，牺牲4名战士，2名民兵，毙伤日军10余名。

▶毛儿垣突围战

1943年春耕大忙时，县游击大队二、三连的大部分人到后方生产基地开荒种地，留少数兵力协同民兵监视敌人。二连连长武元亨、指导员王裕民带少数人和三连宋福有带的一个班，以及区武委会刘钊、朱怀德带的部分民兵，在同一天晚上宿营于西庄村毛儿垣庄，次日拂晓被旧县据点日伪军包围。经过激烈战斗，部队终于突围。区武委会朱怀德、三连战士马守仁和郭功恩为掩护突围壮烈牺牲。武元亨被俘。

▶黄罗木垣反击战

连庄村黄罗木垣，是三区（上治）腹心区的一个小庄，汾东游击支队经常在此活动。在黄罗木垣村边的深沟里，有一孔大窑洞，是部队的一个小纺织厂。有十几位女兵白天在窑洞里点灯工作，晚上分散住在村民家中。1943年5月16日，城关、旧县的日伪军突然袭击黄罗木垣，景仙洲支队奋勇激战，终于打退敌人，保护了纺织厂。在战斗中，有10余名战士伤亡。

▶破坏敌人交通线

1942年10月26日，三区（上治）游击分队配合二十五团一营，在临屯公路永乐村西赵店一带伏击了向根据地"扫荡"的敌人运输队，毙伤敌人60余人，迫使敌人在奔袭之初就不得不回援。在这期间,日伪军向上治、高城一带反复"清剿"。三区游击分队以班为单位,带领民兵开展地雷战、麻雀战、夜袭战,重点破坏敌人的电话线,使敌人无法保持通信联络。

12月下旬,日军出动1500余人,汽车30辆,强征民工上千人,抢修临屯公路,妄图腰斩太岳区,孤立岳北,以实现其在岳北推行的"山岳剿共实验区"计划。太岳军区主力部队全力展开破路,袭击修路之敌,解救修路民工。

安沁大道是同蒲路通往太岳腹心区的一条重要补给线,根据地军民用袭击战、地雷战、钉刀战等各种方式,袭击敌运输队,毁坏敌公路,阻断敌通信联络和物资运输。

10月22日,在敌"扫荡"之初,金堆村支部书记、民兵指导员姚林风带领民兵伏击敌运输队,毙伤敌10余名,打死骡马5匹,缴获一批军用物资。11月,二军分区基干营在罗志友副营长指挥下,伏击在西梁凹抢修大路之日军,毙伤日伪军10余人,解救修路民工100余人。

第四节　围攻日军据点

▶ **两次攻克城关**

1938年4月4日,日军第二十师团2000余人进攻安泽县城(今古县城关村)。在城下,日军炮击屏风山国民党八十三师守军,县城失陷。4日夜,当日军占领城关后,决死一纵队一部摸至城下,对敌人展开袭扰。第二天,在敌人北犯时,该部又在白素村设伏,毙伤敌人一部。4月18日,决死纵队一部与国民党八十三师一部联手向占领县城之敌发动进攻，毙伤多人，在城外俘敌30余人，缴获步枪30余支，山炮1门，骡马20余匹，县城收复。

1939年2月，日军近2000人经苏堡进犯城关。2月26日，城关再次失陷。3月26日，决死一纵队某部和九十三军一部联合，包围侵占城关之敌。27日晨，各主力发动总攻，激战一整天，城关再次收复。4月初，日军由洪洞调集大量兵力，再攻城关。经过几天激烈战斗，决死队和友军主动撤出县城，城关又陷入敌手。在战斗中，敌指挥官米川被击毙。

▶ 端掉敌碉堡

1939年2月，城关再次失陷后，日军在城关东山延庆观之上的韩家庄修建了碉堡，驻有日伪军20余人。1939年3月10日，县内群众自发组织的红枪会决定夜袭韩家庄之日军。当日下午，约500余人集中在石壁三合村，自带枪械和一大的干粮。他们从各中队抽出60人，编成两个突击队，每队配步枪20支，手榴弹100枚。3月10日后半夜，队伍抵达碉堡附近。不等哨兵报警，突击队已从四面包围了碉堡，手榴弹从各个枪口塞进碉堡，步枪、手枪齐射击。除一名哨兵逃回城关，其余日伪军全部被歼。此战毙敌26名，缴获机枪1挺，步枪21支，手枪1把，弹药数十箱。民众原蒲昌阵亡，轻伤数名。

3月12日，参战的红枪会员在府城镇召开祝捷大会，第十七军军长高桂滋亲临讲话，二战区司令长官阎锡山通令嘉奖。24日，重庆《新华日报》也报道了这次战斗。

▶ 攻打小路山

小路山位于贾村西南，城关镇和旧县镇中间。三面环水，悬崖峭壁，易守难攻，地理位置十分重要。1942年9月下旬，在三区分队的配合下，营长赵本庭率领二十五团一营二、三连和二营七连，向小路山敌据点发起攻击，打死打伤日伪军20多人。赵本庭营长原是红军优秀指挥员，在战斗中身先士卒，英勇牺牲。指导员苏常、王明伦等光荣负伤。

▶ 夜袭旧县镇

1942年，旧县镇日伪据点驻有伪军一个小队4个班30余人。县游击大队第二连（当时称二中队）与敌工站争取了伪军班长张全贵和士兵王跃堂、王德友，掌握了伪军小队内部情况。警备队除小队长李士举和3个班长坚持反动立场、死心塌地投靠日军外，大部分士兵是当地人。游击大队领导决定利用中秋节，趁敌伪吃喝玩乐比较麻痹的时候，采用内线接应、夜晚偷袭的办法，全歼伪警备队。

县游击大队副大队长韩固、教导员张汉农直接指挥了这次战斗。中秋节（9月24日）晚11时，部队秘密进入伪军小队驻地附近，与内线张全贵取得联系。凌晨1时，张全贵带领突击队进了伪军大院，各组按分工分别冲进窑洞，解决了3个坏班长，缴了全部枪支。此次战斗，打死打伤伪军小队长以下4人，俘虏伪军30多人，缴获机枪1挺，步枪30多支，子弹数千发，游击队则无一人伤亡。这次夜袭旧县镇的战斗，震慑了敌人，鼓舞了全县人民抗战必胜的斗志。

▶夜袭城关日伪县城

城关镇（今属古县岳阳镇）是日伪安泽县政府所在地，在对日伪城关镇据点开展政治攻势工作中，军分区城关敌工站做了大量工作，先后有几批伪军加入了八路军和游击大队。警备队副大队长刘明也被争取过来。为了进一步扩大内线工作，敌工站通过打入宪兵队当宪兵的内线阴洪恩对伪警察所郭瑞林做反正工作。但是郭瑞林是一个死心塌地的汉奸，他表面上答应弃暗投明，骗取敌工站内线的信任，暗地里报告日军，设圈套破坏敌工站。1943年8月25日，敌工站站长陈长生带领敌工站李长华（原名卢明学）、付良忠来到湾里村宋学诗家等候与郭瑞林接头，郭瑞林却安排日军暗中跟随，当场抓捕了陈长生、李长华、付良忠，并带走了宋家老小。日军严刑逼问受了重伤的阴洪恩，阴洪恩坚贞不屈，第二天牺牲在老虎凳上。

太岳一军分区首长决定袭击日伪县城，拉出警备队，营救被捕的敌工站人员。在九顷垣成立了指挥部，二十五团团长苏鲁为总指挥，营长徐其孝、县游击大队副大队长韩固、教导员张汉农为副总指挥。9月6日，各部队分别进入指定位置待命。9月11日晚，由县游击大队三连连长朱尤林带领宋福有、李海牛、刘全、刘国隆、毕德山、屈文全、张文国等8名战斗骨干和一个架梯班，深夜摸到东城墙下，与内线关系用暗号联通后，登梯上城，进入城内。由内线带路，对警备队、警察所、伪县政府的驻地、道路进行了实地侦察。

9月13日晚9时发起攻击。游击大队一、二连，二十五团五连由乔文谚带路，与内线联系好后，打开北门进城。游击大队三连和二十五团五连1个排,从北城门右侧架梯登城。进城后,游击大队一连由内线赵元庆带路直奔警备大队住地,由内线打开大门进入警备队院隐蔽。吴海功连长带人进入刘明和伪军官打麻将的房子,命令他们不准动。刘明趁机宣布:"我们反正抗日。"刘全带领三连突击队,由内线张长安带路攻打伪县政府。同时,游击大队二连攻打伪警察所的战斗也已打响。四区游击分队和城关、辛庄、哲才、张才等村民兵打开日伪合作社,把各种物资全部搬运出城。计有油印机1架、食盐500多斤、纸烟100多条、红、白糖50多斤、棉衣100多套。战斗中,城关村民兵队长李发云中弹牺牲。县游击大队各连行动时,二十五团五连和机枪连也抵近日军碉堡,压制日军火力,使其不敢出碉堡反击。

这次夜袭城关日伪县城的战斗,反正和俘虏伪军80余人,毙伤敌人10多人,缴获轻机枪1挺、步枪90余支,烧毁日军汽车2辆,缴获日伪合作社的全部物资,营救出被关押的群众20余人。这次战斗中,主力部队、地方游击队和广大民兵密切配合,直捣伪县政府老巢,取得了全县抗战以来一次较大的胜利,极大地锻炼了县抗日武装力量。1943年9月25日,《太岳日报》在第一版报道了这次战斗,称之为"惊天动地的大胜利。"

▶拔除草峪岭据点

进入1944年,全县军民加强对敌伪据点的围困斗争。农历一、二月间,主力部队、县区游击队和广大民兵开始围攻草峪岭据点。

1月20日，在民兵的配合下，主力部队和县游击大队三连袭击了草峪岭据点，毙伤敌20余人。在游击队强有力的围攻下，驻临汾日军协同旧县之敌200余人，于2月28日接应草峪岭据点之日军撤退，碉堡当天就被抗日军民拆除。

▶围攻黄梁山据点

黄梁山据点是日军从霍州通往太岳腹心区的必经之路，常驻日军一个中队。1943年，决一旅旅长兼分区司令员李聚奎、地委书记兼政委顾大川组织游击集团，开展对黄梁山据点的长期围困。县委、县政府和军队组成联合作战指挥部，主力部队、地方部队和民兵具体分工。首先将据点周围的村维持会摧垮，更换了部分不称职的闾长，同时在据点四周修筑工事，封锁出口，由游击队和民兵把守，袭扰敌人。主力部队则随时准备打击敌人。1944年10月26日，县武委会在李子坪培训地雷制造，遭到黄梁山日军奔袭。二十五团和六区游击分队提前得到消息，在党家山伏击日军，经过激战，毙伤日伪军60余人。此后，武委会从各村民兵中抽调30多名优秀射手，和区分队编在一起，由区长李长远、区武委会主任史锐统一指挥，先打掉驻红砂岭的汉奸便衣队，进一步孤立了日军碉堡。

1945年1月，霍州据点出动日军600余名经黄梁山据点向北平进犯，被抗日军民打退。3月、4月，敌人从霍州杨家庄出动数百日伪军，分三路增援黄梁山，均被打退。5月4日，在霍州敌人的接应下，黄梁山日伪军拼命突围。次日，北平民兵、群众100多人到红砂岭抓捕伪军40多人，物资全部被搬下山交公，碉堡被夷为平地。

▶ 围攻旧县、城关据点

1944年，三区游击分队和各村民兵紧密配合县游击大队二、三连，加强了对旧县镇据点的围攻。在围困旧县据点的同时，县一区游击分队和县游击大队一连合并，加强了对城关据点的围困。四区游击分队也和各村民兵配合，用冷枪打击出城活动的日军。

1945年3月10日早晨，三区武委会主任刁克发率领民兵同六区武委会常玉亭带领的一支远征民兵队，分两路埋伏在旧县附近。他们一方面派做苦工的民夫给敌人送信，一方面以少数民兵在碉堡前逗引敌人。敌人见只有几个民兵，便出动队伍追进了伏击圈。这次战斗共打死敌人10人，打伤20多人，民兵3人负伤。

4月5日，县游击大队队长刘丰生带领二、三连攻击旧县镇日军，二连担任突击任务。敌负隅顽抗，两名战士负伤，遂撤出战斗。4月25日，旧县日伪100余人偷袭县游击队，企图解围。主力部队配合游击队和民兵，乘隙攻入旧县镇，攻占碉堡1处，毙伤敌伪20余人。5月11日，主力部队和县游击队占领旧县据点，旧县镇获得解放。100多名民兵群众运走敌人抢来的粮食物资，并将敌工事平毁。

攻克旧县镇后，城关的日伪军失掉外围依托，5月12日上午突围，撤退至洪洞，沿途又遭到抗日军民沉重打击，城内敌伪遗弃粮食200余石和一大批军用物资。至此，古县全境获得解放。

第三章 抗战中的牺牲和贡献

第一节 日军占领古县

1938年2月,日军一〇八师3000余人沿临屯公路西犯,协同沿同蒲铁路南下的第二十师团直逼临汾。25日,进入古县境内,26日占领旧县镇。4月4日,日军2000余人从洪洞出发,进攻城关,县城失陷。5日,日军在飞机掩护下,向沁源进犯。在北平村炸死炸伤30多人。4月18日,决死纵队一部与国民党军八十三师一部,联手向盘踞城关之敌发起进攻,200多名守敌弃城西窜,在城外俘敌30余人,缴获山炮1门,步枪30余支,县城当即被收复。

1939年,日军发动"肃正作战",从同蒲路各据点出发,分数路进攻翼城、浮山、安泽、沁源,企图消灭同蒲路以东八路军主力。2月26日,城关失守。占领城关后,日军在城关南堡和城东南延庆观东台高地修筑碉堡,企图长期盘踞。3月10日,县境内群众自发组织的红枪会500余人冒雨在三合村集中,连夜出发,摧毁了延庆观之上的日军工事,毙敌20余人。3月26日,决死纵队一部和九十三军一部联合作战,激战一整天,再次收复县城。

4月初,日军调集大量兵力,再攻城关,经过几天激烈战斗,县城再次失陷。自此,城关基本成为一座空城,城内居民四散逃生。日军在城关建立维持会，任命城关大绅士王之哲的儿子王锡山为县维持会会长，同时建立起警察所和警备队。7月18日，日军占领旧县镇，四处抓民夫，修碉堡，建据点，企图把旧县镇建成其临屯路上的战略据点。为了控制临屯公路，日军重点经营旧县镇，在东西两边分别修建了草峪岭和韩略两个据点。9月，日军将日伪县政府从城关迁往旧县镇，同时设立民政、财政、建设、教育等科，设立警备队和警察所，常驻日军一个中队。1940年，日军修通了城关至旧县、城关至苏堡、城关至赵城县道觉村的三条公路，并在北平镇黄梁山增设据点，加修霍州经黄梁山到北平的大道，形成所谓"面的占领"。在日伪县政府还设有宪兵队、新民会、特务班等机构，加强对占领区的统治。他们配合日军主力，"扫荡"根据地，催粮派款，掠夺财物，搜捕抗日人员，摧残敌占区人民。

1941年至1943年，是敌后抗日根据地极度困难、斗争空前尖锐复杂的时期。日军在占领城关、旧县、草峪岭、黄梁山、祖师顶、佐村的基础上，又新增了小路山（属贾村）、白素、安吉、黑虎庙（属安吉）等据点。日军控制了境内临屯路、洪洞至城关、城关经安吉至沁源、城关至旧县、霍州经黄梁山至沁源等各条交通要道，把根据地分成一个个小格子。1941年5月，日伪县政府从旧县镇迁回城关。日军在各交通要道经过的村庄，强行"维持"，并从各据点不断向根据地的腹心区开展"扫荡""蚕食"，扩大维持面。与此同时，国民党顽固派进一步勾结日军，占领了临屯路以南的佐村、东池、郭家垴等地，不断向根据地骚扰、进犯。盘踞在霍山深山老林的土匪队伍，与黄梁山据点的日军相勾结，不断袭击根据地，抓捕抗日干部，骚扰百姓生活，成为涧河流域和北平地区不安定的一大祸害。1941年秋，日军纠集3万余兵力，对太岳区展开"铁壁合围扫荡"，袭击太岳区党政机关和八路军主力，并对根据地实行"三光政策"，制造无人区。1942年春季，日军出动7000余人，对岳北区"辗转抉剔扫荡"，直扑根据地领导机关驻地。1942年，华北敌酋冈村宁次提出，要在太岳根据地搞"山岳剿共实验区"。在此计划下，日军于10月20日调集7000余兵力，对岳北根据地发动冬季"扫荡"。除原有据点外，又在白素、安吉、黑虎庙、北平等地新建了碉堡和据点，并亮出了"山岳剿共实验区"的牌子。日军以这些据点为依托，反复地、长期地在县境内"扫荡"，直到1943年1月底。这场长达100天的"扫荡"，在县抗战历史上被称作"百日扫荡"。

华北敌酋冈村宁次又于1943年10月1日开始，对太岳根据地发动"铁滚式三层阵地新战法扫荡"，把2万余敌兵主力集中使用在太岳区东西60千米、南北20千米的地区，像铁滚一样，由北往南，再由南往北反复"滚压"。在南北20千米的纵深，分三层梯队配置：第一梯队以日军为主，配合特工队、便衣队，主要任务是合击八路军主力兵团；第二梯队由日伪军混合编队，裹挟大量民夫，任务是劫掠物资，"抉剔清剿"；第三梯队仍以日军为主，任务是抓捕抗日小部队，维护交通运输。3年间，除了4次大规模的"扫荡"以外，日军还采用政治的、军事的、经济的、文化的等种种手段，频繁"清剿""奔袭"，逐步"蚕食"抗日根据地。

到 1944 年春，世界反法西斯战争胜局已定，德国希特勒行将灭亡，日军在太平洋战场步步失利，华北日军也陷入抗日军民的围攻之中，每况愈下。这时的阎锡山，加紧同日军勾结，达到其"开展政权""恢复失地"的目的。日军答应将太岳根据地的沁源、安泽、浮山等 13 个县交给阎军接管。阎锡山指派骨干到太原训练后，由日军派往各县担任伪县长。1943 年 12 月，阎军副营长张从龙到古县担任县长。此人阴险毒辣，外号"乌蔓菁"，是"杀人魔王"。他大搞所谓"坦白自新"，大肆捕杀抗日干部群众。压杠子、扎竹签、烙铁烫、灌肥皂水、杀头、剖腹、投井、喂狼狗，无所不用其极。从 1943 年 12 月 24 日到 1945 年 4 月 1 日，张从龙任职 452 天，共杀害抗日干部群众 500 余人。城关解放后，从东门井内打捞出的遇难者尸体竟有 40 多具。从 1938 年 2 月日军入侵县境，到 1945 年 5 月 12 日县境全部解放，日军铁蹄蹂躏县境 7 年之久。

第二节　日军在古县制造的血腥惨案

日军侵占县境期间，对根据地实行杀光、烧光、抢光的"三光"政策，制造了一幕幕震惊人寰、骇人听闻的血腥惨案。

▶ *狂轰滥炸　民生涂炭*

1938 年 4 月 4 日，日军第二十师团一部约 2000 余人由同蒲路的洪洞据点出发，进攻县城城关。在城下，日军炮击屏风山国民党八十三师守军，打死打伤 10 多名士兵，县城失陷。5日，日军在飞机掩护下向沁源进发，在城北高家庄刺杀村民赵吉庆等10多人，在拦水沟打死村民李长庚等20多人在热留村，日军飞机炸伤村民10多人，炸毁关帝庙等建筑。

▶ 枪杀戏班演员

1939年2月26日，城关再度失陷。当天，日军在城北辛庄村枪杀戏班演员和群众30余人。

▶ 残杀北平军民

1939年4月4日，日军10多架飞机轰炸北平镇一带国民党四十二师驻地，村民死伤30余人。4月5日，四十二师与两路日军在北平一带激战两天，毙敌多人。四十二师也被敌人击溃，死伤严重，撤至良马一带，少部分投降日军当了伪军还有少部分溃散人员，在军官芦得胜、侯福山等人带领下，进入霍山深山老林当了土匪。没来得及撤走的100多名伤员，全部被日军残杀。

▶ 高城惨案

1941年10月8日，从旧县镇据点出发的日伪军，向北"扫荡"岳阳县二区的腹心区高城村一带。在高城村后的山沟里，日军将躲在沟里的部分群众（19人）包围在一个破窑洞里，全部杀害。

▶ 厥沟惨案

1941年10月20日傍晚，大峪村（今属南坡村）13

个妇女、6个小孩和5个男子，隐藏在窑头村深山沟一个叫厥沟的窑洞内。日军发现后，将22个人活活烧死在窑洞里。只有2名出来挑水的壮年男子乘机逃脱。死者中有共产党员王国隆、贾四子。

1942年春的一天，日军突然包围窑头村，把60多名群众押往韩母村冯家庄。由于汉奸指认，有40多个干部群众惨遭杀害。

▶ 安吉大屠杀

黑虎岭又称安吉岭，系涧河和蔺河的分水岭，是安沁大道上的要塞，自古为兵家必争之地。安吉村位于黑虎岭下，是一个几十户人家的山庄。为了保障安沁补给线的畅通，1942年冬在百日"扫荡"中，日军在安吉村建了据点，驻有重兵，并在黑虎岭上修了碉堡。日军把安吉村作为他们的杀人场，仅安吉村就被杀害84人，附近村被抓的群众，也被押解到安吉村杀害。据不完全统计，在安吉村8处杀人点，共杀害群众375人。

▶ 东山岭惨案

东山岭是热留村的一个小庄子，全庄只有35口人。1942年冬"百日扫荡"开始后，村里人都躲到野外山沟里。一天，庄上人趁夜间回家取粮。驻扎在安吉村的日军突然出动100多人，包围了东山岭庄，除放哨的两人得以逃脱外，其余33人全部被日军抓住，赶到一个堆放草料木料的窑洞里活活烧死。整个东山岭庄被日军毁灭了。

▶ 辛佛惨案

1942年冬季"百日扫荡"时，辛佛村被杀死41人，抓走失踪2人，其中当地村民被杀死19人，高平县难民22人。

▶ 节条坟惨案

1943年1月6日，一股日军向北平行进，路经金堆村南的节条坟时，听到狗叫声，便循声搜索。在一片枯坟里搜出21名妇孺。日军逼人抱来秸秆，燃起一堆熊熊大火，直到把21人都烧成焦尸，日军才离去。

▶ 柳树垣惨案

1943年秋，日军对太岳根据地发动"铁滚式三层阵地新战法扫荡"。10月18日凌晨，越过临屯线进入岳南的日军，突然包围了柳树垣村（今属南垣乡卢家山村）。柳树垣是一个仅有18户人家的小村，坐落在一面坡上。当发觉被日军包围后，只有6名青年跟随抗日干部贾延年冲出包围圈，其余68名村民都被抓住杀害。

▶ 河底惨案

1943年10月20日，日军在河底村（今属南垣乡）抓获村武委会主任高生林、放哨民兵岳老三等41名村民。日军把村民用绳索捆成串，蒙住双眼，用刺刀全部刺死。

▶ 尖阳惨案

尖阳村（属北平镇交里村）位于霍山主峰北侧尖阳山下，东距黄梁山日军据点5千米，有20多户人家。1942

年霍山剿匪后，尖阳村成为抗日根据地，建立了抗日村政权，发展了民兵组织。在反"扫荡"斗争中，尖阳村和交里村民兵配合三十八团一连战士抓获日军1人。

日军听到告密后，即策划对尖阳村实施报复。1943年10月22日下午，黄梁山据点派人到尖阳村，以商谈维持事宜稳定人心。时值八路军三十八团战士陈有才（尖阳村人）路过该村，听说此事后，疑其有诈，遂动员群众转移。

23日晨，村民看到敌人一夜没有动静，遂陆续返回村中。10时许，日军100余人突然包围了尖阳村，把全村群众赶到一座楼院内，将86名村民关进楼房纵火烧房。本村共27户，有21家灭门绝户。

第三节　人员伤亡和财产损失情况

据不完全统计，日军侵占期间，原安泽县（不包括现在古县、安泽临屯公路以南各村）被杀3837人，失踪753人，伤残305人，恐吓致死16人，共计4911人，占当时全县总人口的7.64%；烧毁损坏房屋29237间；损失粮食514218石；损失牲畜51748头；其他各种财产损失折价13.63亿元（冀钞）。总计财产损失23.29亿元，人均损失36264.3元。

据2001年11月出版的《古县志》资料，日军侵占期间，古县境内直接伤亡993人。其中平民被杀、被摧残致死者897人，地方武装和地方干部被杀96人。2008年，古县抗战课题调研组组织了详细的入户社会调查，认定抗战时期，古县直接损失人口2289人，间接损失人口367人，合计2656人。在直接损失人口中，死亡2195人，伤亡53人，失踪41人；在间接损失人口中，被俘18人，外来灾民285人，劳工死亡失踪64人。

据台湾保存的1946年11月26日统计表，1938年6月13日至1945年8月15日，7年间古县（含安泽县）共造成经济损失141197000元（旧币），其中直接经济损失共计125963000元（旧币），间接经济损失共计15234000元（旧币）。

据2001年11月出版的《古县志》记载，日军在古县烧毁楼房182间，平房4250间，毁坏窑洞119孔，抢掠烧毁粮食11395575公斤，损失棉花8000余公斤，损失大牲畜3843头，羊39768只，猪4792头，鸡43000只，农具、家具、日用品不计其数。

第四节 古县老区对抗战的贡献

▶ 踊跃参军入伍

抗战期间，全县几乎每年都有青年积极参军入伍，少则几十人，多则几百人，县区游击队也多次编入正规部队。1936年5月，红军东征到古县时就有30多名青年参加红军。1937年3月，全县300多名青年踊跃报名，报考国民兵军官教导团，经考试，冯春祯、李晨等60多名青年编入山西青年抗敌决死队。1937年10月，八路军在全县主要村镇建立8个兵站，当年有百余名青年参加八路军。1937年底，平型关、广阳战斗胜利后，八路军一一五师三四三旅六八五团三营十二连驻城关大觉寺休整，并派出宣传队到附近村宣传抗日，辛庄村程福元、石壁村赵福庆等 30 多名青年积极应征入伍。1938 年春，杨树棠等十几名抗日宣传队员和周国钧率领的 30 多名区抗日自卫队队员赴太行参加了白晋游击队。1939 年"十二月事变"后，县游击大队 200 余人集体编入八路军总部警卫二团。1940 年 7 月晋家山反击战以后，县游击大队农民子弟兵团 300 余人集体编入决死纵队二十五团（后为太岳纵队十一旅三十一团）。百团大战胜利后，岳阳县召开劳军大会，决死纵队蔡爱卿团长报告百团大战经过及八路军英勇作战的故事。会后，全县掀起了一个参军拥军的热潮。1941 年 1 月，岳阳县游击大队第一连 100 多人由指导员张春雅带队集体编入决死纵队二十五团三营。煤矿工人陈庆文等一批青年带头加入决死队。1941 年至 1944 年，全县转入艰苦的反"扫荡"、反"蚕食"、反"清剿"斗争。主力部队抽调骨干，组成小分队帮助县区壮大人民武装力量，逐步形成一支主力军、地方游击队和民兵三位一体的武装力量，取得了全县抗日战争的最后胜利。1945 年 5 月 12 日，随着旧县镇、城关镇的日军据点被攻克，县境全部解放。

1945 年 7 月 7 日，全县召开万人大会，庆祝党的七大胜利召开和全县解放。会后，全县青年掀起踊跃参军的高潮。上治区有 48 名青年参军，城关区有 49 名，北平区有 70 名。9 月，全国抗战胜利后，为了保卫胜利果实，全县进一步掀起参军热潮。太岳区参议员、县武委会主任杨晋升，县教育科长刘俊杰，县农会主席李荣福，四区生产助理员刘绍文等 44 名党员干部带头参军。在这次参军热潮中，涌现出一批妻送夫、父送子、兄弟争相参军的模范。三区三合村妇救会小组长薛文桂动员丈夫和娘家弟弟参军，亲自给丈夫和弟弟披红戴花。据统计，县境内两批参军的新战士达719名，其中三区（上治）210人，四区（热留）227人，六区（北平）146人，七区（城关）125人，二区的贾寨和宝丰村11人。第二批参军的新战士组成新兵营，杨晋升任营长，李荣福任副营长，刘俊杰任教导员。新兵营整建制编入晋冀鲁豫野战军四纵十一旅（后为十四军四十师）三十一团。据不完全统计，抗战期间仅临屯公路以北地区（含今古县区域），就有2107人参加了主力部队。

▶ 拥军优属保护子弟兵

八路军和决死队是人民的子弟兵，是真正抗日的队伍，是根据地人民的主心骨。拥军优属是根据地抗日民主政府的重要政策，支援前线，支持抗日，保护子弟兵，也是广大人民群众的自觉行动。

凌云村的吴儿岭有一所八路军后方医院，百日"扫荡"中，区、村干部和医院负责组织民兵把100多名伤病员分散转移到大峪沟（属南坡村）、山曹凹（属交里村）、鹞子掌（属上辛佛村）一带深山老林里。缺少粮食，民兵就四处筹粮，养护伤员。没有药材，就采用土方土药治伤，用杨树叶煮水给伤病员洗伤口，用"马皮包"治伤。日军搜山，民兵就来报信，背着伤病员转移。日军接近，民兵开枪把日军引开，轻伤员同民兵一起战斗，千方百计保护了100多名伤病员的安全。

旧县镇韩村秦家垣妇女贾秀英掩护抗日战士的事迹至今仍传为佳话。1942年反"扫荡"开始时，二十五团30

多名战士住宿于韩村秦家垣。天下着雨，战士们衣服都淋湿了。房东贾秀英烧水煮饭招待战士们后，就到外面抱柴火，准备给战士们烤衣服。忽然听到坡下有响动声，仔细一看，有一队日伪军正从坡下往上走。她赶快跑回去通报，战士们迅速从院子背后转移。日军逼问她八路军去向，她故意答非所问，语无伦次，装疯子，日军才放过了她。贾秀英以超人的胆量和智慧多次为八路军报信、保护八路军和战士们的安全。

1942年初，旧县镇日伪军重金悬赏，捉拿上治区分队队长朱尤林。当时，朱尤林正在发高烧，由三合村的徐村坐担架向高城村的后徐村转移，被汉奸发现告密。日伪军从洪洞、城关、旧县调集300多人，3月24日突然包围了后徐村。朱尤林获悉旧县镇敌人增兵的消息，事先已转移到后徐村东北十里的榆木沟附近一小窑隐蔽。敌人扑空后，把全村老幼抓到打麦场上威逼追问。群众异口同声说，朱尤林前两天曾路过这里，已被八路军送到后方去了。危急时刻，指导员郭建民、区分委赵澄带领区游击分队赶来，打退了敌人，解救了群众。

从1943年开始，古县连续两年开展大规模拥军优属工作，在参军、协同作战、筹公粮、做军鞋、照顾伤病员以及帮助荣退军人安家、帮助抗属开展生产等方面都做出了很大成绩。许多农村互助组制定拥军优属制度，帮助抗属解决实际困难。

▶ **出钱出力支援抗战**

抗战初期，抗日根据地处于初建阶段，党和政府大力宣传有钱出钱、有粮出粮、有力出力的合理负担原则。1938年，首先废除了旧社会的苛捐杂税，在完粮纳税方面规定地主富农多纳，贫苦农民少纳或不纳。所需征缴的钱粮，由县区政府摊派到各村，再摊派到富户身上。像石壁张家、圪堆杨家、辛庄李家等大地主，列为特征户，分别征收100~800石粮食。1940年，专署颁布了《合理负担累进税实施条例》。8月1日，岳阳县政府成立合理负担实施委员会，吸收群众团体和地方士绅代表参加。全县各区都选择一个基点村，一区是热留，二区是高城，四区是白素，五区是湾里。9月5日，《太岳日报》发表文章《岳阳县的合理负担》，介绍了热留村的具体做法，并总结出四条经验向全区介绍。同日，《太岳日报》又发表《开拓中的岳阳工作已展开》一文，表扬了全县的合理负担工作。10月，岳阳县抗日民主政府在凌云村吴儿岭召开县、区、村财粮干部和农会干部会议，学习清丈土地、评议产量的方法。全县规定，每人收入麦子一石为起征点（秋粮及其他杂粮按市价折合小麦计算），不足一石者免征。在各阶层负担占总负担的比例中，地主56.8%、富农13.4%占了负担的大头，而大多数的自耕农和贫苦农民只占29.8%，负担比较轻。当年全县完成秋征12750石。1941年，岳阳县完成公粮8020石，比上年有所减少，仍然超额完成规定的任务，受到太岳行署的表彰嘉奖。

1940年7月，在晋家山保卫战之前，安泽县驻西南办事处全力动员支前。从辛庄到古阳、金堆，沿河各村每间向前线运米20石，共500余石。每村出担架20副接送伤员。城关、哲才和沿河各村设接待站，并支援大量白面、猪肉、羊肉、蔬菜和食油。一区（城关）和二区（上治）动员 1300 余名民兵、民工支前。战斗结束后，群众组织起来慰问部队。

在 1942 年"四一五"保卫战中，全县抽调 1565 名民工、100 头牲口，支前 4 昼夜，民工往前方送弹药，往后方送伤员。在 1944 年的青浮反顽战役中，县武委会主任杨晋升带领 600 多民兵配合主力作战，并有 1500 多民工参加支前，运送粮食弹药，护送伤员，圆满完成任务。

抗日战争时期，政府一声号令，就可以囤起几百石甚至几千石公粮。部队打到哪里，公粮就送到哪里，担架就跟到哪里。据不完全统计，抗战期间古县民工支前人力工 961.6 万个，每个劳动力平均摊 794.7 个，出畜力工 40 万个，为夺取抗日战争胜利做出了巨大贡献。

第一编 革命老区的形成和发展

第四章 解放战争的大后方

第一节 积极参加自卫反击战

▶ 参加上党战役

为了挫败蒋介石反动派的内战阴谋，支持毛泽东在重庆的谈判，晋冀鲁豫军区遵照中央军委指示，决定集中太行、太岳、冀南军区主力展开上党自卫反击战，消灭上党之敌。1945年9月初，县游击大队大队长郭志坚前往潞城县黄碾村，参加了刘伯承司令员、邓小平政委召开的旅团长以上指挥员会议。县游击大队和决一旅三十八团配属三八六旅，任务是攻打长子县城。

9月10日，上党战役打响，县游击大队随三八六旅主力攻占了长治北关一带村庄。随后接受打援任务，急行军赶到屯留、虒亭地区，配合兄弟部队激战4日，全部歼敌。长治守敌待援无望，向西逃窜，12日被全歼。县游击大队在"老爷山"打援战斗中，歼敌百余人，缴获机枪2挺，小炮1门，步枪50余支，骡马50多匹及物资装备等。警卫员范文彪在送信途中，机智勇敢，独自擒敌10余人，缴获轻机枪1挺，步枪10余支，被誉为"孤胆英雄"。县游击大队还在襄垣县虒亭村配合主力与敌人战斗，取得大胜。10月4日，在长子县鲍店村召开的祝捷大会上，刘占奎等

30多人立功受奖。

上党战役期间，全县上千民工为前线昼夜运送军粮、弹药。部队打扫战场，民兵与民工押解俘虏到指定地点。贾寨村妇女帮部队拆洗356套棉衣。10月中旬，部队在长子县鲍店村战后总结，县游击大队奉命整编为县独立团，辖5个连队，团长刘丰生，副团长郭志坚，政治处主任张汉农，参谋王正平、朱尤林，干事王裕民，归晋冀鲁豫野战军第十三旅指挥。

▶ **参加同蒲路战役**

1945年10月中旬，晋冀鲁豫军区集中太岳区部队发起同蒲铁路战役，阻止胡宗南北上。阎锡山此时派兵在同蒲铁路沿线抢占城市和村镇，把安泽、洪洞和临汾的伪军编为保安大队，将安泽县长张从龙提升为副司令，驻扎苏堡村，直接威胁县境内的三、四、七区。根据岳北地委指示，县上成立支前指挥部，要求七区和三区空室清野，做好打游击战准备；全县建立上治、张才、北平等4个柴草庄栈，准备硬柴50万公斤，干草1.2万公斤，同时组织担架队。三区(上治)7天内就完成了打柴15万公斤、筹军粮1.35万公斤、担架31副的任务。

同蒲战役开始后，县独立团由团长刘丰生带领，会同四、五、六区的区分队从凌云村出发，先后参加了霍县、赵城地区和曲沃、翼城地区两个阶段的作战。1946年3月，在绛县被编入晋冀鲁豫野战军十三旅三十七团（后为十三军三十八师一一二团），成为正规部队。县境内人民积极行动，青壮年踊跃参军入伍，民工运送军粮、弹药、柴草，抬担架运送伤病员。

▶ 粉碎胡、阎对晋南地区的联合进攻

1946年1月，国共两党正式签订《停战协定》。但是，阎锡山六十一军还在抢占根据地村镇。2月初，安泽县逃亡到洪洞的几十人组成"安泽逃亡洪洞同乡会"，依附阎军，伺机返乡骚扰。胡宗南部北渡黄河入晋，进犯太岳区，挑起全国规模内战。陈赓、谢富治率领晋冀鲁豫军区第四纵队和太岳军区部队连续进行了闻夏战役、同蒲路中段战役和临浮战役，粉碎了胡阎会师晋南、打通同蒲路的企图，使太岳、吕梁两个解放区连成一片。

战役中，县政府把全县18至50岁的青壮年编入战勤组织。全县组织了1300多名民兵、民工（今古县境720余人）的参战支前大军，挑着粮食，扛着担架，昼夜兼程，风餐露宿，随军征战。8月16日，洪洞县城解放，安泽县伪县长张从龙在绝望中自毙。县公安局从洪洞押解回30多名伪顽分子和逃亡地主。县支前大军冒着枪林弹雨，保证了前线弹药和物资供应及伤员的转运。官雀战斗结束后，支前民工又圆满完成了押送敌旅长黄正诚等俘虏到阳城县的任务。

▶ 粉碎国民党对陕北的进攻

为了粉碎国民党对陕甘宁边区的进攻，晋冀鲁豫野战军第四纵队、太岳军区和晋绥部队于1946年11月成立了以陈赓为司令员、王震为副司令员、谢富治为政委的联合指挥部，先后打响了吕梁战役、汾孝战役和晋南战役。

在吕梁战役中，现古县辖区内组织了500多名民工，从沁源县韩洪出发,昼夜向中条山、垣曲县等地运送炸药和粮食等。圆满地完成了任务。在汾孝战役中,县民工送粮送弹药到孝义县境内。县地方武装在太岳军区统一指挥下,配合其他县地方武装收复了灵石县的南关等据点。1947年2月中旬,参战的十一旅和十三旅到县境休整,各区村组织群众慰劳部队,并隆重集会追悼死难烈士。

在晋南战役中,县里成立了"民兵参战团",县委书记董锋任政委,武委会主任王正刚任团长,王正刚、李书文、张洪德分别担任一、二、三营营长,随主力部队连克翼城、曲沃、新绛、稷山、河津、荣河、万泉等25座县城,一直打到风陵渡。副县长巨和勤带领民工1000余人(古县境内700余人)随军运送物资、弹药和伤员,圆满完成了战勤任务。战役结束后,太岳部队授予"民兵参战团"锦旗一面,上书"光荣属于老区人民"。太岳区武委会召开评功会议,评出4个参战模范县,今古县是其中之一。县民兵参战团返乡时,还运回一批食盐,保证了县内食盐供应。1947年2月5日,县区积极响应上级号召,10天内筹粮4000石,支援西北人民解放军。

第二节 民兵征战、民工支前支援战略反攻

从1946年6月起,解放战争由自卫反击转入战略反攻阶段,"打倒蒋介石,解放全中国"成为根据地军民的行动指南。刘邓、陈粟、陈谢三路大军先后强渡黄河,揭开了人民解放军战略进攻的序幕。1947年8月23日,陈谢大军一举突破黄河天险,挺进豫西。为了保证陈谢大军

完成战略展开，县支前指挥部组织民兵营随军参战，同时组织了117人的民工远征支前队，由陈选任队长，随军支前。民兵远征营有380名民兵，县武委会主任李书文任营长，李景太任副营长。他们随主力部队作战，先后参加了强渡黄河作战、陇海西线作战、八百里伏牛山作战以及洛阳战役。在攻打洛阳敌工兵营时，因作战顽强，被命名为"洛阳支队"。在攻打渑池西段村时，与敌刘汉三的十七支队短兵相接，大获全胜，缴获大量军械辎重。民兵营不仅完成了上级赋予的作战、警戒机关、掩护干部、转运弹药、护送伤员、剿匪反特等项任务，每到一地还宣传群众，发动群众。

11月中旬，奉上级命令，县政府又组织1000多人的民工，日夜兼程，向河南济源运送大批弹药，受到上级嘉奖。1948年1月中旬，远征豫西的民兵胜利归来，后勤部在垣曲县召开欢迎大会，太岳军区刘忠司令员授予县远征民兵营"远征军模范"锦旗一面。

1948年春，整个晋南只剩下临汾一座孤城未获解放。为配合西北、中原战场，晋冀鲁豫军区第一副司令员徐向前率八纵队、十三纵队会同太岳军区司令员刘忠指挥的十八、十九、二十军分区部队，3月7日打响了临汾战役。为保证战役顺利进行，太岳行署成立了由副主任裴丽生为司令员的临时后勤指挥部随军行动。县政府组织了1000余名民兵、民工的"民兵参战团"，支前参战。为支援战争所需，在北平、旧县设甲级战勤服务站，各备硬柴10万公斤，谷草4000公斤；在城关、白素、草峪、贾寨设乙级服务站，各备硬柴5万公斤，谷草2000公斤；金堆设丙级服务站，备硬柴5万公斤，谷草1500公斤。旧县镇是临屯公路上距临汾较近的直接兵站基地，成立了临屯路军火站，站长靳文华（县政府秘书），副站长邃洪祯（旧县区副区长），专门负责往临汾前线运送军火弹药。4月20日，县战勤科又组织250名常备民工（古县境内有120余人），随时准备支前。5月19日，全县完成第一期军鞋任务17937双，全部送往前线。

晋中平原是山西的粮仓，也是阎锡山的供应基地。阎为确保太原在此部署了5个军13个师的防守兵力。1948年6月11日，为了歼灭阎的有生力量，创造解放太原的有利条件，由徐向前统一指挥，集中华北军区第一兵团的八、十三纵队，炮一旅和太岳、太行、吕梁军区部队共6万余兵力，发起了晋中战役。6月底，县民兵参战团第二营644名指战员在营长张洪德、副营长唐凯的带领下，开赴平遥参战。县政府召开各区长、战勤主任、仓库主任、接待站长会议部署支前工作：对在仓的小米、小麦全部过秤；新建旧县、北平等7处粮仓；新建古阳、永乐等9处保存点；又确定交口河、马家节、秦家垣、石凹等存粮点，准备新粮入库。县上又组织几百名民工，昼夜兼程向灵石运送军粮和作战物资。7月21日，作战部队在歼敌的同时，完成了对太原的包围，晋中战役胜利结束。县参战民兵和支前民工参加了平遥军管会召开的万人欢送大会，获授锦旗1面，轻机枪9挺，小钢炮9门。8月中旬，古县政府在唐城举行了盛大的欢迎会。

据县政府统计，1948年1—3月，全县男全、半劳力每人支前40天，每人每月平均支前13天。其中最多的一个村3个月中送粮、修路、支前每人平均78天，月均23天。老区人民为全国解放，做出了巨大贡献！

第三节　青壮年踊跃参军入伍

经过土地改革，翻身后的农民懂得了只有打倒蒋家王朝、彻底消灭封建势力才能保卫胜利果实的道理，参军者更为踊跃。1947年10月下旬，响应党中央"打倒蒋介石，解放全中国"的伟大号召，县政府召开参军动员大会，境内再次掀起参军热潮。

三区（驻上冶村）在大参军运动中，党员干部带头，有300多人入伍。古楼沟庄只有28户人家，由共产党员惠和昌带头入伍1个排。徐村由共产党员王竟成带头入伍1个班，全区各村都超额完成任务。

四区（驻白素村）在下冶村的文庙召开参军动员大会，当时就有285人报名参军，其中干部40人，党员88人。古阳村武委会主任李文奎、指导员王有帮带领战斗队员26人集体报名。接着，参加会议的干部、党员和积极分子深入各村宣传发动，全区自愿报名参军428人。经县区审查，实参军309人。据统计，全区送子参军的22人，送丈夫参军的2人，兄弟相争参军的3对，双扶户20户。全区有40名模范受到上级表彰。

六区（驻北平村）的贾寨村有16名党员带头，全村100多人参军。党员李金娥，不仅送丈夫和弟弟参军，还动员邻居参了军。

七区（驻城关村）区干部在县动员大会后连夜分赴各

村召集干部、党员、民兵和积极分子，于农历十月二十三日在石壁村报到，召开有826人参加的动员大会。并侯村党支部书记王德才第一个带头报名，在他的带动下，十几名民兵跟着报了名。全区报名485人，其中党员110人，小组长以上干部67人，民兵186人，民高学生29人。实入伍454人（其中到军大的20人）。全区送儿参军的19人，送丈夫参军的10人，送弟参军的4人。据县委《工作通讯》1947年第8期记载：从1947年11月26日至12月5日，古县现辖区内的三、四、六、七区共有2637名青壮年参军入伍，是原计划的4倍多。他们被编入晋冀鲁豫野战军第四纵队第十一旅。

从1936年参加东征红军开始，到1947年大扩军的12年间，本县几乎每年都有青年参军，少则几十人，多则2000人以上，先后有7706名青壮年参加了人民军队。古县参军的英雄儿女在战争中不怕困难，不怕牺牲，打出了军威，被载入中国人民解放军的光辉史册，有十几人成长为省军级领导，70多人成长为地师级领导。

第四节　抽调干部支援新区建设

抗日战争胜利后，太岳区党委、行署多次从县内抽调干部支援新区。据不完全统计，从1945年9月至1949年3月，全县（含今古县）共抽调干部275名，赴东北、晋南、豫北、豫西、福建、云南、四川等新解放区参加建政工作。

1945年8月，中共中央派遣大批干部和部队进入东北，领导东北人民消灭日军及伪满残余，肃清汉奸，剿灭土匪，建立各级地方人民政府。9月，奉命从古县游击大队抽调40名战斗骨干，由县委书记石平亲自带队，随部队开赴东北。

1945年12月，抽调县委副书记苏平、县长田英、区委领导雷光、李长远、刘玉忠等26名干部赴晋南新区开展工作。

1946年11月，关内解放区抽调13万部队和2万干部进入东北，全县（含今古县）抽调20名干部随军进入东北开展地方工作。

1947年6月，全县抽调40名干部参加太岳区组织的"翻身大队"，随军开赴晋南，解放一县，接管一县，帮助建立各级政权。7月，由四区区委书记李波生、区长王长谨、文教助理李景芳、教员王振芳、七区干部孟登岳等7人组成的一个工作队，由李波生带队，到太岳三地委（稷山）报到，被派往荣河县（今万荣县）四区，担任土改工作队。

1947年8月，全县抽调50名干部随陈谢兵团渡黄河南下，到河南省新解放区开展工作。

1949年2月，中共中央华北局从太行太岳两个老根据地抽调4000余名干部组成"长江支队"，随人民解放军渡江南下。全县抽调99名干部编入第一大队第二中队，县委书记孟健任教导员，县长雷宏任中队长，苏琴任组织部部长，随人民解放军第二野战军南下。队员们怀着"打过长江去，解放全中国"的宏伟志向，于3月18日从长治出发，出太行，过黄河，跨长江，历时半年多，行程数千里，于8月5日到达福建省建瓯县，肩负起开辟新区，建设新区的重担。他们和新区人民一道剿匪反霸、镇反肃特、土地改革、民主建政、发展生产、恢复经济，成长为当地的各级领导骨干，不愧是从老区锻炼考验出来的好党员、好干部。

第五章　根据地的经济和社会发展

第一节　从减租减息到土地改革

▶ 减租减息合理负担

1936年，县境内（今古县）近300户地主，人口不足全县人口的2%，而掠夺农民的租额达到7万多石，几乎占到全县粮食总产量的45%。其中，收租100石以上的地主有82户，收租额5.25万石，占总租额的75%。无地少地的农民不仅遭受残酷的地租剥削，而且要承担国家税赋和地方的苛捐杂税。

只有实行减租减息，才能减轻广大贫苦农民的负担。1939年7月，上级派三专署工会主席袁致和到古县帮助工作，搞减租减息试点。从1940年开始，全县普遍开展减租减息运动，贯彻上级颁发的《减租减息暂行条例》，执行"二五减租"和"年利率不得超过一分"的规定，严禁非法剥削，严禁高利贷。在实行减租减息的同时，教育广大农民还要交租交息，保护地主对土地和财产的所有权，以联合地主阶级一致抗日。在减租减息的基础上，全县贯彻三专署颁布的《合理负担累进税实施条令》，完善了合理负担公粮的办法。全县清丈土地，评议产量，确定起征点。以间为单位逐户登记造册，以村为单位汇总。佃户的负担，在本户总产内扣除免征税、租额（包括地租、牛租）再行计算。岳阳县政府于八九月间开办了100余人的财经干部培训班。当年全县完成公粮12750石，1941年完成8020石，比上年有所减少，仍然超额完成规定的数量，受到太岳行署的表彰嘉奖。据农户调查，全县负担比例为11.21%。合理负担根据人口增减、土地变动、牲口增减，每年一次复评。1942年，免征点由一石增为1.2石。

1942年10月，刘少奇同志从苏中赴延安途经太岳区，在安泽、沁源等地调查了减租减息工作，听取了太岳区党委的汇报。他强调指出，要把大力开展减租减息运动作为发动群众的中心环节，让群众在减租减息运动中得到好处，相信自己的力量，自己解放自己，这是建设和巩固抗日根据地的关键。从1942年冬到1943年，全县减租减息运动进一步广泛、深入地展开。全县普遍改变了租佃双方协调解决纠纷并由政府出面裁决的办法，发动广大农民组织农会、青救会、妇救会和民兵组织开展"谁养活谁"的大讨论，揭露地主阶级剥削压榨农民的罪行，明辨是非，同地主面对面进行说理斗争。根据县农会1943年在三区上治、石壁、三合、张才、董必庵、尧峪；四区古阳；六区金堆、圪堆、相力、圪台11个村和今属安泽的石渠、唐城等11个村的调查显示：这22个村原租额为21016.755石，减租额15905.14石，减租比例达75.7%。在这22个村，地主退租3002石，退地5332亩，退款17656元，大体反映了当时全县的情况。1942年冬，浮山县抗日政府确定在孙寨村开展减租减息试点工作。孙寨村有24户大小地主，大地主孙如凯在全县40多个村庄都拥有土地，年租额1570石。

该村处在日伪顽包围之中，刚解放不久，工作基础比较差。农民对减租减息顾虑很多，主要有三怕：一怕变天，二怕地主夺佃，三怕打不破面子情。工作队进村后，宣传发动群众，民主选举村农会，向地主展开说理斗争，严格执行党的政策，取得了很大成绩。随后，浮山县在全县推广孙寨村的成功经验，取得了很好效果。

抗日战争时期的减租减息运动，虽然不是取消地主阶级对土地的占有，但是不同程度地减轻了封建剥削，改善了农民生活，提高了农民生产积极性，提高了农民的政治地位，巩固了根据地的基层政权。同时，保护了地主的合法权益，多数地主能够执行合理负担和减租减息政策。北平村党之璜，城关村李钟杰，是全县开明士绅的优秀代表。1941年青黄不接时，党之璜带头献粮200多石，秋后又主动减租100石，《太岳日报》报道了他的事迹。专署召开士绅座谈会，党之璜带头拥护党的主张，受到杨少桥专员的表扬。城关村的李钟杰不甘心当亡国奴，日军占领城关后全家迁至上治村乔沟垣。在减租减息运动中，除留少量土地维持生计，他把大部分土地无偿交给佃户耕种，自己在乔沟垣村帮助互助组记工分，结账目，制订生产计划，和佃户们和谐相处。

▶ 土地改革运动

1946年5月4日，中共中央发出《关于清算、减租及土地问题的指示》：把党在抗日战争时期实行的减租减息政策，改变为消灭封建剥削，实行"耕者有其田"的政策。从下半年开始，县委从县、区、村抽调90多名干部组成土改工作团，经过培训，分赴两个区 28 个村，发动群众对地主、富农、恶霸开展斗争，没收他们的土地、房屋和浮财。1947 年春，全县各区村土改工作全面铺开。各区成立了土改指导组，分派干部深入各村，先后召开村干部、积极分子、军烈属、部分中农等会议，层层发动，全县土改工作很快掀起了高潮。并侯村大地主吕洪泉，从光绪末年就担任管理领荒的老总，勾结官府兼并土地 3 万余亩，涉及安泽、浮山、洪洞 3 县的村庄，设有 3 处租行号，年收租 5000 余石。在七区的领导下，先后两次召开包括 3 县 2000 多名农民参加的斗争大会，迫使地主交出粮食数万斤，衣物、家具等数百件，现大洋 500 块。据有关资料记载：七区在 1947 年的土改运动中，参加斗争大会的共 2146 人，其中男 1432 人，女 714 人，大会诉苦的 284 人，共斗争封建地富 133 户，割尾巴 58 户。全区雇农 188 户分得土地 1951 亩，人均 4.33 亩；贫农 399 户人均土地由 2.9 亩增加到 4.28 亩；富农 102 户人均土地下降到 4.96 亩；地主 110 户人均土地下降到 2.219 亩。

但是，土改运动中也出现了一些"左"的倾向。一是在指导思想上削弱了党的领导，提出了"一切权力归农会""贫雇农坐天下，说啥就是啥"等错误口号；二是扩大斗争面，不少地方侵犯了中农利益，甚至侵犯了一些减租减息后翻身的新中农的利益；三是侵犯了民族工商业者的利益；四是排斥、打击了一些出身不好的干部、知识分子以及开明绅士；五是对斗争对象一律"扫地出门"不给出路。

1948 年 4 月，县委以参加地委党校学习返回的人员为主，抽调47名干部组成3个工作组，分赴3个村进行土改纠偏试点工作。5月，地委派工作组到县帮助土改纠偏，全县分4个片展开工作。针对纠偏工作中出现的一些新情况、新问题，县委又及时出台文件，《关于纠偏退补中的几个问题的规定》《具体政策规定》《解决误斗中农具体问题的处理方案》等。

针对侵犯中农利益问题，凡是过去侵犯中农利益的错误一律纠正：或退还或赔偿，并给予他们参加农会的权利。从土地问题、房屋问题、牲口问题、家具问题、粮食问题、羊只问题、银洋问题、浮动财产问题8个方面对补偿标准、补偿来源都做了具体规定。土地一般都补到全村平均数值，房屋大部分回归原主，浮财、耕牛也大部分补偿到中农程度。针对侵犯工商业者利益问题，县政府组织工商局干部深入7个村镇，宣传政策，纠偏退补。不久，全县工商业很快恢复到567户，并着手组成工商联合会。关于地富安置问题，首先制止随意打杀，并对地富加以妥善安置。针对错斗、清退的教师和学生，给予复职和复学。在划分成分问题上，严格按照土地占有和剥削状况划分阶级成分，对于划错的，一律纠正。

1948年1月，县委书记葛莱带领全县的农、工、青、妇、武各部门干部参加了太岳一地委召开的整党整风大会。10月，县委召开扩干会议，全面部署整党、土改、生产等项工作。第一批整党的35个村，针对党员干部在土改运动中侵犯群众利益的行为，认真开展"三查"，即查阶级、查立场、查作风，边查边整边改。参加第一批整党的党员763人，受处分的有101人。到1949年4月底，第二批整党的63个村全部完成。5月13日,境内党员先后公开党员身份,全县共有党员2064名,古县辖区内的五区368名、六区321名、七区270名,共计959名。

1949年3月,随着第一批整党土改工作结束,五马、张庄、湾里、石壁等28个村分别召开群众大会,宣布土改结束。到4月底,第二批整党土改工作结束,所有村都划定了阶级成分,确定了地权,颁发了土地证。历时3年左右的土地改革运动,宣告结束。

土地改革,结束了几千年来的封建土地剥削制度,真正实现了耕者有其田,极大地调动了广大农民当家做主人的积极性,恢复发展了农业生产,有力地支援了全国解放战争,为农业社会主义改造奠定了基础。

第二节 从大生产运动到全县经济的恢复和发展

▶ 抗战时期的大生产运动

古县是一个以农业为主的山区县,自从日军侵占县境,连年不断对根据地进行"蚕食"和"扫荡",掠夺劳力和畜力,实行"三光"政策,经济封锁。再加上国民党顽固派的封锁与摩擦,造成田园荒芜,劳力畜力不足,农业生产水平比战前大大降低,手工业、商业、运输业等百业凋敝。

抗战期间,县政府每年春耕期间都要组织干部下乡指导春耕生产。1941年9月,岳阳县政府为了打破敌人封锁,号召全县人民不吸纸烟,不买卖毒品,不买卖日货,以土盐代潞盐,并制订了一系列发展根据地经济的具体措施。

一是规定75天内任何单位不得动用民力、畜力，保护春耕生产，同时把春耕生产和对敌斗争结合起来，由战时指挥部和当地驻军组织武装抢耕队，保障春耕生产顺利进行。

二是组织干部下乡，帮助农民广泛组织多种形式的劳动互助组织，解决缺乏劳力、畜力等困难。1943年，全县出现互助组织116个，第二年就发展到681个。

三是开展"节约一把米活动"，生产救灾，互助度荒。1943年，河南、山东等地数以万计的难民流入县境内（含今古县）。日军占领沁源后，也有2000多难民进入县境。县抗日政府制定优惠政策，鼓励群众开垦荒地，开展生产救灾。1943年安置难民2681户，13405口人，土地6585亩，居太岳区首位，占全区安置难民总数的32.3%。到1944年，客籍民大都有了保证基本生活所需的耕地。1943年8月，太岳行署用以工代赈的方法，发放贷款70万元，帮助难民。

四是驻军和县游击大队、党政机关也响应"自己动手，丰衣足食"的号召，开展大生产运动。各单位都建立了自己的生产基地，开荒种地，以弥补供给不足。除自己劳动生产之外，驻本县的决一旅二十五团，首长带头，每人拾粪20担，支援当地群众生产。

为了发展农业生产，针对县境荒地比较多的实际情况，各级政府十分注重发动群众开垦荒地，增加粮食生产。从1942年到1945年春，全县共开垦荒地71331亩，是太岳区开垦荒地最多的一个县。

涧河流域和蔺河流域，河滩地较多，土地肥沃，产量较高。但是，一遇洪水泛滥，土地往往被冲毁。贾寨村

1418亩滩地，1942年被冲毁96亩，1943年被冲毁160亩。古阳村1100亩滩地，几年中冲毁数百亩。在专署水利组张志道的帮助下，在劳动英雄牛荣锁的带领下，贾寨村完成修滩任务，扩大耕地1000余亩。县政府组织有关村的干部群众到贾寨村参观学习，在全县掀起修滩高潮。

根据地十分重视在有条件的村兴修水利。1941年4月，三合村修水渠1条，可浇地200亩；第二年又修渠1条，可浇地120亩。岳阳县政府为三区发放水利贷粮15石，为四区发放7石。各地在大生产运动中，大力提倡修坡地为梯田。县政府还十分注重农业技术的推广，提倡精耕细作、增施肥料、优选种子、改良农具。县政府还采取鼓励措施，号召农民多种棉花。经过几年努力，到1945年，全县植棉面积达到1.2万亩，皮棉总产达到13.2万公斤，自给有余。

▶农村经济的恢复和发展

抗日战争胜利后，全县人民一面积极参战支前，一面大力恢复和发展遭到战争破坏的农村经济。这一时期，开展大生产运动具有许多有利条件：境内除了佐村、东池驻有阎军外，其他地方均获得了解放，群众能够安心从事生产；经过几年的减租减息和不断深入的土改运动，广大农民有了土地、牛羊，生产积极性大大提高；经过抗战时期的大生产运动，各级领导有了领导经济的丰富经验；各地在生产运动中也涌现出一批能起带头作用的劳动英雄和模范。为了恢复和发展经济，1946年县政府发放了395万元贷款和100石粮食（小米）。此后，每年都要发放一定数量的贷款和粮食，用于发展生产。从1946年到1949年，县政府每年都要召开两次各区村干部和劳动模范参加的生产劳动大会,安排当年生产,交流生产经验,表彰先进模范。

全县恢复和发展经济,仍然是以发展农业为主,同时发展家庭副业和运输业。在发展农业生产方面,一是强调精耕细作。据1949年统计,全县大秋作物亩施肥70到90担,比抗战中增加1倍多;秋苗能够锄到3遍,麦田能够做到犁三耙四。二是修滩整地兴修水利。六区的金堆村,每年都有大片河滩地和房屋被洪水冲毁。1945年秋冬,村生产委员会组织群众开展了防冲修滩工程,可保护房屋750余间,保护耕地73亩,新增滩地40亩。太岳一专署在这里召开了现场会,《新华日报·太岳版》刊登了他们的经验。四区多沟村在劳动英雄冯登才的带领下,采用按劳力计分入股的办法,发动170多人修通了窑头水渠,使40多亩旱地变为水地,还修建了一座水磨。三是开垦荒地,扩大耕地面积。经过几年努力,全县(包括今安泽县)开垦熟荒地8339亩,开垦生荒地2228亩。1949年6月26日《新华日报·太岳版》刊登文章,报道了全县开垦荒地的做法和经验。

在发展农业生产的同时,还注重发展家庭副业和手工业生产。全县嫁接果树1万株,收核桃仁8.5万公斤,山桃仁0.5万公斤,药材7.5万公斤,打山猪100头。县政府还要求每人增养两只鸡,两户养一头猪,每户养一只羊,还要养蚕、养蜂。各区都培养了一批养牛、养羊、养猪、养鸡方面的模范。1949年6月,县里又发放贷款,帮助建起旧县等4个兽医站。另外,全县小煤窑从原有的11座发展到35座，并在县城设立煤炭销售站。全县各地还恢复和新开办弹花、油坊、粉坊、染坊等各种手工业作坊。

县政府一方面大力发展生产，另一方面大力发展商业、运输业。修通城关至旧县、城关至北平、旧县至府城、旧县至曲亭、北平至和川等各条大路。同时，在全县建立消费合作社，在城关、旧县、北平、热留、金堆等地发展集市贸易，促进物资交流。1946年4月，七区在城关组织了抗战胜利后的第一个庙会，还请了剧团助兴。10月20日，旧县恢复了骡马大会，唱戏6天，每日赶会群众近2万人，上市的百货、杂货、饭店200多家，上市棉花1000余公斤，粮食千石，牲口50多头。据1947年6月统计，境内消费合作社发展到39个，集资入股的社员达到5402人，资金1427.5万元（冀钞）。由于生产的恢复和发展，解放战争时期，全县每年都超额完成公粮任务，到1949年，全县税收达到4056687.19元（冀钞）。县政府将原来分散保存在各村的公粮，集中于北平、热留、湾里、石壁、旧县等交通要道，统一保管，方便支前。据资料记载，在解放战争期间，仅粮食一项，全县平均每年上交公粮15万公斤以上，加上其他方式，平均每年筹集粮食超过1000万公斤，保证了前线所需，多次受到太岳区党委和行署表彰。

第三节　组织起来互助合作

▶抗战时期的互助合作

日军对根据地实行"三光"政策，并抓大批劳力为其支差；另一方面，根据地的青壮年积极参加抗日军队，积极服务于战勤工作，使得本来就缺乏的劳力、畜力、农具更显得缺乏，迫切需要在农业生产中开展劳动互助。1941年12月，岳阳县抗日民主政府抽调一批干部下乡帮助农民组织变工互助。1942年春，古阳村共产党员、村农会主席赵金林首先在铁凹沟组织起变工互助组。贾寨村党支部书记牛荣锁、村长吕希贵、军属任梅枝按照薄一波、裴丽生的提议，办起了3个变工互助组。他们"一手拿锄、一手拿枪"，优先给烈军属干活，当年就实现了增产粮食、支援军粮的目标。当年冬，贾寨村3个变工互助组由季节性互助自愿转为常年互助组，成为全区出现的第一批常年互助组。到1943年4月，全县有各种类型互助组116个，劳力2626人，牲畜347头，另外还有代耕队19个，参加劳力130人，牲畜65头。在日军据点附近的村子，还组织起武装抢耕队，生产生活统一计划，集体行动。到1944年春，全县互助组发展到681个，男劳力达7383人，占全县男劳力的52%。同时，还组织起老年、妇女和少年儿童等各类型互助组，其中，妇女互助组达351个，人数2460人。到1945年，参加纺织组的妇女达到12000余人，其中3000多人学会了织布，全县军民的穿衣自给有余。古阳村松木沟的樊桂英被评为纺织英雄，参加了县政府召开的劳动英雄表彰大会。全县评出44名模范互助组代表，参加了县政府召开的劳动英雄表彰大会。高城、泽泉、相力、徐村、古楼沟、余家山村等互助组，分别在大会上介绍了经验。

▶ 解放战争时期互助合作运动的发展

县委、县政府把巩固和发展互助组作为老区农业生产的中心环节,不断总结经验,解决实际问题。1945年8月,全县的互助组大多是季节性互助,不能坚持常年互助。四区的60多个互助组,只有哲才、多沟、古阳的互助组坚持下来;六区的只有相力互助组没散;一区、五区的情形也是农忙时组织起来,农闲时就停办。调查发现,剩余劳力处理不当,是互助组难以坚持的一个主要原因。据调查,全县耕地376058亩,劳力15172个,人均种地24.78亩,每亩以6个工计,需147.5个,除去家事和支差100个工,每人尚余113个工。县委、县政府及时总结推广了四区哲才村冯南窑互助组的经验:一是加强精耕细作,增加每亩投工;二是开荒、垒坝、修滩,扩大耕地面积;三是增加副业生产,组织运输、采山货药材、烧石灰木炭、开煤窑等;四是外出卖晌(打短工),赚回粮食;五是与手工业者换工。《新华日报·太岳版》发表《互助组中的余工问题》,对全县如何办好常年互助组做了详细介绍。1947年8月28日,县政府召开会议,365名劳动模范交流了办好互助组的经验,讨论了发展常年互助组的工作,总结了"组织起来"的好处。当年冬季,以贫雇农为骨干的互助变工组织贯彻自愿结合、等价交换的原则,使全县各类互助组得到巩固和扩大。到1949年5月,全县互助组发展到827个,还组织了800多个临时互助组。另外,还组织了供销合作社、消费合作社、信用合作社和运输合作社。县里还成立了合作社委员会,加强对全县互助合作工作的领导。全县互助合作的发展,大大促进了农业生产和县域经济的恢复和发展。

第四节　老区的文教和卫生事业

▶赵子岳和抗日宣传队

1937年7月，赵子岳在县一高任教，他和何启永等20多名返乡大中学生成立了抗日救亡学生服务团。12月，八路军总部学兵团又派来12名青年充实学生服务团。接着，安泽县全民抗战总动员实施委员会成立，赵子岳出任动委会宣传部部长，负责组建抗日宣传队，亦称抗日工作团。原来的学生服务团全部加入抗日宣传队，赵子岳任团长，祁果任副团长，共有30多人。宣传队统一着灰色军装，集体住在城关两级女子学校。

宣传队学唱抗日歌曲，排练抗日戏剧，在城关张庄、五马、并侯、旧县等村宣传演出。赵子岳亲自编写的歌曲《拆城墙号子词》《三家村里李婶婶》等抗日小调，在县境广泛传唱。平型关大捷后，一一五师一部分伤员在城关模范小学休养，赵子岳带领宣传队去慰问演出，并为伤病员洗脸、喂饭，还到街头演唱，为伤病员募捐。1938年2月，著名作家丁玲带领西北战地服务团随朱总司令到城关（今古县）。县抗日宣传队和西北战地服务团在城关、旧县等村同台演出活报剧、歌舞剧、快板，一起画漫画、贴标语宣传抗日。由于国民党军队与抗日政权搞摩擦，1938年4月，县抗日宣传队一部分留在县内，一部分加入八路军白晋游击队，赵子岳和爱人张金萱前往太行山根据地。

▶ 开展群众文化活动

1940年8月，岳阳县建立后，县青救会在白素村创办了岳阳县青年文化合作社。社内图书有毛主席的《论持久战》及《论抗日游击战争》《反对东方慕尼黑》，还有文艺方面的图书和自己刻印的宣传资料。店面虽小，却很热闹，吸引着四面八方的青少年来这里阅读和购买。合作社还为附近群众代购油、盐、酱、醋、火柴等生活日用品，为小学生代购文具。

抗日战争期间，不少村组织了业余剧团和宣传队，白素、热留、北平、贾寨、圪台、湾里、上治等村都是文艺活动搞得比较好的村。他们结合抗战形势，自编自演时装戏，丰富根据地的文化生活。他们编导演出《劳动英雄赵金林》《戒洋烟》《戒赌博》《二流子改变》，教育群众积极参加大生产运动。古阳村农会干部刘绍文编写的《绣荷包·赵金林小调》不仅在周围村传唱，还被刊登在《新华日报·太岳版》上。贾寨村和湾里村演出《回头看》和《柳树井》，揭露包办婚姻逼死儿女的悲剧，宣传婚姻条例。孙寨村把减租减息的具体办法编成小调歌谣，在训练班教唱。城关的威风锣鼓、石壁的"八音会"、古阳白素的小戏剧，也很受群众欢迎。

1947年冬，为了配合参军支前、土地改革、发展生产等三大中心工作，二高组织部分学生成立了业余文艺宣传队，经常深入各区村宣传演出自编的《高树勋起义》《血泪恨》《张庆兰》《参军光荣》等10个蒲剧节目，深受群众欢迎。宣传队赴县城汇报演出后，获得一致好评，县领导提议宣传队转为"安泽县青年蒲剧社"，任命赵伯廉为团长,杨玉赞为指导员,成员 30 多人。剧社请赵子岳在太原代购了戏箱和全套行头,并聘请太岳中学剧团刘老师辅导,排演了《岳飞传》《红娘子》《三打祝家庄》《正气图》《杀狗》等传统戏和新编历史剧。

▶ 老区的教育事业

抗日战争前,县境内有国民高级小学 1 所,设在城关大觉寺;有国民初级小学 69 所、简易小学 8 所、冬季小学 4 所,计有学生 1400 多名;还有 3 所女子小学,学生不足百名。抗日战争爆发后,各校停止招生,大部分教师参加了抗日救亡工作。随着县区抗日政权的建立,到 1938 年春,县境内的小学陆续恢复开学。日军占领村的小学停办,日军据点附近村的小学忽开忽停。即使在日军频繁"扫荡"的艰苦岁月里,党和政府也克服种种困难,坚持和发展根据地的教育事业。恢复后的小学由国民小学改称民族革命小学,国民高级小学改称民族革命两级小学,取消女子小学,实行男女合校。学校没有新课本,仍使用原小学和大觉寺高小的课本,国语课上还讲授毛泽东的《论持久战》等著作。

1938 年春,先后在城关和旧县成立了两所民族革命两级小学。年底,全部学生随着县政府迁往和川。1939 年 9 月,抗日民主政府又在热留村创办民革高小,校长赵璧,第二年因日军"扫荡"停办。1940 年,岳阳县抗日民主政府设教育科,各区设教育助理员,专职管理教育工作。到 1940 年日军冬季"扫荡"前,岳阳县小学恢复到 57 个,基本恢复到战前水平。1940 年岳阳县建立后,创办了岳阳县高级小学,学校建在槐树村罗家山,校长魏丽天。不久,学校随岳阳县机关转移到辛佛村南圪台。1942年,岳阳与安泽合并,学校改名为安泽县民族革命第二高级小学校(简称二民高),并由南圪台迁移到凌云村的吴儿岭,贾莹(女)接任校长。学生们每天早饭后到山沟里上课,石头板当桌凳,桦树皮是抄本,下午还要去开荒地,但是同学们都不怕疲劳,休息时就高唱革命歌曲。在根据地,二民高堪称革命的摇篮,培养出300多名干部,其中不少人成长为党政军领导干部。1944年秋,在三区上治村成立了民族革命第三高级小学(简称三民高),区委副书记杨柳兼任校长。后来,三民高并入安泽县一民高。

1944年以后,形势进一步好转,小学继续增加。在小学,普遍建立了抗日救国儿童团,课余儿童团配合民兵站岗放哨,盘查行人。学校还设立小先生制,学生回家后教家人唱革命歌曲,教家人识字,讲抗战故事。县政府还多次派教师到太岳区行政干校参加师资培训班,并由教育科长和督学在县内举办小学教师培训班。1943年,从170多名青年中录取40名合格者担任教师。为了提高教师待遇,从1944年3月起实行粮食薪资制,待遇分4等。

1945年9月,二民高由辛佛村迁至白素村的泽泉,校长先后为张光、李生汉。10月,安泽四民高在城关村延庆观成立。1947年秋,二民高和四民高合并于延庆观,称二民高,副校长范兴,教导主任杨玉瓒。1948年,县里在石渠村办了4期师训班,招收有小学四年级以上文化程度的青年,毕业后分配到各村任教。师训班由岳北行署调派的王旭明、孙克明、徐林、程舟负责,他们随后又担任安泽县几所高小的校长。到1949年中华人民共和国成立，县境内有高级小学1所（延庆观二高），初级小学115所，在校学生2893名，教职员工130人。1946年2月，太岳行署颁发了《小学教师待遇标准》。3月8日，县政府发通知，为全县教师评等定级，实行粮薪制。

抗战时期，政府在广大农村开展冬学运动，教育民众，扫除文盲。1940年冬学运动中，岳阳县有32个村，发展冬学30处，入夜校农民700余人，以后每年都有所发展。冬学时间一般从12月开始，到第二年3月，主要由小学教师兼任老师，县区干部也经常到冬学讲课。贾寨村的冬学办得很有成效，1944年1月，《新华日报·太岳版》曾予以报道。

▶ 培训抗日干部

抗战初期，八路军工作团利用牺盟会的合法形式，连续开办了几期训练班，培训村干部、教师和青年积极分子，培养了一批真心抗日的基层干部。1939年冬，裴丽生领导的山西省第六专区河东办事处在多沟村举办过几期训练班，涧河流域各村的村干部、牺盟会骨干大都参加过培训，包括灵石、霍县、赵城、临汾等几个县的学员，先后有1000多人。训练班按军事化管理，早上出操搞军训，上午和下午是政治课。办事处的领导裴丽生、杨振亚和邹桐都上过课。一个月后，训练班结束，学员们返回各自工作岗位。

太岳行政干部学校是太岳区培养干部和师资力量的学校，全县不少干部和教师被县政府保荐到该校学习。当时学校设在沁源县北赦村，校长邓一川，每期学员一二百人，来自太岳区各县，学习文化、教学方法和政治理论。学员回县后，大都成为教育界的领导骨干。

1940年8月，岳阳县委在热留村漫沟庄开办县委党校，轮训农村党员，先后办了4期，每期14天，每期学员100多人。各区分委也都举办党员培训班，用10天时间轮训本区党员。1940年10月，太岳二地委调葛莱回地委办党校，地委党校设在辛佛村黑埝庄，主要是培训岳阳、安泽、洪洞、赵城等县的农村党员干部，以学习党的基本知识为主。党校纪律很严，学员一报到就编号，学习期间只呼号，不叫名。党校在黑埝办了3期，每期20多天，每期培训100多人，岳阳县有40多人。1941年9月，二地委党校转移到安泽县亢驿村，继续培训农村党员干部。金堆村支部书记李生浔、党员曹万秀，横岭村党员李生梅等几十名党员干部参加培训，区党委领导顾大川到党校做了报告。

▶ 太岳中学

太岳中学是山西省第三行政专员公署路西办事处根据1940年4月中共中央北方局黎城会议的要求，于当年8月1日创立的。学校的办学宗旨是为抗日根据地培养县、区级干部。当时学校采用中学的名义，目的是为了缩小学校目标，减少敌人破坏，较多吸收敌占区有志青年投入解放区学习和工作。学校的校址，最初设在沁源县城。日军占领沁源后，1943年3月太岳中学迁凌云村神圪垛，为培养更多革命干部创造了有利条件。学校的五任校长是裴丽生（行署主任兼）、刘舒侠、龚士其、程勉斋、南川，教导主任张树民，主课老师大都是思想进步、知识渊博的大学生，还从部队抽调部分教官教军事。学员大部分是来自太岳根据地的进步学生，还有部队和地方机关送来深造的干部和战士。学习的主要内容是政治、军事和文化，政治课由校领导亲自讲授，军事课由原红军营长沈秉刚教官讲授。神圪垯只有3座大一点的院子，师生们一部分集中住在一起，一部分和老百姓住在一处。学校设备简陋，门板当黑板，晴天在村边大核桃树下上课，雨天在住房内，石头做凳子，书包当桌子。学校配备一部分武器，组成战斗班，遇到敌人"扫荡"就隐蔽在村后的深山老林中。学校在附近开荒40余亩，种粮食蔬菜，还上山采蘑菇，打山核桃。1945年8月，太岳中学迁往沁源。学校在神圪垯的两年半时间里，共招收200多名学生，其中古县籍的有20多名，毕业后派往全国各地，大都成长为县处级以上的领导干部。

▶ 老区的卫生事业

抗日战争前，县境内只有20多家药铺，从医人员30多人，大都分布在城关、旧县、北平等大村镇。广大农村缺医少药，一遇瘟疫流行，贫民大量死亡。1935年夏秋，伤寒、疟疾、痢疾同时流行，县内传染者十之八九，死亡2000余人。日军占领城关、旧县后，药铺纷纷关门，医生四处逃亡。日军长期"扫荡"，实行"三光"政策，根据地军民居无定所，经常在山沟里躲藏，县内伤寒、疟疾、疥疮等传染病并发流行，全县患病者达1.5万余人，几乎家家都有病人。传染病暴发，给根据地军民健康带来极大威胁。县抗日民主政府当即组织境内30多名医生，下乡巡回防治。由于缺乏西医西药，医生们主要利用针灸、拔罐、中草药等方法，控制了疫病传染的势头。为了方便群众治病，县政府于1940年创办了县营药店"济世堂"，抽调名医坐诊，为根据地军民治病。

岳北专署和一军分区分别在贾寨村和辛庄村设立两处诊所，方便了群众就诊。决死纵队在凌云村吴儿岭设立了一所野战医院，不仅救治八路军战士，也救治周围百姓。1943年，太岳军区后方医院的"三所"转移到金堆村。"三所"是八路军残疾教养院的治疗所，所部在范家祠堂。村里差不多家家住着伤病员，共产党员、村妇救会主席李芝兰发动妇女精心护理伤病员。"三所"在驻金堆村的几年里，也为周围村疾病防治做出了很大贡献。

旧县村被日军占领后，第三区公所迁至高城、上治一带，这一带历来缺少医生。1940年，县长纪锦章亲自找县"济世堂"公营药店的医生李克让谈话，派他到三区创办诊所。在诊所工作期间，李克让不分白天黑夜，刮风下雨，只要有病人，有求必应，随叫随到。能用贱药治好的病，不用贵重药；能用土方、单方治好的病，不开正方；能用针灸、推拿、拔火罐治好的病，不用药物，尽量减轻病人的负担。

1943年4月，由区委杨柳介绍，李克让加入中国共产党，从此他更加自觉地为人民服务。他积极拥军优属，对上治村的新旧抗属吃药不收药钱，全三区的新旧抗属吃药半价。1944年，他全家省吃俭用，开荒种地，全年无偿救济贫困农民160多服药，而且向政府捐献小米5斗，玉米5斗。他每年要看2000多个病人，跑180多个村庄，平均每天走30多里路。李克让还担任村里的冬学教师，结合中心工作编写教材。他还为村里的宣传队编写了《残害童养媳》《家庭》《拥军拥政爱民》《参军》《上冬学》5个剧本。1944年5月，李克让牵头成立医药促进会，同全县30多位名医交流改变医疗作风、为根据地军民服务的经验。1945年，李克让在上治村办起了全县第一个医药合作社，并实行合作医疗，抗日军烈属八折收费，特困户五折收费或全免。医疗合作社医生多，药材全，技术好，很快在全县得到推广。

1948年7月，县政府组织李克让等10名医生到地方病区的69个村庄和12条河流域调查，做出防治大骨节病方案，上报行署。8月，太岳行署邀请西北农学院乐天宇教授到县考察，寻求防治大骨节病的办法，提出3条措施，《岳北人民政报》予以报道，行署发文予以推广。

由于李克让事迹突出，从1943年起，他连年被区县和太岳行署评为模范医生，出席各级群英大会。边区政府奖给他一面"眼睛向下服务群众"的锦旗。1945年1月，李克让作为唯一一名模范医生参加了太岳区群英大会，当选为全区模范工作者。2月，他的模范事迹被延安《解放日报》报道，并配发了社论。1948年8月，李克让筹建县人民医院，并任院长。

第五节　革命老区模范村——贾寨

▶最早建立党的组织

1938年3月，县内早期共产党员韩忠荣在贾寨村秘密发展了原继英、郭顺兴、任拴财3名进步青年加入中国共产党，并成立了抗日战争时期全县第一个农村党小组，原继英任组长。后来经过进一步发展，成立了贾寨村党支部，牛荣锁、原继英先后担任党支部书记。从1938年到1941年，薄一波、牛佩琮率领的决死一纵队进驻太岳区，经常活动于蔺河、涧河流域，发动群众，多次驻贾寨村指导抗日工作。贾寨党支部积极宣传党的主张，为抗日政府筹集粮食，实行合理负担，开展减租减息，做了大量工作。1941年贾寨村获得抗日民主政府"模范合理负担奖"。

1941年8月，决死一纵队改编为决一旅以后，李聚奎旅长就率领旅部驻扎在贾寨村。1942年4月，太岳二军分区和太岳地委基干营从热留出发前往洪洞广胜寺，把孤本《赵城金藏》抢运出来，先运至热留，后转移至安泽亢驿村。1943年1月晋豫区与太岳区合并，原太岳区一、二、三地委、专署和军分区合并为新的太岳一地委、一专署和一军分区，第一军分区领导机关驻贾寨村。第一军分区司令员由决一旅旅长兼任，先后为李聚奎和李成芳，地委书记顾大川兼政治委员，地委和专署领导机关驻相邻的宝丰村。地委书记顾大川，副书记、宣传部部长刘植岩，一专署专员周义中，副专员高芸生。在上级党政军领导的关心和指导下，贾寨村成为太岳区的坚强堡垒，各项工作都走在全区的前列。

▶ **全县民主政权建设试点村**

1941年7月，贾寨村被确定为全县民主政权建设试点村，县委、县政府派工作组进村后，经过宣传动员、公民登记、审查公民资格、划分选举小组、选举公民代表、召开代表会议等阶段，按照"三三制"的要求，选出了村民代表会和村政委员会。他们的宣传很有特色，在村里搭起6个"民主牌楼"，制作3幅漫画，并组织儿童演剧、写黑板报、唱民主歌，动员家长参加选举。他们还办了两期干部训练班，培训43人。1941年9月10日，全村800多人参加选举。共产党员原继英、党瑞祥当选正副村长，董兆庆、党建华、黄高管、侯炳仁、张鸣祥被选为民事、财政、粮食、教育和生产委员会的主任。当选的村干部举行了宣誓就职仪式。会上群众还提出关于实行减租减息、改换契约、取消商家剥削等30多条意见和建议。区里还组织宝丰等周围村的干部群众前来参观学习。

▶**太岳区最早的互助组**

县委和县抗日民主政府在开展减租减息和大生产运动中，及时号召广大农民组织起来，开展互助合作。在薄一波和裴丽生等同志的提议和帮助下，1942年春，贾寨村党支部书记牛荣锁、村长吕希贵、军属任梅枝，带头办起了3个"一手拿锄，一手拿枪"，种地和抗战相结合，优先给烈军属干活的互助组。办起互助组的当年，牛荣锁互助组就垦荒产粮64石（一石相当于150市斤），每户分粮后还支援军粮25石。当年冬天，贾寨村3个变工互助组由季节性互助，自愿转为常年互助组，成为太岳区出现的第一批常年互助组。简单的互助合作，大大优于个体生产。一是开荒治滩，扩大了耕地，改变了生产条件。二是改粗放耕作为精细耕作，多犁多锄多上肥，扩大棉花种植，推广玉米优种"金皇后"。三是发展副业生产。1944年，贾寨村组织起3个纺织组，一个染坊。靠集体积累的钱，互助组还置办了 3 辆铁轮大车，3 部织布机和 15 个染缸，归互助组公有。

1947 年土地改革运动中，贾寨村发生了斗争面过宽的错误，误斗中农 58 户，互助合作陷入消极。在岳北地委和县委的领导下，贾寨村党员干部带头做思想工作，深入田间炕头谈政策，有效地团结了中农，互助合作又得到蓬勃发展。到中华人民共和国成立前，全村参加各类互助组的农户占到总户数的三分之二以上。粮食产量高于抗日战争时期二至三成，互助组年年超额完成应负担的粮食任务，支援了解放战争。由于互助合作成绩突出，贾寨村支部书记牛荣锁连续多年被评为劳动英雄，获得县政府银质奖章，还被评为太岳区劳动英雄，获劳动英雄奖章一枚，以及太岳行署的物质奖励。

▶太岳区防冲修滩模范村

1943 年 8 月，太岳区党委书记薄一波赴延安参加党的七大会议之前，在贾寨村召开岳北地区县团级主要领导干部会议，听取围困沁源县城的情况汇报，看望了战地医院伤病员，并对抗日救灾、发展生产以及开展整风运动做了全面安排。会后岳北行署和县抗日民主政府确定贾寨村为防冲修滩的实验村。贾寨村党支部书记劳动英雄牛荣锁、生产主任宋大平、村副王天顺、妇救会常委魏秀荣在专署水利组张志道的指导下，运用新技术，在黄家窑、贾寨、窑沟、半沟等间充分发动群众，完成修滩任务，扩大耕地 1000 多亩。

在解放战争时期，贾寨村连年开展大生产运动，改善了农业生产基本条件,使村民发家致富,生活水平逐年提高,为支援战争贡献了物力财力。1949年4月18日,太岳《新华日报》发表了《贾寨村怎样领导生产》的文章,介绍了村干部积极带头搞好生产的事迹。

▶整党运动中的先进党支部

抗日战争胜利后,刘植岩担任岳北地委书记,在抓好恢复发展经济的同时,对全县的土改和整党工作加以具体指导。在县委的领导下,贾寨村党支部成为全县的先进党支部。在1948年初地委召开的土改工作会议上,刘植岩指示:安泽(包括古县)是老区,97个村多数土改比较彻底,不应机械地再来一次平分土地,应采取抽补调剂,动少不动多的办法,要立即纠正土改中的"左倾"偏向。会后县、区工作组深入贾寨村,解决了土改纠偏不彻底的遗留问题,到1949年4月,贾寨村划定了阶级成分,确定了地权,颁发了土地证,宣布土改运动结束。

1948年1月,岳北地委召开全区县、区干部参加的整党大会。会后县委确定贾寨等35个村为第一批整党村,11月,第一批整党的35个党支部的党员分南(孔滩)、北(贾寨)、西(湾里)三片集训。县委书记葛莱深入贾寨片,亲自给党员讲课,学习时事政策,进行共产主义道德和革命目标教育,广大党员积极投身整党整风运动。通过整党,纯洁了党组织,提高了执行党的政策的自觉性,发挥了党员的模范带头作用,改善了党群关系,提高了党支部的战斗力。1949年11月,贾寨村被评为全县先进党支部。

▶参军参战模范村

抗日战争时期,贾寨村党支部带领群众,一手拿锄、一手拿枪,配合决死纵队,站岗放哨,埋地雷,打游击,粉碎了日军对根据地的一次又一次"扫荡",取得了抗日战争的最后胜利。解放战争时期,贾寨村组织民兵民工,跟随野战军南征北战,多次受到表彰。1946年8月28日,在解放霍县的战斗中,贾寨村民兵民工紧跟部队,抢先登城,受到上级表彰。决一旅后方医院驻扎在贾寨村,贾寨村民协助医院,精心护理伤病员。

抗日战争期间,贾寨村组织业余剧团和宣传队,根据斗争形势的发展,自编自演节目,开展文艺宣传。每年春节期间都组织民间艺人,开展文化活动,活跃根据地的文化生活。贾寨村业余剧团经常到附近的决死纵队驻地进行慰问演出。1943年,太岳一军分区文艺宣传队(也称燎原剧团)进驻贾寨村与当地业余剧团联欢,进一步活跃了贾寨村的文艺活动。1944年1月,在岳北专署的帮助下,贾寨办起了冬学,教农民识字,学习文化。

在抗日战争和解放战争时期,贾寨村青壮年踊跃参军,为革命胜利做出了巨大贡献。贾寨村村长、共产党员原继英带头参军,带动全村11名青年入伍。土地改革后,翻身农民进一步掀起了参军热潮,"打倒蒋介石,解放全中国"的口号深入人心。1947年10月,贾寨村有16名党员带头,带动全村100多名青年参军入伍。

第二编

在社会主义革命和建设中探索前行

（1949 — 1978）

第一章 乡村体制沿革

第一节 互助合作及初高级合作社

新中国建立初期,党号召人民群众积极组织起来,开展劳动互助的大生产运动。在党的路线和政策指引下,广大农民群众自觉地走上了互助合作发展生产的道路。在较短时间内,全县一半以上农村都先后建立起了互助合作组织,主要有两种形式:一是季节性互助组,即农忙季节临时组织互助合作小组互相帮助,如集中时间下种、收割或其他重大事由。二是常年互助组,即以一定的组织形式,相对固定劳动力和合作帮助对象进行常年性的互帮互助。互助合作的帮助对象每组5至10户不等。1949年当年全县就建立起互助合作组织113个,到1951年发展到543个。

1951年春,全县开始兴办初级农业生产合作社,县境内分4批完成了初级合作化,至1955年底,新老初级合作社发展到699个。

初级合作社基本上是一个较大的村为一个合作社。坚持"入社自愿,退社自由"的办社原则。起初农民群众入社积极性不高,但经过相互帮助的生产实践,大家都得到利益和实惠,因此到后来生产劳动和互相帮助的积极性空前高涨,虽然"退社自由",但极少。土地、耕畜、农具入社分红，实行小组责任制。生产上实行全年计划，小段安排，实行"三定"，即定活、定工、定时。分配上实行"地劳分成"等价交换的办法。土地入社以亩评产，以产分红，大部分合作社劳资分红比例为劳力55%，土地40%，公积金5%。

高级农业生产合作社是在初级合作社基础上逐步发展起来的一种新型经营组织形式。高级农业生产合作社，土地归集体所有，耕畜、农具、羊群、树木以及其他生产资料全部作价入社，价款作为股份基金。高级合作社废除生产资料个体所有制，取消生产资料分红。以高级社为基本核算单位，实行"按劳分配、多劳多得"的分配原则。高级社下设生产队，生产队设大小不等的作业组，在管理上实行"三定一奖"，即定工、定产、定投资，超产奖励。在不断实践和积累经验的基础上实行"四固定"，即固定耕地、固定劳力、固定牲畜、固定农具，并对超产者给予奖励，减产者给予惩罚。至此，农村的社会主义改造基本完成。

第二节　人民公社

1958年底，县境内的所有高级合作社全部转入人民公社。人民公社实行政企合一，工、农、兵、学、商互为一体，农、林、牧、副、渔统一经营，下辖管理区与生产队两级组织。实行军事化管理和大兵团作战，提倡组织军事化、行动战斗化、生活集体化，并在全县范围内无偿调动劳动力搞"大协作"。兴办集体食堂，大都以生产队为单位办一个集体食堂，过集体生活。因种种原因，集体食堂于1961年停办。

人民公社初期，全县人民在"鼓足干劲，力争上游，多快好省地建设社会主义"总路线的指引下，各行各业从业者的生产劳动积极性和创造性更加高涨，曾先后组织较大规模的生产大协作和全民大办钢铁，出现了史无前例的大动员、大生产、大协作的生产形势。

1961年，贯彻执行中央制定的"调整、巩固、充实、提高"经济建设八字方针，县境内将3个人民公社（岳阳公社、旧县公社、热留公社）划为9个人民公社，实行公社、大队、生产队三级所有、队为基础的管理体制，恢复定额管理和"三包一奖""四固定"制度。以生产队为核算单位，劳动管理实行小段计划、小段作业、小段包工、小段检查验收。分配上实行按劳分配加照顾，对大小队干部规定了劳动天数和补工标准，有效地调整了生产关系。

1971年8月，组建占县，下辖10个人民公社，即北平、热留、下冶、城关、石壁、旧县、永乐、郭店、店上、茶坊。至1978年底，全县分10个人民公社，111个生产大队。

第二章　国民经济恢复时期的农业生产

第一节　改变耕作方式

古县地处华北西部的黄土高原。新中国建立初期，全县95%的耕地为旱地，主要依靠大自然降雨维系农作物的生长。降雨量分布不均，且十年九旱，严重影响农作物的生长和三农经济的发展。因此，狠抓农作物的调产，实行科学种田、改变耕作方式以及逐步推行农业机械化生产即成为促进农业经济全面发展的根本出路。

改变耕作方式的重点是充分利用好有限的水资源，抗旱保墒和对大面积的旱地加以土壤改良。一改古往今来的广种薄收和靠天吃饭的传统观念。尤其大力组织推广旱作农业综合技术，成为当时农作物生产的一项基本措施。其综合要点为：1.在全县大力号召并切实抓好农田基本建设，变坡地为梯田，因地制宜建设水平梯田，平整土地，采取一系列有效措施，千方百计控制水土流失，从而使大面积的水土保持能力得到提升。2.科学运用传统耕作措施，采用先进的耕作机具，土地深翻，耙耱保墒，纳天上水，保地下墒，较充分地利用大自然的水资源。3.积极推广和采用以有机肥为主和无机肥相结合的办法，狠抓科学施肥技术的应用，有效地提高了新型肥料的利用率。4.因地制宜构建旱作种植结构，培育推广耐旱丰产品种和适应旱作的综合栽培措施，从而提高单位面积产量。粮食亩产由1949年的61斤提高到1978年的103斤。

第二节 农业机械

1958年，全县仅有50马力铁牛拖拉机1台，同年引进柴油机和蒸汽机锅炉。1964年引进铡草机、磨面机、榨油机、鼓风机、双铧犁、脱粒机等农业机械。

1967年，各公社农机站成立，公社和部分大队陆续购买拖拉机。1971年建县时，全县10个公社先后成立了拖拉机站。从此，以农用拖拉机为主体的农业机械较大规模地从事农业生产。1968年，全县大中型拖拉机发展到22台，小型拖拉机增加到13台。到1978年，全县拥有大中型拖拉机100台，小型拖拉机110台，农机总动力达到10000千瓦。

农业机械化的发展，大大促进了农业技术进步，降低了农民的劳动强度，提高了生产力水平。农业机械的有效利用，担负了全县80%以上的农业作业量和大量的农产品加工作业，促进了农业生产力，解放了劳动力，进而促进了剩余劳力向其他产业领域的转移。

土地质量的改良，单位面积产量的提高，农业技术的进步和三农经济的大幅提升，大大促进了全县粮食总产量的增加。1949年，全县粮食总产量为13989吨，到1978年增加到27000吨。种种事实表明，农业机械化功不可没，它为农业经济全面而较快发展做出了历史性贡献。

第三节　水利事业

县境内山高坡陡，沟壑纵横，水源奇缺，历年平均降水量为588毫米，是山西省贫水区之一。随着经济建设的较快发展，农业用水、工业用水、城市用水和生活用水急剧增长，供水与用水的矛盾日益突出。

历届县委、县政府把治水引水、兴修水利当作改变农业生产基本条件、促进经济社会发展、改善人民生活的基础条件提上重要工作日程，并做出长计划短安排，责成主管部门与相关单位协调配合，积极开发水利资源，全方位、多形式地进行水土保持，并落实城乡供水工程等项目。经过几十年艰苦奋斗，使县境内水资源得到科学有效的利用，既促进了农业经济健康有序发展，又为促进社会进步发挥了关键的保障作用。

农业合作化后，为治理水土流失，县境内采取打坝造地、筑堤护田、荒山挖鱼鳞坑、山下建水池等措施，水土流失治理初见成效。

人民公社化后，实行大兵团作战，集中劳力，分片治理，坚持以"改土治水"为中心，进行山水林田路综合治理，大搞农田基本建设，又见成效。

为扩大水浇地面积，先后采取了机灌、高灌、喷灌和传统的自流灌溉措施。至1978年底，全县开发灌溉渠道70条，长150千米，水浇地面积发展到6000亩。

积极开发水资源，开渠引水蓄水。从70年代初开始，重点抓了三大水利工程项目。一是渗水崖引水蓄水工程，从县城北30千米处修渠引水，途经两个乡镇30多个村引水到县城；二是阴庄沟引水蓄水工程，总干渠11140米，既有效解决了沿途人畜吃水困难，同时，扩大水浇地1000余亩；三是大搞植树造林，封山育林，建设大中小型蓄水水保工程1500多处，实施生态修复面积300平方千米，全县水土流失治理达到40%以上，比中华人民共和国成立初提高了33个百分点。

积极采取引水供水措施，千方百计解决城乡居民生活用水。先后采用打深井利用地下水、找水源开渠引水、建水池蓄水用水等方法，主要以提、引、蓄等多种形式，使城乡工业用水和人畜吃水状况逐步改善。

下大力气建设防洪工程。中华人民共和国初期，县境内已陆续兴建各种形式的防洪抗灾水利工程。1971年建县后，县委县政府下决心根治涧河，造福人民。1975年组织起一支千人治涧兵团，成立治涧指挥部，实行军事化管理，县委、县革委主要领导担任指挥，对涧河进行大规模的综合治理。历时8年，共打坝2万多米，新增土地1000多亩，修筑涧河大坝防护工程，从而结束了涧河流域主河道洪水泛滥的历史，也为县城安全防护和改善及美化环境增设了一道人文景观。

在全县范围内，以分散小型或集中劳力、机械实行大规模疏滩垫地，平田整地，劈山填沟，整修梯田，以大寨精神大搞农田基本建设，农业生产条件明显改善。由于实施了山水林田路综合治理，使水土流失这一历史性问题得到有效遏制，农业生产环境大为改变，田间道路基本贯通，引水浇地水到渠成，土壤结构明显改善，科学种田水平提高，整体农业生产形势和三农经济局面逐步由量变上升为质的飞跃。

第三章　植树造林绿化家乡

第一节　育苗

植树造林,首先要做好育苗这一基础工作。从初级合作社开始起,广大人民群众就积极响应政府号召,有组织地参加植树造林活动,或分散小型,或集体组织育苗,逐步培育人们的造林意识和集体主义观念。1953年初开始建公私苗圃14.5亩,1954年增为33.5亩,1955年育苗140亩,其中国营35亩。1956年在全县提倡群众育苗,并先后在旧县、城关、金堆建立苗圃,主要培育油松、刺槐、白杨、北京杨等苗木品种。育苗工作的有效开展,促使全县植树造林运动步步深入。

第二节　植树造林

早在1945年,太岳区政府就发布了《太岳区造林植树、森林建设计划草案》,无论在艰苦的年代,或是三年困难时期,广大人民群众没有忘记植树造林,各级党和政府组织,积极号召并有序安排全县植树造林工作。建国时,全县森林总面积33万亩,覆盖率为18.3%,木材蓄积量为123万立方米。

1952年初步确定林权后，全县掀起植树造林高潮。1956年组织绿化大军大搞义务植树。1957年至1962年，先后建起了3个林场，即大南坪林场、北平林场、古县林场。1971年建县时，全县人工林面积为6.56万亩。历届县委、县政府下决心改变荒山秃岭、穷山恶水的面貌，几十年如一日，开展荒山造林、四旁植树、林粮间作、小流域治理、路旁植树等植树造林活动，采取专业队伍、集中连片、荒坡山头、河滩路旁、干部职工义务植树等多种造林方式。几十年坚持，几十年奋斗，使昔日荒山秃岭状况大为改变，森林覆盖率大为提高。至1978年底，全县荒山造林17000亩，其中用材林达7700亩，经济林1960亩，四旁植树56万株，封山育林4100亩，涌现出一批植树造林先进单位、模范个人和造林示范户。造林模范张聚贵就是其中的一个典型代表。张聚贵是旧县镇尧店村的一位普通农民，他与妻子36年如一日，坚持植树造林，并被评选为县、地、省林业劳动模范。他一生辛苦，一生奋斗，为家乡留下一片片绿色的山林，留下了一笔宝贵的物质和精神财富。他逝世后，县委、县政府在碑文中写道：优秀共产党员、省林业劳动模范张聚贵同志，出身贫寒，一生历尽艰辛，一心扑在林业上。他一把镢、一担桶，风里来，雨里去，不畏严寒酷暑，年逾八旬，植树不止，留给后人600亩山林，48万株树木。他献身林业的革命精神，公而无私的高尚风格，勤劳朴实的优秀品德，永远是后人学习的榜样。

第三节　古县核桃

古县核桃发展历史，可概括为三个阶段，即自然发展阶段，规划发展阶段，大规模发展阶段。

其三个发展阶段形成核桃树及核桃生产的三种类型。早在20世纪50年代初，县境内上百年树龄的核桃树约3万株，那时人工主动栽植者极少，大都为自然生长。1958年，全县掀起了一场轰轰烈烈大种核桃的群众运动。当年县、社、队三级干部及广大社员群众2万多人，种植核桃1157万株，被国务院授予"干果之乡"的光荣称号。1971年建县后，核桃生产进入规模化发展阶段。县委、县政府把核桃生产列为"农业学大寨"的一项主要内容，采取一系列措

古阳镇凌云村百年核桃王

施，加强对核桃生产的领导。1973年，县革委会颁发了《关于禁止乱砍伐核桃树，加强核桃树管理的通知》，又邀请核桃栽培及管理专家传授经验，之后做出了《大力发展核桃产业的决定》，先后在全县各乡镇建设万株核桃基地19个。1974年，临汾地区在古县召开了核桃生产现场会议，实地参观了凌云、孔家垣、皂角沟等核桃生产区和生产典型地区，从而促进了全县核桃生产，出现了群众性核桃生产新格局。在此基础上，县委、县政府不断调整工作思路，加强对发展核桃生产的领导，采取典型示范等方法，进行栽培及管理技术指导，引进新品种，实行高接换优，加强管理，有效地推进了核桃这一主导产业的健康、快速发展。

首先破除由来已久的重收轻管的传统思想观念，以科学合理、因地制宜和因树制宜的方法，对核桃树进行综合性管理。其主要管理措施为：一是深翻树盘，增加活土层，改良土质，提高土质活力，促进根系生长；二是中耕除草，以解决灌木、杂草与核桃树争肥争水的问题；三是施肥，以农家肥为主，以秋施为宜，以促其生长发育；四是涂白，在秋末冬初为核桃树用生石灰剂涂白，以防病虫害发生；五是刮树皮，随着树龄增大，树皮增厚，宜在冬春刮去老皮，以减轻来年虫口密度，利于核桃树健康生长。

核桃产业在全县经济发展中占有重要的地位。古县的核桃生产闻名全国，曾在全省夺得核桃人均面积第一、株数第一、产量第一、收入第一的"四个第一"，被林业部授予"全国经济林先进县"的光荣称号。古县是驰名全国的核桃之乡，其颗粒以表皮褐黄，仁肉乳白，口感酥脆，回味绵长而享誉国内外。核桃仁既可以药用、食用，又可作为木本油料广泛应用。古县核桃含油率极高，是不可多得的一种高级油品。核桃仁配以其他佐料，可制作糕点、月饼等食品，醇香可口，回味悠长，具有较高营养价值，是古县最具地方特色的名优特产，深受国内外客户欢迎。

"核桃王"在距县城30千米的古县古阳镇凌云村吴儿岭自然庄，树高21.8米，胸径1.15米，主干高3.5米，冠幅24米，投影面积443.5平方米，树龄300余年。其枝繁叶茂，遮天蔽日，年年挂果，且个大皮薄，味甘醇香，最多时年产量3万余颗，为山西境内最大最古老的一棵核桃树，故被誉为"核桃王"。

▶ 核桃生产重点村简介

老龄核桃生产区——凌云村，距县城30千米，全村230户1200口人，拥有上百年树龄的核桃树1万余株。70年代以前，其核桃树处于自然生长状态，且以出售核桃仁为主，收入平平。县委、县政府发出"关于大力发展核桃产业及加强科学管理"的号召后，这个村的广大人民群众逐步改变了以往重收轻管的思想观念，逐步走上积极发展和科学管理的轨道。通过疏松树盘、施肥蓄水、整修树冠、修剪枯枝、防病治虫等综合管理措施，使核桃产量明显上升，农民收入逐年增加，从而提高了广大村民栽植和精心管理核桃的积极性，全村核桃生产出现了科学生产、规范管理的新局面。

中龄核桃生产区——孔家垣村，地处县城东南23千米处，国道309线横贯全村。1958年，在全县"林业'大跃进'，建设干果县"的形势下，该村把"一垣三岭一面坡"

耕地，规划为全村核桃生产基地，种植核桃树1.7万株，并组织了一支核桃管理专业队伍。经过几十年奋斗、几十年坚守，核桃产量逐年增长，核桃生产已成为孔家垣村的主导产业和摇钱树。

幼龄核桃生产区——并侯村，地处县城南18千米处，309国道穿村而过。20世纪70年代初，被列为古县幼龄核桃发展基地。在县林业局科技人员的技术指导下，核桃发展的技术含量不断提高。一是通过高接换优，提高核桃质量，二是注重栽培和科学管理，提高成活率。经过几年的努力，并侯村已发展成为古县科技含量较高的幼龄核桃生产区。同时也是万亩高产优质核桃示范基地。该基地以发展地埂核桃和示范园区核桃为主，是全县核桃生产高产优质示范工程。该工程涉及1镇1乡6个行政村3000多口人，经过十几年的发展，已收到良好的经济效益和社会效益。

万亩优质核桃示范基地——九顷垣村，位于古北线西侧，集中整合1镇1乡8个行政村的2.7万亩土地，共栽植地埂核桃18万株，占地1.5万亩。历经数年的培育、栽植和科学管护，核桃产业已形成规模，经济效益逐年增长，农民收入显著提高。

核桃高产优质示范园——秦王庙村，位于旧县镇西部，紧靠309国道。该村发展地埂核桃4.5万株，高接换优2.6万株。实行统一组织、统一规划、统一标准、统一栽植的管理模式，确实成为一项脱贫致富奔小康的希望工程。

第四章 工业交通在起步中求发展

第一节 县办集体工业

20世纪50年代初,县内集体工业不断发展,国有企业逐渐壮大,以煤焦生产为主导产业的工业经济逐步发展,为促进地方经济发展,增加财政收入,推进社会全面进步起到一定的作用。

1953年10月,宝丰煤业生产合作社成立,成为县内第一个县办合作性质的集体工业企业。次年,宝丰瓷业生产小组,辛佛翻砂小组,古阳煤业生产合作社,下冶村铁木业生产小组、多沟煤业生产合作社、城关铁木业生产合作社、相力瓷业生产小组、北平铁业生产小组、北平麻业生产小组、旧县铁业生产小组、北平木业生产小组、热留铁木业瓷业生产小组等3个合作社、10个合作生产小组相继建立。1956年,工业、手工业生产又发展了北平、宝丰、热留、城关、尧店、东池、郭店、孙寨、佐村、多沟10个生产合作社,其行业有铁器、木器、砖瓦、麻绳、陶瓷、建筑等。1971年建县时,县内12个工业企业中有集体企业8个。随着时代的发展和人民生活的需要,企业的规模及产品产量相应扩大,新兴集体产业不断增加,产品品种不断更新换代。全县集体工业企业伴随着国营工业企业的壮大开始进入全新的发展时期。

第二节　乡镇及村办企业

人民公社时期，队办工副业主要有砖瓦窑、石灰窑、磨坊、粉坊、小煤窑等。20世纪60年代后期及70年代初，全县村办企业发展到140余家，产品品种有所增加，主要是粉坊、酱醋业、小型酿酒业、糖果加工、糕点制作等。同时期县境内出现了以柴油机为动力的小型钢磨，后逐步发展到每个行政村1台，有效解决了人们磨面的困难，解放了部分劳动力，使人们看到了社会主义新生活的希望。

集体工业企业的逐步发展，促进了乡镇及村办企业的与日俱增。1956年，城关建筑砖瓦生产合作社、宝丰煤业合作社、北平铁木瓷麻生产合作社先后成立。1958年，多沟煤业合作社新增了水泥生产线，当年生产水泥14吨，填补了本县建筑材料无水泥的空白。1975年，该水泥厂扩建，遂改为古县地方国营水泥厂。1958年秋，为响应"大炼钢铁"的需要，宝丰瓷业耐火材料厂当年生产耐火砖3.7万块，为促进本县工业企业发展和社会进步提供了不可替代的新型建筑材料。

1954年，集体企业初步发展，到1958年人民公社时，将县境分散的小型企业平调为公社企业。1971年，县、公社、大队相继办起了一批小矿山、小煤矿、小农机修造、小副业、小养殖等企业，企业发展到57个，年产值500万元，占当年工农业生产总值的18%。

第三节　国营工业企业

新中国建立初期，县境内只有几座小煤窑和一些手工业作坊。1954年到1956年，个体工业、手工业经过社会主义改造，逐步走上了合作化道路，集体工业得到较快发展。

1954年2月，县国营五金厂建立，厂址位于旧县镇南街，隶属县二轻局，主要生产镢、铣、斧、锄等农用工具，后又增加生产铁制农具、木制家具、民用取暖炉等。

3月，县营铸造厂成立，隶属县二轻局，厂址设在古阳镇热留村，生产设备主要有鼓风机、烘炉、动力锤等。主要生产农具、锯材、车轮及木制家具等。

5月，宝丰耐材厂成立，隶属县二轻局。主要生产缸、碗轴、瓷盒等，1974年，产品增加了耐火砖、瓷管、瓷瓶、细瓷碗等，后归属县社队局。

1956年，古阳煤矿始建于古阳镇古阳村。该矿资源面积6.2平方千米，年设计生产能力21万吨，主要开采2号、3号煤层，属低瓦斯矿井，拥有固定资产2500万元，干部职工500余人。经过多年运营，安全管理有序，生产经营正常，经济效益可观，为人民生活提供了原煤燃料，为地方财政收入做出了贡献。为扩大经营、提高原煤及焦炭产品产量，在几十年经营过程中，曾进行多次设备及技术改造，先后投资3000余万元进行巷道扩建，机电更新，改革采煤方法，提升井下机械化生产设备，逐步完成了国家技术创新项目"中小煤矿经济型瓦斯检测装置开发"和"煤矿远程网络监测监控系统"。按规定配备了便携式瓦斯报警器、报警头灯、灭火器等配套设施。按要求完成了职工后勤保障服务，加强了基础设施建设，提高了抗灾能力和现代化生产水平。连续多年被市政府授予"安全生产先进单位"，县政府授予"纳税先进单位"。先后获省、市、县荣誉表彰30多项，成为本县地方国营企业中的佼佼者。

1957年，宝丰煤矿建立，矿址位于北平镇上宝丰村西。该矿井田面积3.84平方千米，原煤地质储量1479万吨，煤层厚度为1.4米。经多年运营，经济效益可观，后经过多次设备更新和技术改造，基本实现半机械化生产，达到"五消灭"技术质量标准。曾实现连续3000天安全生产无事故，多次获上级主管部门表彰奖励，为国家和地方经济建设作出了重要贡献。

1958年，为响应国家建设的需要，县境内先后建起北平、宝丰、多沟3个县营炼铁厂，并由此带动了全县各地土法上马，大炼钢铁。最多时炼铁工人达2万余人。当年10月，运城市的安邑、永济两县共2万多民工来北平、金堆一带，连同本县共3县4万多人参与大炼钢铁，并成立了联合指挥部、3个分部、64个单位、156个工地。1962年国民经济调整时，土铁炉全部关停。

同年8月，宝丰铁厂在"全民大炼钢铁"中建成投产，厂址位于北平镇上宝丰村。投资10万余元建厂，1200多名职工，主要设备有13立方米高炉2座，300千瓦发电站1处，炼钢炉2台，设计年生产能力6000吨。到古县建县时的1971年，年产铁量2000吨。经多年运营，后又经几次设备及技术改造，该厂为本县经济建设，支援国家和促进社会发展做出了历史性贡献。

1971年，县印刷厂成立，当年12月正式投产运营。当时只有四开平台印刷机1台，分铸字、印刷、装订、排版4个车间，主要设备有对开切纸机、铸字机、圆盘印刷机等，之后增加到10台，主要承揽县内印刷、装订业务，经多年运营，业务量不断扩展，技术力量逐步加强，印刷设备几经更新换代，经济效益明显提升。

1972年，下冶陶瓷厂建立，不久改名为硫酸厂、磷肥厂、活性炭厂。经几次产品结构调整，取得了较好的经济效益。

1972年，县农机厂建成。时固定资产值5万元，技术装备比较简陋，只简单地从事一般农机具生产和维修。1977年生产出多种型号阀门产品，填补了全市一项空白，不久一跃而跨入临汾地区三级企业行列。

1975年8月，县汽车修配厂成立，系临汾地区汽车二级维护定点企业。主要设备有B665刨床1台，镗缸机1台，电焊机1台，618车床1台，打气泵1台，0.5吨锅炉1台，年产值近50万元。

随着县内工业企业规模的不断壮大，企业门类逐年增多，产品品种亦随之增加，大部分产品皆属企业自主研发生产，不少产品填补了全市空白，部分产品畅销于国内，个别产品如优质煤、太阳神铸造焦、古县优质核桃等名优地方特产远销海外。

由本县生产和加工制造的工业产品主要有：

20世纪50年代：小型农机具、翻砂铁锅、木制家具用具、铁制镢、铣、耙、犁、斧、锤、手工土制砖瓦、土窑烧制瓷碗、瓷盒、瓷缸、土制冶炼生铁、柳编制品、皮麻制品等。

20世纪60年代：高炉鱼口、热风管道、轻型铁轨、小型水泵、耐火砖瓦、普通水泥、六角轴承、锄草机、铁制铧犁、土炼焦等。

20世纪70年代：不同型号的阀门、柴油机配件、平衡轴、研磨机、多头钻、离心铸铜机、机械制砖、机械印刷、铸造焦及其他机电加工产品。

从以上所生产的企业产品，可见证不同时期企业发展的特点。

第四节　公路建设与养护

中华人民共和国成立后，县内公路交通曾一度落后，严重制约着社会发展。为加快新时期社会主义建设，政府大力提倡修建公路，首先对重点人行道和车马道路进行拓宽、降坡、改道、平整，之后对部分路段进行改线改造、筑涵架桥、截弯取直，使全县路况逐年好转。

1956年修建安第线。县境内路段从黄家窑与安泽交界处入境，经贾寨、下宝丰、北平、党家山到沁源界，以打通与安泽及沁源县的交通瓶颈，后经多次改造，建成二级公路。

1958年，先后开通安吉沟、相力沟、千佛沟、多沟等4条公路。

安吉沟公路：全长3千米，为煤炭运输公路，在安吉沟口与古北线相接。

相力沟公路：全长4.5千米，亦为煤运公路，与古北线相接。

千佛沟公路：全长 8.5 千米，为重点煤运线，与古北线相接。

多沟公路：从下冶村往西，经下多沟、白唐洼、南坡至多沟，全长 5.4 千米，为石灰石矿、水泥、铁矿主要运输线，后水泥厂在此建厂。

1959 年之后相继开通北平至交里、古阳至大南坪、北平至小南坪、郭店至草峪、北平至宽平 5 条公路。

北平至交里段：从北平起，经贾会村至交里村，全长 8.1 千米，路基面宽 6 米，砂砾路面。

古阳至大南坪段：从县境内古阳，经凌云、热留、小南坪至大南坪林场，全长 15 千米，成为县境内第一条开通的林区公路。

北平至小南坪段：从北平起，经秦川、圪台、贾会、党家坡、鞍子沟、葫芦巴、桑林圪台至小南坪，全长 25 千米，宽 5.5 米，砂砾路面。

郭店至草峪岭段：从郭店起，经东垣、祖师顶、黄家圪垛、木炭沟至草峪岭。全长 25 千米，路宽 6 米，为县东南林区重要公路。

北平至宽平段：从北平起，经贾会、山头、黄土梁、芦家庄、马连滩至宽平，全长 8.2 千米，砂砾路面，路面宽 5.5 米，为县境内最北面的一条林区公路。

随着公路建设的加快，各路段桥梁涵洞随之增加，至 1978 年底，县境内干线 2 条，县乡公路 5 条，循环公路 3 条，林区公路 4 条，矿区公路 5 条，村级公路近百条。全县公路涵洞 300 个，其中国道 309 线 40 个，洪古线 37 个，旧北线 184 个，紫石线 9 个，第安线 30 个。乡村道路涵洞 180 个。

20世纪70年代，先后对各重点公路进行以拓宽为主的路基改造，对部分公路进行降坡和截弯通直改造，极大改善了道路状况。

1951年，县境内设茶坊、旧县、草峪3个专业养路队，负责临屯公路古县境内路段的养护任务。1953年，旧北线公路改造，同时设城关、北平两个养路队，养路工148人。1971年，县境内成立公路管理站，设10个养路队，即店上、茶坊、旧县、草峪、紫砂、城关、下冶、热留、北平、张庄。1978年底，公路管理站从交通局和监理站分出，归属临汾地区公路管理总段。同年，国家对公路实行分级管理，国家干线公路由国家养路队养护，县乡公路归县内养护。

1971年至1978年间，国家先后给古县公路系统投资800多万元，用于公路建设和养护。

第五节　公路运输

中华人民共和国成立初期，人们出行以步行为主，自行车很少。农村好一些的家庭饲养有少量马、骡、驴，出门作为代步工具，青年人结婚有骑马的习俗。人们远行，一路是徒步至洪洞改乘火车或长途客车，另一条路则是徒步至旧县搭乘临汾至长治的长途客车。1971年置古县，县城内建立长途汽车站，每天只发一趟客车到临汾。县内客运业务由县运输公司负责，当时只有一辆大卡车用于客运，南至茶坊，北至北平。直至1975年，县上才购置了一辆大轿车。

20世纪50年代，境内运输物资主要靠人力，农村有少量的独轮车、小平车。大一些的村才有铁木轮车和胶轮骡马车。随着时代的发展，交通运输状况明显改善。1971年建县成立运输站，开办货运业务，时有大卡车4辆，其后逐步增加依法、东风、解放等类型车辆，主要从事货物运输。各乡镇陆续建立拖拉机站，购置各类拖拉机，农忙时用于耕地，大部分时间跑运输，运送建筑材料、煤炭及城乡居民生活用品。

第六节　邮政电信

中华人民共和国成立初期，县境内3个行政区均设邮务所。1950年并区后，保留了岳阳、北平两个所，并配备专职邮递员，旧县、热留设邮政代办点，并由代办点兼办邮政业务。1955年10月，旧县、岳阳设营业所。1958年，旧县、岳阳营业所改称邮电支局。其业务主要有普通函件、挂函、快件、包裹、保价信函、汇兑、报刊发行等。之后邮政业务逐步拓展，业务量持续增大。1971年，邮电局接办机要通信业务。

1953年，县境内岳阳、北平可与县城通电话。那时使用的是摇把式电话机，往往打一个电话要费半天工夫，遇上线路不畅或用户占线，则要耗费更长时间。

1955年，邮电局开始承揽电信业务。1971年县邮局设无线电收发机1部，之后又增加电传打字机，发报由打点变为打数码，收报由手抄电码变为自动收录电码，电信业务量随之增加。

1955年，县境内有3个行政村通电话。1957年安装电话机 17 部，电话线路总长 120 千米。1963 年，全县各公社及大部分生产大队都通了电话。1971 年，农村电话发展到 400 门。邮政机构设置自办邮政所 7 个，代办所 1 个，储蓄网点 6 个，代办移动网点 1 个，邮路 2 条，投递线路 22 条，总里程 1123 千米。

1971 年建县后，县人民政府设邮政、电信两局。次年 11 月，两局合并，称邮电局。1975 年 8 月，邮电局隶属关系变更，归属县政府和临汾地区邮电局双重领导，同时设旧县、古阳两个支局和店上、永乐、石壁、下冶、北平、宝丰、城关、郭店 8 个邮电所，并设 96 个农村信报站，23 个邮政信箱，4 个邮政储蓄点，1 个报刊零售亭，全县邮政系统共有干部职工 91 人。

1973 年，电信事业迎来了发展高潮，全县村村架设电线，每个大队都通了电话，并推动了一批农村集体电话发展。古阳镇第一个建起了自动通信大楼，安装了 12 路载波设备，在全省首先实现了全自动交换。至此，邮政电信事业进入了一个崭新的历史阶段。

第五章　文体事业稳步向好

第一节　中华人民共和国成立初期的群众文化

中华人民共和国成立初期，群众文化相对滞后，广大人民群众的精神文化生活相当匮乏，民间文化娱乐活动多数系旧社会遗留下来的。新的社会制度建立后，在原有群众文化娱乐项目的基础上，陆续进行了更新改造，增加了不少广大人民群众喜闻乐见的项目，活跃了群众文化生活。

社火是古往今来群众文化活动中的重头戏。县内社火活动，历史悠久，异彩纷呈。中华人民共和国成立后，多在元宵节、地方庙会或重大节日期间活动。常见的有秧歌、高跷、抬阁、旱船、锣鼓、花鼓、鼓乐、二鬼摔跤，以及火塔、三眼铳、八音会等。

闹秧歌，俗称闹红火，多见于农村。其活动规模较大，参与者较多。形式包括高跷、抬阁、旱船、竹马、舞狮等，并配以各类花灯、二鬼摔跤同时表演。闹秧歌着重表演技巧，突出喜剧效果。如游旱船，牵线搭桥的媒婆扭腰摆胯；鸳鸯戏水，老船翁弯腰划桨，谈笑风生；高跷列队，扮成古装戏剧角色，生、旦、净、丑粉墨登场，生龙活虎，栩栩如生。1971年建县后，闹秧歌中又增添了担灯、抬花轿、狮子龙灯等项。不久，戏曲《红灯记》《智取威虎山》《沙家浜》等现代戏也参与闹红火之中，颇受群众欢迎。

威风锣鼓乐器以大鼓、锣、铙钹、大镲、铜锣等为主，参与人数可多可少，多者达百余人，妇孺皆宜。鼓谱有《九连环》《风搅雪》《麻丝缠》《老鸭子回水》等。威风锣鼓可在广场列阵，也可在行进中表演。之前只是在春节、元宵节等重大节日表演。后来，凡开业庆典、工程奠基、送子参军、商业宣传等都可表演助兴，一展风采。

八音会系民间传统的文化娱乐形式，所谓八音，即鼓、铙、钗、笙、管子、唢呐、云锣、笛子8种乐器。一般用于民间丧事，也可参加一些娱乐活动。古县的八音会娱乐班最早诞生于古阳镇凌云村，且延续至今。八音会以唢呐为主，打坐场或在行进中演奏。其曲牌主要有《祭灵》《戏牡丹》《孟姜女哭长城》等。凌云村八音会娱乐班历经半个多世纪，为不少村庄家户服务多年，且每年元宵节期间参加县上的文艺调演活动，多次获奖，并被列为山西省非物质文化遗产项目。

火塔多见于北平、古阳、城关一带。其操作简易，寓意来年红红火火。垒火塔以两种形制，一种以石头或砖头垒腿，内装柴火或炭块；另一种为直接用较粗的木头或松柏疙瘩垒成火塔，形似塔状。大年初一黎明时点燃，火焰冲天，青烟缭绕，使五更天如同白昼，尤为壮观。此习俗由来已久，至今不少村户人家依然沿用。

转地灯俗称钻迷宫，即按照设计好的图案竖立灯柱、灯桩，其线路拐弯抹角，犹如迷宫，其外围以彩色布幔，长有数里，星灯满地，可使游迷宫者晕头转向，颇有情趣。

中华人民共和国成立后，民间鼓乐艺人有了社会地位，称为娱乐班,多为村户人家的红白喜事服务。县内鼓乐娱乐班曲目各有千秋,名称不一。流行较广的乐曲主要有:《抹溜子》《抬花轿》《纺棉花》《顶缸》《绣荷包》等。随着社会的进步与发展,娱乐班人数及规模逐渐扩大,曲目相应增多。

第二节　继承和发展文化艺术

中华人民共和国成立初期,县内的文化生活比较单调,人们只有在传统时节逛逛庙会,看看马戏,观观灯火,时不时听听说书,除此别无其他文艺活动。

1971年建县后,成立电影放映管理站。1973年增加到3个放映队。1976年管理站更名为古县电影发行放映公司,隶属县文化局领导。

1971年8月,成立县文化局,内设办公室、文物管理所,下辖文化馆、图书馆、电影公司、县蒲剧团及4个公社文化站。之后各公社先后都建立了文化站。

随着文化管理机构的建立及文化设施相继增加,配备了一批文化艺术专业人员及管理人员,文化事业不断走向繁荣。

从1972年开始,县上每年举办一次全县文艺调演。传统庙会未曾中断,并在原基础上,增添了不少具有时代气息的娱乐内容,如健身操、广场舞、军乐队、现代歌舞等。

1971年,文化馆设图书室,藏书12000册,报纸17种。至1978年底,全县共建各类图书室19个,其中乡镇6个,学校3个，厂矿企业3个，村级5个，总藏书量3.16万册。1973年县文化馆不定期地编辑出版了《溪水》杂志，刊登县内文学爱好者所创作的散文、诗歌、小戏等，共办4期，后又组织编写并出版了《古县民间文学三套集成》，其中收集整理县内民间故事、传说、谚语863篇（条）。同年5月文化馆举办了古县首届书画展览，参展作品53幅。

1971年成立广播站。1972年，县革命委员会购回1台14寸黑白电视机。1973年底，各公社自筹线杆，国家投资30万元，全县10个公社都成立了广播分站。105个大队，505个自然村，470千米广播线路，6930个喇叭，实现了有线广播专线化，成为临汾地区首家实现专线化的先进县。1975年修建广播大楼，1978年竣工使用，同年11月，成立县广播事业局。当年年底，全县电视机增加到20台。1979年，全县10个公社有线广播专线全部更换为水泥杆，并坚持正常播音。之后，县广播电视局在县城东山安装了彩色电视差转台，从此，城乡电视用户逐年增多，电视呈迅猛发展之势，成为全县城乡人民精神文化生活必不可少的一部分。

1971年8月，成立县新华书店，当年发行各种书籍2.3万余册。1973年，国家投资8万元修建一幢二层楼新华书店。

1972年成立古县蒲剧团，当时以排演现代剧为主，少许歌舞。大多时赴外地巡回演出，主要剧目有：《智取威虎山》《红灯记》《沙家浜》《奇袭白虎团》及《朝阳沟》等。之后又排演了部分古装戏剧，如《十五贯》《清风亭》《秦香莲》《三击掌》《窦娥冤》《赵氏孤儿》等，在社会上产生了较强烈的反响，颇受观众欢迎。

随着县域经济的发展和社会进步，文化事业迎来了千载难逢的发展机遇。县文化管理制度的建立和加强，文化设施的强化和改善，文化专业人员的调配与增加，加之文化活动的形式和内容日趋繁荣，文化活动的经费相应增多，全县文化事业的发展出现欣欣向荣的可喜局面。文化事业单位领导加强，专业人员增多，部分乡镇先后建起文化辅导站，全县文化事业机构及管理网络初步形成。农村文化、校园文化、企业文化蓬勃发展。

70年代后期，一批大中型文化设施相继落成并投入使用。先后建起了电影放映院、大礼堂等文化娱乐场所。多部门、多形式、多层次的文化活动热潮此起彼伏，各种类型的文化专业艺术培训班相继举办，专业及业余文化团体相继建立并发挥作用。

第三节 蓬勃开展的体育运动

开展体育运动，实行全民健身，在古县由来已久。中华人民共和国成立后，各级政府及体育职能部门先后发布全民健身纲要及开展全民健身运动的各项举措，有效地推进了全民健身活动的开展。

1949年，体育列入教育计划，全县中小学一律设体育课。50年代初，在全县中小学开展队列、田径、乒乓球、篮球等体育活动。1954年，全县普遍推广广播体操。从1958年开始，中小学皆按照《准备劳动保卫祖国体育制度》开展预备训练，县内各级学校以锻炼标准为主要内容，进行体育教学。1962年,县内建起岳阳中学、北平中学两块篮球场。此后,全县体育活动场地陆续增加。1971年建县后,各级中小学不同程度地增设了各类体育健身器材,如单双杠、排球、羽毛球等。1973年,组建篮球代表队参加全区山区10县在隰县举办的篮球赛,女队获第三名。1975年,县一中、古阳、旧县中学配备了专职体育教师。1976年开始,在全县中小学普遍开展以《国家体育锻炼标准》为中心的学校体育运动,并从此开始每年举行全县中学生运动会。至1978年底,全县建有体育场23个,灯光球场1个,专职体育教员3人,国家3级裁判员5人,在校体育生26人。群众体育持续开展。县内较大规模的体育竞赛从1972年开始举办。从1972年至1978年底,县体委先后组织球类比赛32次,棋类比赛17次,拔河比赛6次,举办田径运动会12次,武术表演赛3次,迪斯科团体表演赛1次。

象棋是中老年喜欢的运动项目之一,县域内象棋活动较为普遍。1977年,县体委将象棋比赛正式列入体育比赛项目。此后年年举办象棋比赛,并数次组织临汾市及周边县的象棋爱好者举办象棋邀请赛,增进了友谊,提高了水平,扩大了影响,促进了山区小县和革命老区群众体育运动的开展。

古县少年业余体育学校成立于1974年9月,重点招收县域内及周边学校的学生,以武术为主要培训内容,先后培训出武术、田径、摔跤学员共300名。

1978年9月,在古县第二次承办的全区分赛区职工篮球比赛中,古县女队取得第二名。同年,在霍县举办的全区武术运动会上,古县取得好成绩。

发展革命老区的群众体育事业，活动场地及健身器材是主要的条件之一。为此，在历年来逐步建设健身场地和构建体育设施的基础上，主要采取上级资助和本县筹资相结合的方法，坚持两条腿走路的方针，千方百计建设和扩大体育运动场地和配备健身器材。在1971年全县仅有5个篮球场的基础上，到1978年底增加到12个，而且部分机关单位、农村、学校、企业都先后新建和增加了羽毛球场、乒乓球台、单双杠、木马、铅球、铁饼、联合器械等。县体委建成400米跑道的田径运动场和灯光球场，为城乡人民群众和干部职工开展群众性体育活动创造了条件，提供了方便。

全县群众性体育运动在传统体育健身项目基础上，随着时代的进步而发展，有中老年健身操、现代舞、迪斯科、网球、足球、排球、羽毛球、垂钓、围棋等。

第四节　文物普查与保护

古县前身为赵国属地，北魏建义元年（528）建县，取名安泽。在历史发展的长河中几易其名，几易县址。在现今古县境内，曾治县于岳阳、辛佛、旧县、城关、东池等地，至今其遗址尚存。

1965年全国第一次文物普查时，即对全县文物进行首次普查。第二次文物普查，古县境内各类文物136处。建县后的1972年，县文化馆设1人专管文物。之后设文物管理所，工作人员有2名。1976年，县政府拨款3000元开展建县后第一次文物普查，确定各类重点文物共100处，

古阳镇热留村关帝庙

并请地区文物专家协助鉴定。

历届县委、县政府十分重视文物工作,积极推进文物调查和管理工作,并采取相应政策措施,为包括文物利用在内的文化建设和今后开发旅游资源奠定了基础。

旧县镇七里坡遗址和其他几处古遗址出土文物,证明早在新石器时代、仰韶文化中晚期,境内就有先民在生活。

文物普查表明,县境内现存新石器时代迄今人类生活遗址118处。多处断崖可见文化堆积分布,并遗留有汉代泥质灰陶罐及残片。从全县的遗址、数量及分布情况分析,古县确系历史悠久,文化底蕴厚重。

县境内现存古墓葬32处,大多为历史久远的汉、唐及宋金时代所筑。罗成墓就在古县境内。战国时的赵国上卿蔺相如乃古县人氏,其墓葬在本县李子坪村。清代著名军政人物赵汝斌是本县人,葬在本县的古阳镇杏家庄村邓家山境内。老母坡赵氏祖茔系明清墓葬群,赵氏族人在明、清时期,先后出了多位军政要员,且多数赴全国各地任职,知县、知州有10人。赵汝斌在任开封府同知时又兼任西城兵马司总指挥,可谓不可多得的栋梁之材。县境内古墓葬群的数量之多,军政人物之多,足以见证古县历史的辉煌。

自唐宋以来,古县备受人们关注,尤其多处古建筑及后人的仿古建筑,足以见证这1200平方千米的县域内的历史文化。热留关帝庙系唐代建筑,后经多次维修,修旧如旧,彰显历史风貌;坐落在县城东山半腰的延庆观系宋代建筑,亦见证千年沧桑;石壁张家大院系清代建筑。

延庆观旧貌

第六章 卫生事业欣欣向荣

第一节 防疫工作

▶防疫机构

中华人民共和国建立初期,县内卫生条件相对落后,基础较差,尤其长期以来所遗留下的各种传染病、寄生虫病、甲状腺及大骨节病得不到有效治疗,人民群众的身心健康受到极大威胁,长时间处在饥饿贫穷和病患灾难之中。

1971年两县分治,组建古县。同年,县人民医院设防疫股,2名医务人员,专职从事预防、治疗传染病、地方病及对青少年的体检等工作。1975年12月成立古县卫生防疫站,有15名专职医务人员。1977年防疫站建成并投入使用,其后购置各种医疗器械设备,培养专业技术人员,医疗技术水平逐步提高。根据业务需要,站内相继专设了防疫科、防痨科、卫生科、地病科、宣教科、检验科、办公室等。先后购置了电冰箱、显微镜、恒温箱、灭菌灯以及救护车等。

在其后数年的卫生防疫工作中,县政府不断加大投入,改善管理,配备专业技术人员,并采取走出去请进来等措施,千方百计提高防疫和医疗技术水平,一些传染病、地方病及历史遗留下来的"疑难杂症"得到有效控制和治疗,人民群众的健康状况明显提高。

▶预防接种

1950年春，县人民政府组织医务人员下乡，免费为全县7周岁以下婴幼儿接种牛痘疫苗。1955年县政府组织医务人员下乡，在全县范围内开始注射四联疫苗和百日咳疫苗。1956年7月，县人民政府向全县发布《关于对传染病管理的命令》，要求凡发现鼠疫、天花、白喉、出血热、猩红热、痢疾、伤寒、百日咳等19种传染病，务必在12小时内上报县卫生行政部门。1965年春，全县7岁以下幼儿开始服用小儿麻痹活性疫苗糖丸，预防脊髓灰质炎。

1978年，实行计划免疫，县防疫站、各公社及行政村一律设立计划免疫登记簿、传染病疫情报告卡、疫情专用信封、基础免疫年龄分组卡片，乡镇设计划免疫卡柜，各村设计划免疫袋。

经过多年的群防群治，严重危害人民健康的伤寒、白喉、霍乱、梅毒、出血热等疫病得到基本根除，疟疾、麻疹、流行性乙型脑炎、猩红热及脊髓灰质炎等得到有效控制和治疗。

▶传染病防治

县境内各类传染病及地方病由来已久，在医疗卫生条件较差的情况下，一些突发性疾病防不胜防，且难以医治，更谈不上根除。

1952年春，北平、贾寨一带伤寒、麻疹、水痘3病并发，来势凶猛，1959年1月，永乐一带百日咳、流感、猩红热并发，县政府在第一时间组织医务人员分头防治，取得成效。

1966年春普查布鲁氏杆菌病，检查出羊工和羊感染率分别为2.33%和1.37%，治疗取得明显疗效。

1973年春夏，痢疾、麻疹、百日咳突发，全县痢疾患者2418人，死亡51人；麻疹患者5109人，死亡1人；百日咳患者1777人，患病率高，治疗难度大。县革命委员会及时组织县人民医院及各公社医务人员快速出诊，3支医疗队下乡巡回防治，迅速控制疫情蔓延，并取得明显的治疗效果。

▶ 地方病防治

甲状腺肿，是县内一种地方性且难治愈的疾病：吃了岳阳水，粗了脖子细了腿。所谓粗了脖子，指的就是甲状腺肿，而细了腿指柳拐子病，即大骨节病，又称水土病，其发病原因亦不明确。

中华人民共和国成立后，县委、县政府先后采取各种方案，如以海盐、海带防治大骨节病。同时进行系统研究，在部分乡村用石膏防治大骨节病。70年代初，中国人民解放军派出医疗队在金家凹等村进行了681例地方病实验和对症治疗，取得了一定的效果。但如何根治大骨节病，尚在研究探索中。

第二节 妇幼保健

▶ 妇女保健

1971年，县人民医院设妇幼股，有2名专职医务人员。

1976年7月成立古县妇幼保健站，在编人员6名。同年该保健站举办了两期培训班，培训妇女保健骨干117名，其中公社12名，大队105名，当年有32个大队配备了产包。1978年初，对208名女赤脚医生及接生员分批进行了培训，全县104个大队配备了产包。至此，县、社、大队及生产队四级妇幼保健网基本形成，并进入正常运行轨道。

▶ 幼童保健

中华人民共和国成立后，县境内推行新法接生，新生儿破伤风和其他疾病逐年下降。20世纪60年代初，县内成立托儿所、幼儿园16个，受托婴幼儿541人，保育员37人。1978年，对7周岁以下的3152名儿童进行普查，普查率为91%，发现幼儿有蛔虫及营养不良者较多，也有不少患佝偻病和结膜炎的普查为下一步对症治疗奠定了基础。

▶ 学生保健

1962年《山西省学校卫生工作试行方案》颁布后，对各中小学校学生沙眼、近视、蛔虫、肺病、肝炎等发病情况进行了普查，提倡住校学生一人一盆一巾，以防止沙眼、肺结核、肝炎的互相传染。1964年，岳阳中学、北平中学先后配备了保健卫生员。1975年，县文教部转发教育部、卫生部《关于进一步加强中小学卫生教育的几点意见》，全县各级学校先后建立了保健机构。县一中、城镇小学成立爱国卫生委员会，聘请县医院大夫辅导急救和预防知识，给学生注射预防疫苗。

第三节　医疗卫生

1950年,热留、旧县、城关中心联合诊所成立。1953年起,境内先后有热留、旧县、尧店、城关、北平、金堆等村设立卫生院。1955年底,县境内有诊所26个。1956年全县有卫生院19个。1959年,境内所有乡卫生院合并为旧县、岳阳、北平3个人民公社卫生院。1971年后,全县10个公社均建有卫生院,城关和旧县公社卫生院为中心卫生院,属全民所有制。

古县人民医院成立于1971年。1972年省卫生厅投资29万元,新建了占地8.7亩,建筑面积2560平方米的门诊部、住院部两幢二层楼,开设了内科、外科、妇产科、卫生防疫股、化验室、药剂室、急诊室等科室。住院部设置45张病床。

1971年,县医院购置10毫安X光机1台,1000倍显微镜2架,可做常规化验。外科只能做阑尾摘除等小手术。在内科方面,对高血压、肝病、肺脓肿、肺心病、肾类等疾病有较好的治疗效果。五官科,1974年开始进行扁桃体摘除术。伴随着医疗技术水平的提高,先后配备了检眼镜、裂隙灯、简易喉镜等设备,可诊断和治疗普通眼病和耳鼻喉科常见病及多发病,并开展眼、耳鼻喉的一些中小型及常规手术。

1971年开始用显微镜检验血常规,并对一般小儿抢救有较好的措施,随着医学科学发展和技术进步,放射科可做消化道透视、拍片、肾盂、胆囊、输卵管造影、颈椎、腰椎、骨盆、四肢以及胸腹拍片。理疗室可做心电图、脑血流图、B超、彩超胃镜诊断、红外线治疗等。医院有专职中医，擅长治疗胃下垂、十二指肠溃疡、偏瘫、中风不语、小儿泄泻、肝病、骨质增生等病症。

第四节　公共卫生

1953年，在国家"动员起来，讲究卫生，减少疾病，提高人民健康水平"的号召下，县境内开展了以消除疾病传播媒介为主要内容的群众运动。1957年，在全县范围内开展"除四害"（蚊、蝇、麻雀、老鼠）爱国卫生运动。1964年，开展了"三清五改良"（清理街道、院子、房室，改良水井、厕所、畜圈、鸡窝、炉灶）为中心的爱国卫生运动。1972年，县设立爱国卫生运动委员会，主任由县革命委员会副主任兼任，下设办公室，设专职主任1人，副主任若干。1976年，在全县开展了以"除灾灭病"为中心，"两管五改"（管水、管肥，改良厕所、鸡窝、猪圈、畜圈、炉灶）为内容的爱国卫生运动，当年消除垃圾102万担，积肥75万担，清理街道113条，改造厕所1万多个，改善水井796眼，改良鸡窝1296个，猪圈1.3万个，畜圈1267个，改良炉灶9814个。

第五节　名老中医

县境内以中医治病，历史久远。中华人民共和国成立后，采用中西医结合的方法，其疗效显而易见。县内历代名老中医以望、闻、问、切为主要手段，挽救了不少患者的生命，功不可没。

张水金，字子纯，安吉村人。1909年9月生，13岁时拜本村老中医赵焕为师，19岁起坐堂行医。从医60多年，虚心从师，秉承医道，辨证施治，多有灵验。写作论文8册30余万字，教授学徒56人，声名远播。

刘文辉，字星南，下辛佛村人。生于1868年，从医70多年。其诊病严谨，脉理细致，切脉准确，用药处方颇有讲究，一般病症，用药两服，即可治愈，人称"两服药"先生。在世收徒5人，教授甚严。

赵英林，字中山，金堆村人。其子赵德俊，随父学医，且有独门绝技。德俊之子赵正和继承祖父与父亲医德医术，学有所成，为人治病几十年。祖孙三代对中医外科、小儿科、妇科、疮科、阴证等病症，各有独到的见解和治疗方法，名传至今。

纵观古县卫生事业，伴随着祖国建设事业的发展而发展。在中华人民共和国成立后的近30年里，由于党和政府对医疗卫生事业高度重视，医疗组织机构相继建立，各类医疗卫生器械和设备不断研发和投入，努力培养和引进各类医务专业人才，加大资金投入，改善医疗条件，不断提高医疗技术水平，全县卫生事业不断发生可喜变化，并取得长足的发展，广大人民群众的健康水平明显提高。

第七章 教育事业成就辉煌

第一节 幼儿教育

中华人民共和国成立后，古县城镇和一些较大村的学校设幼儿班。1955年，在农业合作化高潮中，全县共办起幼儿园163所，入园幼儿3124名。农村幼儿园多数设在祠堂庙宇，没有统一教材，大部分是季节性幼儿园。

1958年"大跃进"中，为解决劳力不足问题，农村幼儿园猛增到193所，入园幼儿达4280余名。幼儿教师321名，其中公办3名，民办319名。

1960年至1962年，处于困难时期，大部分幼儿园解散。据1962年统计，全县有幼儿园（班）5处，幼儿143名，幼教12名。1963年后，国民经济逐步好转，幼儿教育有所发展，并自编教材，开设识字课。1968年，县委印发《关于认真总结经验，大力发展幼儿教育》文件，各公社积极行动，制定规划，幼儿教育有一定发展。

"文化大革命"期间，幼儿教育受到严重摧残，幼儿园几乎全部停办。

1971年，古县建县后，幼儿教育逐步发展。1974年，县城建起幼儿园，招收幼儿160名；全县有81个小学附设了幼儿班，幼儿917名。1975年，幼儿园发展到17处，入园幼儿749人，占全县幼儿的58%，有幼儿教师60多名。

第二节　普通教育

中华人民共和国成立后，县境内有高级小学一所（即延庆观），小学增加到115所，在校学生2893名，教职员工130人。1952年，改完全小学四、二分段制为五年一贯制，时有完全小学4所，即北平、热留、旧县、城关。初级小学125所，共有学生4409名，教职员工168人。1953年恢复初级小学为4年，高级小学2年。1956年，完全小学增加为10所，初级小学143所，在校学生5560名。

1958年，贯彻"两条腿走路"的方针，全县农村开始

岳阳中学（古县一中前身）

大办民办小学，县境内新办民办初级小学85所，到1965年发展为226所，其中完全小学70所，在校学生8163名，教师365人。1968年，县境内有小学262处，其中五年一贯制学校74所。

1958年9月，县境内设立第一所普通初中即岳阳中学。首届招生90名，有教师6人。同年在金堆村设北平农业中学，招生100名，1960年迁址北平村，改为普通中学。1966年1月，开办旧县半耕半读中学。全县境内设初级中学3所，10个班级，在校生465名，教师24人，专任教师15人。1968年至1971年创办九年制学校8所，在校学生818名，初中及七年制学校27所，在校学生1997名，教师118人。

1975年后，全县教育学大寨，普及小学五年一贯制，实行开门办学，兴办"工厂、农场、林场"三厂，全县小学发展为355所，其中完小81所，教学班470个，教师514人，在校生11775名。1976年，全县调整了小学布局，由上年的355所减为330所，在校生11570名，全县勤工俭学收入32385元。

1978年，全县高中及九年制学校8所：县一中、县二中（旧县）、北平、古阳、下冶、石壁、永乐、店上。七年制学校发展到35所：贾寨、辛庄、宝丰、贾会、圪堆、金堆、热留、安吉、相力、白素、南坡、槐树、张家沟、岳阳、辛庄、五马、哲才、沟北、西圪垛、高城、上治、贾村、尧店、并侯、西庄、陈香、韩村、草峪、朱家窑、祁寨、郭店、孙寨、东池、茶坊、佐村。

第三节　职业技术教育

1965年7月，设范寨中学，当年招收学员50名，课程有政治、语文、数学等，重点学习农业基础知识及果树管理。3年后与当地学校合并，改名为永乐范寨七年制学校。

9月，县上在旧县设卫生职业学习班，全县每个大队选送2名学员，共招收学员103名，主课程为医学知识。

10月，成立金堆农业中学，招收学员（两个班）60名；1968年更名为高中班，学员于1971年1月毕业后大多成为各条战线上的业务骨干。

1966年成立旧县农业高级中学，1971年改为完全中学，其高中班除开设高中全部课程外，增设农业基础知识、农作物栽培、土化分析和病虫害防治等。

1972年4月，县教育局在金堆中学附设1个师范班，学制二年，招收学员52名，学员毕业后多为民办教师。

第四节　成人教育

1949年冬，县境内为农民扫盲办起291处冬学，入学文盲21934人，占全县文盲总数的59%。1950年，县境内大部分村采用《千字文》为扫盲教材。1952年，推广速成识字法。1956年，所有扫盲冬校全部转为常年民校。在扫除文盲的同时，加强了党团员、乡社干部的政治思想和形势政策教育，当年有3615人脱盲。1972年，恢复民校，大办政治夜校，组织农民群众学政治、学理论、学文化。1975年冬推广大寨农民教育经验，开展"攻下文化关，攀登理论山"运动。

1977年，县教育局为全县10个公社配备了业余指导员，主要任务是扫除文盲，凡青壮年识1500字即视为脱盲。

第五节　教育管理和经费

中华人民共和国成立后，县境内小学校长、教师均由县文教科负责调配，完全小学实行校长负责制，乡村小学由联合学区校长负责。1958年后，乡村小学实行县、乡、村三级办学，县、乡两级管理，教师由县教育局统一调配，中学校长、教导主任由县委组织部、县人事局管理。1971年，县革命委员会下设文教办，1975年改为文教局，下设教改办。1977年，撤销教改办设教研室，同时全县10个公社先后配备了教育指导员，全面负责基层教育工作。

中华人民共和国成立后，贯彻中共中央注重德、智、体一体化的教育方针，1955年提倡运用五环教育法。1958年，改教研室为视导室；1962年后运用直观教学，制作教具、购置图表、标本、仪器，同时恢复听课制度。

教育经费以国家拨款为主，集资和勤工俭学为辅，全部纳入财政预算。1971年，全县教育经费拨付40.92万元，到1978年增长为53.49万元。人民群众自愿捐房、捐物、捐课桌板凳，助学热情不断高涨。1959年，全县中小学普遍开荒种植油料和粮食，以补充学校经费。是年，全县中小学90余所，校办农场土地面积400余亩。北平中学兴办小煤窑，被临汾地区评为勤工俭学先进单位。1975年，古阳中学创办粉笔厂，供应全县学校使用。1977年，全县校办林场5个，校办农场121个，有效地解决了教育经费不足的困难。

纵观中华人民共和国成立以来古县的教育事业，从小到大，由弱到强，走过了艰难曲折的发展历程。由于党的教育方针政策深入人心，教育行政部门持续加大对教育事业的管理力度，全社会关心和注重教育的氛围愈加浓厚，办学环境条件逐渐改善，从而使全县教育质量不断提高，教育事业呈现出欣欣向荣的可喜局面。

第三编

老区与改革开放同行

(1978—2012)

第一章 农业经济稳步发展

第一节 农业改革的探索

中国共产党十一届三中全会，开启了改革开放和社会主义现代化建设的伟大征程。几十年来，古县人民在中国共产党的领导下，沿着这条道路改革创新，不断实践，取得了举世瞩目的建设成就。

改革开放初期，县委、县政府根据古县区域自然特点提出"北抓煤焦铁，南抓农林牧"的经济建设指导方针，并建立了两个指导委员会，分区域按产业指导工作，使古县的经济走上健康有序的发展轨道。1980年，全县贯彻中共中央《关于进一步加强和完善农业生产责任制的几个问题》的通知，1982年全县10个人民公社105个生产大队普遍实行以核算单位为主体的"包产到户"生产责任制，采取合同形式承包到户。1983年，农村开始出现各类专业户和新型经济联合体。到1984年底，全县已涌现各类专业户480多个。1986年后，家庭联产承包责任制得到逐步完善，土地承包期延长，全县105个生产大队变为111个行政村。这一时期，中央连续发出关于农业和农村工作的5个1号文件，各级干部和农民生产积极性极大提高，农业和农村形势迅猛发展。"无农不稳、无工不富、无商不活"，农村的一、二、三产业像雨后春笋般发展壮大起来。农业生产条件得到改善，农业科技得到大面积推广，配方施肥、地膜覆盖、优种密植、温室蔬菜等新科技已被广大农民接受应用。全县涌现出一批富裕村、万元户。北平镇千佛沟村在党支部书记韩海燕的带领下，依据本地煤炭资源优势，挖煤炼焦，集体经济不断壮大，农民收入快速增长，万元户成批涌现。店上乡下山头村在党支部书记戴金贵的领导下，狠抓粮食生产，发展多种经营，粮林果畜，齐头并进，家家有余粮，户户有存款，涌现出以戴金贵、戴金才等5户农民为典型的富裕户和"售粮大户"。县委、县政府号召向"北千佛，南五户"学习。1990年，进一步完善了经济建设的指导方针，制定了"北抓煤焦铁，修田造林兴畜牧；南抓农林牧，稳粮扩经栽果树"的经济开发指导方针，主攻煤焦铁铝，狠抓粮果经畜，大上水电路邮，使贫困落后的古县老区发生了翻天覆地的变化。1995年，调整后的县委、县政府领导班子，继往开来，结合县情提出"一体两翼五大工程"战略目标：以财政和农民增收为总体目标，以煤焦铁铝为骨干的乡镇企业和以核桃为重点的高优农业为两翼；实施农业增收、基础设施翻身、工业企业增效、小康建设攻坚及惠及民生五大工程。当年在全县范围内再次开展土地延期承包工作，明确规定50年不变。到1999年，对土地延期承包工作进一步规范和发证。到2000年全县工农业总产值99239.5万元，其中农业总产值10735万元，农民人均纯收入1875元。

2001年，县委、县政府为了加大产业结构调整力度，根据经济发展的特点，以农民脱贫为目标，不断培育新的经济增长点，提出了"长抓核桃短抓菇，长短结合抓畜牧，煤焦企业抓改造，新兴产业攻建材"的经济建设指导方针。这一时期，以结构调整为主线，煤焦企业迅猛发展，核桃、双孢菇两大主导产业形成优势，财政收入和农民收入有了明显增长。2004年，新一届县委、县政府领导班子进一步完善经济建设的指导方针，提出"长抓核桃短抓菇，改善生态兴畜牧，煤焦企业促提升，建材旅游求突破"的方针，全县上下万众一心求发展，齐心协力抓经济，形成了古县经济腾飞的总趋势。到2005年，全县工农业总产值397513万元，其中农业总产值14202万元，农民人均纯收入2926元。

2003年，县委、县政府立足"三农"问题，针对工业强、农业弱，财政收入增长快、农民收入增长慢，城市建设投入多、农村建设投入少的实际，以调整经济结构、转变增长方式、建设社会主义新农村为主题，提出"以人为本、以民为天"的执政理念，确立了"以工补农、全面发展"的思路，按照"生产发展、生活富裕、乡风文明、村容整洁、管理民主"的要求，实施了建设农村、发展农业、扶持农民等一系列有效的政策措施。2004年全面取消了乡统筹、村提留和农民摊派"两工"（建设工、义务工）；同年农民种植粮食作物得到了经济补贴，全县每年补贴平均在120万元以上；2006年全面减免了农业税及农业附加税。农村中建立并实施了农村特困医疗救助制度、农村干部补贴制度、困难群众生活救助和建房补助制度。同时，县委、县政府着眼国际国内市场，引进农业调产项目，让千家万户利用农闲时间大搞家庭副业，实现短期效益。经过多年的实验、示范、推广，至2007年古县已发展成为华北地区最大的双孢菇生产基地县，全县标准化菇棚达到400棚，菇农人均增收800元。

2007年，在科学判断形势，客观分析优势，深刻总结经验的基础上，着眼于生产力的合理布局和经济发展方式的根本转变，县委、县政府提出了"夯实三大经济板块，实施四大兴县战略，培育五大支柱产业，实现六大重点突破"的"3456"发展战略。三大经济板块即：北部资源型工业经济板块，中部城市型综合经济板块，南部生态型农业经济板块；四大兴县战略即：农业立县、工业富县、旅游兴县、文化强县；五大支柱产业即：核桃、双孢菇、煤焦化、建材、旅游；六大重点突破即：推进新农村建设、推进新型工业化、培育替代产业、优化人居环境、构建和谐古县、推进党的建设。2007年后，在县委、县政府夯实经济板块、推行农业产业化方针指导下，农业种养结构和生产布局得到了合理调整，农村社会服务体系逐步建立和完善，农业小区域布局、专业化分工的趋势逐步显现，区域特色农业发展形成优势，一批农业合作社和养殖专业户相继涌现。全县种植、养殖、药材、菌类等60多家专业合作社健康发展，成为农业经济走向市场化的有生力量。并侯、陈香核桃产区，永乐和郭店玉米产区，尧峪薯菜间作区，石壁苗木产区等小经济区逐步形成。南垣乡的梅花鹿养殖、石壁王滩村的养猪业、旧县红寨村的狐狸养殖已初具规模，以宏达生物工程有限公司、古岳食品有限公司和华海天宇生物有限公司为龙头的农产品加工企业逐步发展壮大，"公司＋基地＋农户"的农业产业化经营模式带动了农村经济快速发展,促进了农民增收。

2010年,调整不久的县委、县政府班子抓住山西省作为国家资源型经济转型综合配套改革试验区的战略机遇,制定了今后五年经济社会发展的指导方针,即以科学发展观为主题,以加快经济转型发展为主线,以转型跨越、领先发展为主旋律,大力实施"工业新型化、农业产业化、城乡一体化、文化旅游品牌化"四大发展战略,全面推动经济实力实现新跨越,城乡建设实现新突破,人民生活达到新水平,发展环境呈现新气象,社会事业实现新发展,努力建设富裕古县、优美古县、文明古县,在全市实现领先发展。到2012年底,全县生产总值完成62.45亿元,财政收入完成10.0067亿元,农民人均纯收入6381元。

改革开放30多年,本县充分利用党在各阶段的方针政策,依据自然分布和区位特点,通盘考虑北部、中部、南部不同的自然优势、区位优势和经济特色,形成了不同的发展方向和区域发展的指导方针,为全县经济社会的长足发展确立了正确的指导思想。

第二节　林业

随着农村家庭联产承包责任制的不断深化和延伸,在县委、县政府提出的"北抓煤焦铁、南抓农林牧"方针指引下,林业部门及时做出"北抓核桃南抓枣,中部建园栽果树,荒山造林区域化,用材经济一起抓"的林业生产发展规划。期间,遵照省人民政府《关于稳定山林树木权属颁发林权证的办法》,全县开展了稳定林权、划定自留山、确定责任制的工作，简称林业"三定"。据统计，当时，共划定农民自留山26.63万亩，签订责任面积2.05万亩，发放林权证22150份，发放宜林荒山使用证6254份。党的林业政策的出台实施，极大地调动了广大农民植树造林、绿化荒山的积极性，各类林业专业户、重点户不断涌现。仅1985年，就发展林业专业户75户，重点户172户，家庭林场17个。全年绿化荒山4.3万亩，四旁植树106万株。1986年，县委、县政府在秋季造林中，又做出"县、乡、村三级书记每人绿化一座山"的决定，当年完成"书记山"125座，面积1.646万亩。同年，古县被省林业厅列入"太行山绿化工程"重点项目区。

20世纪90年代，县人民政府又先后出台了《关于全县实现基本绿化的决定》《关于进一步多形式承包拍卖"四荒"的规定》，全县10个乡镇全部建起了林业工作站。1995年，县领导组织县林业部门与乡镇分管领导赴岚县、右玉县、左云县学习"四荒"拍卖和小流域治理的经验后，当年拍卖"四荒"5.5万亩，成交额10万元，同时重点实施了"三线五垣一流域"5个万亩林业工程。1996年底，经省林业厅验收，全县基本达到绿化标准。此后，古县林业生产在绿化的同时转入高产高效益的发展阶段。

2000年以来，是古县林业实施战略性结构调整和跨越式发展的新时期，先后实施黄河中上游国家级天然林保护工程、退耕还林工程、利用日元协作贷款植树造林工程、省级六大造林绿化工程等。

核桃 古县核桃，久负盛名。1958年，国务院曾授予古县"干果之乡"的荣誉称号。据统计，"七五"时期，

古县万亩优质核桃生产基地

全县先后建成九顷垣、茶坊垣、尧店、西堡、并侯、柏树庄、杏树庄等10多个核桃基地，栽植核桃树3.77万亩44.73万株，存活17.65万株。"八五"时期，核桃生产进入大规模发展阶段，县委、县政府总结经验教训，先后出台了《关于大力发展核桃生产的决定》《关于大力发展林果业生产的意见》，全县核桃生产逐步走上了规模化发展、科学化管理、集约化经营、标准化栽培、市场化运作的优质、高产、高效发展轨道。"九五"时期，县委、县政府把核桃生产放在"二分天下有其一"的县域经济建设的重要位置，林业部门围绕"一体两翼"工作目标，以地埂栽植为主，共发展核桃树205万株，高接换优20万株，年综合管理300万株以上。古县核桃遍布七沟八垣，形成了老、中、幼三大区域、9个万亩优质核桃生产基地。2003年被林业部授予"核桃之乡"称号。"十五"时期，县委、县政府把核桃生产作为"生态战略和富民战略",提出了"人口小县,核桃大县"的发展目标,制定了《核桃经济林发展苗直补管理办法》,在石壁乡高城村建成了优质核桃采穗圃,引进礼品2号、扎343、京861、鲁光、薄丰等10多个优良新品种,实施高接换优、芽接改良、综合管理等科技工程,进入"延伸基地,衔接断档脱节之处,覆盖全县"的阶段。至2007年,全县核桃栽植规模达805万株,是1978年88.85万株的10倍,实现了"农民人均百株核桃树"的目标。农民人均收入800元,是1980年核桃产区人均收入70元的11.4倍。2010年,全县核桃总产量达到3311吨,农民人均增收1000元,人均面积、株数、产量、收入稳居全省第一。

"十一五"时期,核桃经济林建设从发展与管理并重向以管理为主转变,从数量型向高质量型、效益型转变,按照"挂挡连线成规模,突出科技抓管理,加工转化出精品,开拓市场增效益"的核桃产业化思路,在发展、管理、加工、市场四个环节上做文章,使核桃生产成为农村经济的引擎,成为农民均衡致富、长远致富的一项主导产业。

第三节　水利水保

人字闸工程　古县是山西省贫水区之一,建县40多年来,为了适应经济建设和人民生活的需要,各级党委、政府把水利建设放在重要位置,投入了大量的人力、物力兴修水利,保证了城乡经济发展和人民生活的需要。特别是从1993年以来,根据全县黄土丘陵区面积较大、小泉小水分布较广的自然特点,在省、市水利部门的大力支持下,县水利部门首创了第一个"人字闸"蓄水工程。从 1993 年至 2002 年间,共筹措资金 500 余万元,先后建成人字闸 63 处,总蓄水量达到 45 万立方米,可扩大水浇地面积 1.2 万亩,改善水浇地面积 0.82 万亩。以石壁河为代表的万亩节水增产园精品工程,旱能蓄、涝能排,得到了省水利厅的肯定和推广。

2003 年,人字闸工程迈出了新的一步,由原来的以灌溉效益为主转变为以生态效益为先,结合三合牡丹景区的开发,在石壁河总体规划,投资 300 万元,建成人字闸 18 处,蓄水量 16 万立方米。至 2008 年底,全县共建成人字闸 81 处,总蓄水量达到 61 万立方米。

人字闸水利工程

2007年，县委、县政府把"生态之县"作为古县科学发展的战略支点，全面推进古县生态建设，涧河"十里长廊"蓄水工程就是一项重点项目工程。从2007年3月开工到2008年8月竣工，总长度9千米，总蓄水量90万立方米，整治清理河道6千米，栽植大油松700余棵，建成人字闸27道，加上大型音乐喷泉、车引道、休闲道等设施，构成一幅绿水绕城的美丽画卷。

供水工程 古县是一个土石山区，十年九旱，尤其人畜吃水更为困难。建县后，历届县委、县政府采取"提、引、蓄"等多种形式，使人畜吃水状况逐步改善。"十五"期间是古县农村饮水解困工程规模最大、成效最显著的时期。5年间全县共建设饮水困难工程118处，其中规模较大的集中供水工程4处，即北平镇水眼沟集中引水工程、古阳镇渗水崖集中引水工程、南垣乡阴庄沟集中引水工程、岳阳镇水峪河集中引水工程，4大引水工程惠及人口25000人，全部实现自来水入户，全天候供水。五年间，饮水解困工程投资1288.3万元，其中国家投资603万元，自筹685.3万元，解决了41623人口的饮水困难。"十一五"期间，县委、县政府实施了一项投资最多、规模最大、战线最长、受益面最广的大型引水工程，即"三水合一"工程，到2007年全部完成。三水即把本县渗水崖、小南坪、水峪河的水源分别通过三个支管汇入干管，经过74千米的干支管渠道引水到沿线各村、企业和县城的一个大型引水工程，埋设输水管道总长47.21千米，配水网管道长26.95千米，共建蓄水池39座，容量9510立方米，该工程总投资1899.83万元，解决了沿线16个行政村、58个自然村、

2万多农村居民和县城2万多居民的生活用水,剩余水量还为沿线的利达、晋豫、锦华、正泰、森润5家企业提供补充水源。到2007年,全县饮水安全人数达49854人,占农村总人口的70.5%,自来水普及率占全县农村人口的63.7%。

2008年以来,实施了"三水合一"水源地保护工程和沿线管道蓄水池维修工程,总投资达386万元,保证饮水水质安全,提高了水利用率。

第四节 畜牧业

中共十一届三中全会以来,全县各级领导始终把畜牧业发展作为农业经济的主导产业来抓。1979年,以大黄牛为主的畜牧饲养量有了很大发展。县上引进了万荣黄牛、安克斯牛。1980年后开始引进西门达尔牛。1990年后又引进夏洛莱等优良品种,并进行人工改良。2003年启动了世行贷款项目671万元,农民自筹资金671万元,发展规模养牛,实行饲养圈养,集约化经营,户养2头母牛以上的单元户达500户,发展3个养牛小区,20头以上规模的户8个,50头以上的户24个,百头以上的大户2个。2004年,利用"整村推进"扶贫资金项目,购回鲁西黄牛200头,荷斯坦奶牛18头。到2007年底,全县黄牛发展到14460头。

猪是农民养殖业经济收入的主要来源之一。20世纪七八十年代,基本上实现了户户养猪。品种以内江猪、长白猪、杜洛克为主。2000年后,全县养猪业走上规模化、集约化、科学化之路,先后涌现出一批养猪典型户,50头以上的养猪场有 20 个,百头以上的养猪场 15 个。2007 年,国家实行惠农政策,全县养猪业迅猛发展,养猪 14461 头。2010 年养殖量 40006 头,年底存栏 11455 头。

羊的发展经过了曲折的道路。1982 年,全县羊存栏达到 10.3 万只,为历史最高值。在之后的 20 多年里,全县的羊存栏基本上稳定在 9 至 10 万只左右。2001 年开始封山育林,禁止牛、羊上山放牧,发展舍饲圈养,饲料、饲草、圈舍出现了困难,羊只数大幅度下降。2003 年、2004 年,为了鼓励农民积极发展养羊业,县政府两年拿出 60 万元扶持养羊大户,"整村推进"工程又拨付扶贫专项款 80 余万元,先后购买波尔山羊种、母羊 4300 余只。2007 年,全县养羊存栏 31640 只。2012 年饲养量 67020 只,年底存栏 31670 只。

家禽养殖业由散养向集约化经营迈进。到 2012 年,全县蛋鸡养殖场 10000 只以上的 1 个,5000 只以上的 4 个,

南垣大型养鸡场

1000 只以上的 20 个,鸡饲养量达 38 万只,存栏 30 万只。

特种养殖是古县一项新兴产业。2007 年,全县梅花鹿存栏达 2000 只。随着市场形势变化,日渐萎缩,到 2012 年存栏仅 300 只。

畜牧业作为古县的一种传统产业,在县委、县政府的高度重视下,其发展均衡,效益也是比较可观的,为古县经济发展、农民增收起到了一定作用。

第五节 农机事业

中共十一届三中全会后,古县的农机事业经历了国营示范阶段,公社、大队经营阶段,多元化经营阶段。到 1980 年,全县 10 个公社拥有大型拖拉机 110 台,小型拖拉机 112 台,农机总动力达到 118664 瓦。

1984 年贯彻中央 1 号文件之后,农民家庭开始购买拖拉机等大型农业机械,进入了农机多元化经营阶段,全县的农机拥有量骤增。到 1990 年,全县有大、中、小型拖拉机 542 台,农用汽车 110 部,各类机械总动力 22751 千瓦,机耕面积 15 万亩以上,机播面积 18 万亩,占到农田作业的 70% 以上。

1990 年以来,除耕作机具外,联合收割机、旋耕机、农用汽车、机动三轮车以及收获机具、排灌机具、加工机具、农田基本建设机具快速发展起来。到 2007 年,全县农机动力达 8.25 万千瓦,拥有各种类型拖拉机 983 台,配套机具 1671 台(件),联合收割机 5 台,为历史最好水平。2010 年后,全县农机总动力、机械化耕作面积不断扩大,每年农机补贴资金分别争取到国家203万元，省市53万元，县上40万元，共补贴各类农机具951台，补贴农民购买拖拉机350台，配套农具481台（件），其他类机具120台，拉动农民投入资金700余万元，是本县有史以来农机投入最多、农机装备增加最快的时期。

  同时，本县长期坚持农机科研和农机新技术推广相结合，加快新技术、新机具推进推广，完成旱地小麦机械化保护性耕作试验示范项目，引进秸秆还田机，免耕播种机。2000年以来，先后争取省局投资68.5万元，县级配套资金38.96万元，用于保护性耕作项目建设，项目示范区面积逐年增加，产生了良好的社会效益、生态效益和经济效益。真正体现了毛泽东主席所说的"农业的根本出路在于机械化"。

第二章 工业经济突飞猛进

第一节 工业经济的改革与发展

工业的发展进程是一个地区经济发展的重要标志和主要动力。20世纪80年代初期,古县在"北抓煤焦铁、南抓农林牧"的经济指导方针指引下,坚持有水快流,全县社社有煤矿焦厂,北部公社的大部分村都有小煤窑,工业经济基本是靠煤焦资源的粗放型生产,虽然对当时古县经济发展、农民致富起到了一定的推动作用,但是存在着资源利用率低、污染严重的问题。20世纪90年代后期,古县按照"规模发展、联营改造、集团经营"的基本思路,采取强强联合、优势互补、租赁拍卖、抓大压小的改革举措,大力推进企业的优化组合,全面改造提升煤焦传统产业,促使煤焦企业不断更新改造,实现了从小而全的分散结构向大而专的规模结构转变,从根本上扭转了"满天星星,不见月亮"的工业格局。同时,大力发展循环经济,推进工业园区建设,形成了涧河和蔺河两大工业园区,并且以此为基础,不断延伸产业链条,积极鼓励和引导煤焦企业发展下游产品,形成了煤—焦—化、煤—气—电、煤—电—镁等产业链。到2006年,全县共有规模以上工业企业76家,其中煤矿37座,大型机械企业6家,洗煤企业33家。

民营工业企业异军突起,领跑工业发展,规模以上企业60多家,产值达298396万元,占全县工业总产值的72.2%。2007年,县委、县政府着眼于生产力的合理布局和经济发展方式的根本转变,把夯实北部资源型经济板块作为推动全县经济发展的三大板块之一,把工业富县、发展煤焦化、建材业作为兴县富民的重点。2010年利用山西省作为国家资源型经济转型配套改革试验区的战略机遇,提出了大力实施工业新型化、农业产业化、城乡一体化、文化旅游品牌化的四大发展战略。到2010年,全县工业总产值达799173万元。

工业反哺农业扎实有序。从1997年起,古县创造性地实施了以"绿化一座山,修建一条路,帮扶一个村"为主要内容的以工补农"三个一"工程,煤焦企业投身农村建设,推动了农村经济社会持续快速发展。至2007年,全县共有80家企业参与其中,累计筹集资金6000万元,实施重点项目92个,形成了社会各界广泛参与新农村建设的浓厚氛围,成为全市以工补农工作的先进典型。

第二节　煤炭工业

中共十一届三中全会后,在国家、集体、个体"三位一体"思想指导下,古县煤炭工业迅速发展。到1984年,全县煤矿达到64座,产量67.75万吨。1986年至1987年,煤炭业执行国家"调整、改革、整顿、提高"的方针,产量有所下降。1988年,在中央沿海经济发展战略的推动下,全县煤矿又有了新的发展。到1990年煤矿发展到80座,产量达到 87.68 万吨。之后，集体煤矿、私营煤矿迅速增加。

为了保护资源、合理开发和安全生产，县委、县政府根据国家产业要求，采取"关井压产"措施，对境内布局不合理的矿井、规模小的矿井、证件不全的以及无安全保障的矿井予以整治，煤矿数由 161 座压减到 53 座。为了建设新型能源基地，县委、县政府大力实施了扩建改造工程，做强做大优势产业和优势企业，使煤焦企业整体实现优化升级。到 2005 年，建成 1 座年产能力 60 万吨、2 座 45 万吨和 9 座 30 万吨以上的煤矿。全县原煤核定生产能力达到 920 万吨，产量达到 370 万吨，是建国初期的 217.6 倍，是改革开放前 1978 年的 27.8 倍。到 2008 年，全县共保留煤矿 37 座。2009 年，山西的煤矿资源整合从临汾试点开始，同年辽宁沈煤集团进驻本县。2010 年，全省煤矿兼并重组整合开始，将全县 37 座煤矿兼并重组整合为 13 座矿井，全年投资 14 亿元全部开始建设，全年生产原煤 353 万吨。

同时，县委、县政府始终把煤矿的安全生产放在首位。多年来，不断优化组合，改造提升，涌现出山西泓翔煤业有限公司、古县兰花宝欣煤业有限公司、安吉欣源煤业有限公司、古县老母坡煤业有限公司、古县鸿兴煤业有限公司等一批煤炭安全生产骨干企业。

第三节　焦化工业

改革开放后，随着市场的需求，煤炭的洗选加工、型煤型焦精细产品的研制开发得到重视。1985 年，县内建起了第一座机焦厂，即古县第一焦化厂，拉开了古县煤炭深

加工的序幕。1998年,该厂改制为民营企业,更名为正泰煤气化有限公司。多年来,该公司生产的铸造焦和一级冶金焦远销美国、日本等国。

2003年后,古县洗煤厂、焦化公司陆续开建。到2005年,县内符合国家产业政策的7家年入洗能力45万吨以上的洗煤厂,6座60万吨以上大型焦化企业顺利投产。到2010年,6大机焦企业年生产铸造焦228万吨,并开发生产出硫酸铵、焦油、粗苯等10余种化工产品,基本实现了化产回收,改变了古县"有焦无化"的局面。城区机关、居民、商业门店用上了煤气。同时,各公司在项目建设、环境治理上加大投入,狠抓了消烟除尘、污水处理、绿化美化、抑尘防尘等多项工程,取得了良好的经济和社会效益。利达焦化有限公司、正泰煤气化有限公司、锦华焦化有限公司多次被县委、县政府评为纳税先进单位,并被授予"山西民营科技企业"称号。

第四节　建材工业

古县境内土质大都适宜烧制砖瓦，非金属建材矿产有水泥岩石和石灰石矿岩，金属建材矿产有铝矾土，储量丰富，品位较高。20世纪90年代，古县就建起了耐火材料厂，生产各种不定型耐火材料20余种。科瑞耐火材料通过ISO9001质量体系认证，产品销往山东、河南、河北等10多个省市。县内生产的水泥市场看好，常是供不应求。铝矾土是继原煤之后的又一大资源。多年来，县委、县政府坚持"规范开发、规模发展、招商引资、培植后劲"的方针，年生产26万吨，产值1亿多元。2007年由香港亚洲镁业股份有限公司、太原易威煤业有限公司共同出资组建的中外合资企业山西金威镁业有限公司在古县落户，其产品以白云石为原料，经压球、还原、精炼、酸洗4道工序，产品镁及镁合金主要用于航天、电子、建筑、汽车、餐具及军事领域，销路广阔，前景可观。

第五节　乡镇企业

改革开放以来，古县乡镇企业得到迅速发展，由小到大，由少到多，由弱到强，逐步壮大，已成为古县工业经济的主体，国民经济的一大支柱，享有"三分天下有其二"的辉煌。

1984年，随着人民公社体制的改革，社队企业更名为乡镇企业。原来的公社、大队单一的两级集体所有制形式变为乡镇办、村办、联办、个体办和其他形式5个层次齐

古县利达焦化有限公司

发展的格局，称为"五轮驱动"。乡镇企业中的种植业、养殖业、工业、建筑业、交通运输业、商业服务业迅猛发展，被誉为"六业兴旺"，乡镇企业发展驶入快车道。到1994年，古县乡镇企业发展到2980个，总产值34315万元，占到工农业总产值的81.4%。

随着所有制改革的不断深化，民营经济在县域经济发展中的地位和作用日益显现。进入21世纪，根据调整国民经济战略布局的要求和"有所为有所不为"的发展方针，古县工业经济在新一轮改革浪潮推动下，实行了全面的所有制改革，积极推进体制和机制创新，坚持发挥优势，强化管理，改造提升，全面推动，支持引导民营经济快速发展。到2006年，规模以上民营企业发展到60多家，民营经济实现产值19.6亿元，占全县GDP的75.4%，为本地财政增收1.86亿元，占财政收入的42.3%。到2010年，民营经济增加值达到18.9亿元，财政收入9.6亿元中，84%来自民营企业。

在民营企业中，最有代表性、最有影响力的企业就是古县利达焦化有限公司和古县正泰煤气化有限公司，是古县连续10多年纳税大户。他们在打造企业品牌的同时，饮水思源，回报社会。

第六节　邮政电信

1978年后，古县的电信事业有了一个较大发展，特别是矿区开始大规模的通信建设，几十家煤矿全部通了电话，并带动了农村集体的电话发展，古阳镇第一个在全省实现了全自动交换。1988年，县局新装了步进制交换机，全县实现了市话自动交换。1990年，邮电局下设旧县、古阳两个支局和8个邮政所，96个农村信报站，23个邮政箱（筒）、1个报刊零售亭和4个邮政储蓄点，有干部职工91人。全局新增了72条长途交换设备，多数单位和企业实现了长途自动交换。1990年首次新增无线寻呼业务，450兆二哥大业务，模拟移动电话业务。1999年全局更新为数字程控交换，实现了古县电信的现代化。固定资产不断壮大，业务收入逐年增加。到2008年，固定资产达222.6万元，业务收入500万元，邮政储蓄余额达2个亿。1999年7月成立古县移动公司，到2010年建移动基站32座，固定资产3185万元，网络用户43100户，业务收入2500万元。2002年联通进入古县，成立了联通公司。2004年，铁通进入古县。到2012年，网络覆盖率达95%以上，手机用户普及率达98%。通信网络实现了方便快捷，畅通无阻。

第三章 文化旅游蓬勃发展

第一节 文化事业

1984年后,县委、县政府确立了用文化塑造形象、用文化拉动经济的发展思路,提出"保护文化资源、挖掘历史遗产、开发人文景观、打造文化平台、壮大文化事业"的方针,乡镇建起了文化站,配备了文化员,打造以岳阳文化为主线,以民俗、旅游、休闲为主体的"一线三体"文化产业格局。

文化设施日趋完善,实现了县、乡、村三级文化体育基础设施全覆盖。2003年后,县委、县政府抓住机遇,加快进度,两年投资3亿元,高标准、高起点建起了岳秀广场、文化活动中心、青少年活动中心、老干部活动中心、广播电视大楼、相如公园、一中、二中教学楼、体育馆、体育场等项群众文化活动工程。古县文化活动中心总建筑面积10000平方米,集剧场、展厅、图书馆、文化馆、排练厅、办公室等多功能于一体,场馆建筑在全市是超前的。2010年底,又建成了3167平方米的古县图书馆,设有25个分馆,共有藏书24.5万余册。新建成面积3000平方米的体育馆等一批高标准的文化基础设施。"三馆"建设全部达到了国家一级馆标准。

全县7个乡镇均建成了300平方米以上高标准的综合

文化站，各项设施齐全，藏书量达2000册以上，健身路径和配套体育活动设施也全部到位。

全县111个村的文化活动室和农家书屋全部建成，并达到国家标准，县上为每个村下拨了3.3万元的配套图书设备，农村文化活动室成为全县农民文化活动的主阵地。

文化活动异彩纷呈，群众性文体活动实现了全覆盖。自1984年以来，已连续举办了30多届春节文艺调演，各传统节日、重大活动都要举办文艺演出进行庆祝。每年还举办文艺下乡、消夏晚会、农民运动会、职工运动会。农村文化、企业文化、社区文化、校园文化坚持了"月月有活动，年年有主题"，充分展现了岳阳文化的无穷魅力。特别是2007年以来，古县文化活动呈现出多层次的新亮点。2007年组织了《京剧生角》蔺相如邮票首发式、"大型水上音乐晚会"、全市办公厅会议专场演出等；2008年，举办了《欢乐中国行·魅力古县》专场文艺晚会，《激情飞扬》七一合唱文艺晚会，举办了首届牡丹文化旅游节系列文体活动；2010年，举办了第六届消夏文艺演出、第三届牡丹文化旅游节系列文体活动。2011年，举办了第四届牡丹文化旅游节文体活动、建党90周年合唱比赛活动。这一系列高水平、影响大的节庆文化活动，创出了古县文化的新特色，在全市乃至全省都产生了较大影响，丰富了全县群众的精神文化生活。

第二节　旅游产业

2000年以来，古县这块古老而文明的土地发生了历史性巨变，作为朝阳产业的旅游业逐渐崛起，蓬勃发展。2003年底，县委、县政府换届后，把发展文化旅游产业作为"朝阳产业"和全县新的经济增长点，提出"大力发展牡丹文化，壮大旅游特色产业"的发展思路。2004年，出台了《关于进一步加快旅游发展的意见》，提出了"发展大旅游、开拓大市场，形成大产业、实现大跨越"的战略构想。按照这一指导思想，以着力打造"天下第一牡丹"旅游品牌为龙头，规划开发建设"四点两线"旅游线路，让旅游业成为古县永不枯竭的绿色可持续产业。"四点两线"即以三合牡丹、蔺相如墓、大南坪生态旅游区、淤泥河生态旅游区为重点，南线以三合牡丹、淤泥河、祖师顶、罗成墓、朱德总司令路居等景点为骨架，南连尧庙、东接安泽荀子公园的生态旅游线路；北线以岳阳古镇、延庆观、四次山、露崖寺、关帝庙、凌云洞、老爷顶、蔺相如墓等景点为骨架，北连灵空山、陶唐峪、兴唐寺、太岳森林公园，西接大槐树、广胜寺等人文古迹和休闲避暑旅游线路。县委、县政府在对全县文物旅游资源全面考察的基础上聘请专家规划设计，与山西风光旅游设计院签署协议。

为了大力发展旅游产业，把这一产业做强做大，使古县经济的"三大板块"（工业、农业、文化旅游业）相互促进、相得益彰，县上投入了大量的物力、财力。经过多年不懈努力，旅游业已发展成为古县的一项优势和主导产业。2004年5月，石壁河流域及三合牡丹景区建立指挥部，古县三合牡丹景区管委会成立。当年，县政府投资500万元，建成了国色园、神牡丹园和富贵园，总占地60余亩，栽种68个品种的牡丹32000株，12个品种的芍药16000丛，初步形成全景区的核心区域。2005年，县政府投资1000万元，建成牡丹碑林、聚仙桥、娘娘庙、循环路、戏台、观瀑亭等一大批建筑。2006年，又投资5000万元，修复关帝庙，建成钓鱼池、荷花池、牡丹广场和南山飞瀑等。县煤炭运销公司还投资3000万元建成天上人间度假村、狩猎场等。2007年，县政府投资5000万元完成牡丹壁、仙子像等项目，扩建了停车场，继续绿化、亮化、美化景区。县煤炭运销公司投资3000万元，建设温泉井、游泳馆等，使三合牡丹景区成为古县靓丽的旅游品牌。同时，四大文化开发区的发展也同步进行，县政府累计投资5000万元、以弘扬古岳阳文化而开发建设的相如公园、蔺相如墓、文化广场、延庆观等景点也相继完成。2008年5月1日，举办了首届中国牡丹文化旅游节。

2008年10月，启动了张家大院的一期修复工程，2009年正式对外开放。2010年完成了以琴棋书画营造浓

三合牡丹

厚艺术氛围和陶冶情操的牡丹园二期工程，利用声光电高科技手段表现晋南民俗风情的张家大院二期工程；建成了现代化科技农业和采摘休闲旅游相融合的现代农业观光示范园；建成了回归自然、闲适安逸、淡泊宁静的农家乐。经过几年的努力，古县的旅游业基础设施不断完善，产业规模不断壮大，初步建立了涵盖食、住、行、游、购、娱六大产业体系，取得了良好的经济效益。2008年至2012年间，共接待游客72万人次，实现门票收入200万余元，旅游综合收入2亿余元，成为古县新的经济增长点。

第四章 社会事业全面进步

第一节 社会保障

古县1987年开始进行社会保障制度改革。县委、县政府采取多种措施，建立健全社会保障体系，以社会统筹和个人缴纳相结合的办法，完善城镇职工基本养老金和基本医疗保险制度，调整和规范机关事业单位的养老保险办法，健全失业保险制度。同时，全面落实了城市居民的最低生活保障，城乡社会经济和社会福利事业出现了新的转机。

劳动用工制度不断改革。由1978年实行的自然减员由子女顶替制度变为1984年实行的合同工制度，劳动就业人员主要是技校毕业生、转业军人或经过培训的待业青年。1996年，"古县劳动力市场"更名为"山西省古县职业介绍服务中心"，当年安置介绍就业人员216人，转移消化农村劳动力5752人。随着社会主义市场经济体制的变革，农村剩余劳动力不断增加，到2010年，办理用工合同人数已从2005年的4280人增至8023人。

为了提高职工的技能水平，2000年10月成立了古县职业技能培训中心。仅2004年，就对全县25座煤矿的3895名职工进行了劳动法律法规和安全知识培训。对古县焦化有限公司、森润煤化有限公司、煤气公司、古县宾馆等企业的 713 名职工进行了培训。与省职业介绍技能培训中心联合对 603 名农村劳动力进行了"阳光工程"转移培训。从 2005 年到 2012 年连续 8 年对煤炭生产企业的职工进行了全员培训，年均培训 3000 人。培训内容进一步拓展，除劳动法律法规和安全生产外，还增加了职业卫生、职业道德、计算机、劳资工作等方面的内容。同时，还对古阳镇白素村的大棚蔬菜专业户 46 名农民进行了培训，邀请曲沃县新潮职业培训学校专家和手工编织能手免费对 473 名留守农村妇女进行培训，为全县的经济发展提供了强有力的人才支撑。

养老保险：1987 年 6 月"古县社会劳动保险所"成立，当年征收养老保险金 60 万元。1989 年实行全县范围内离退休费用直接发放。1994 年，实行个人缴纳基本养老金制度，覆盖全县所有企业 2800 名职工，年征缴基金 850 万元。1998 年，古县社会劳动保险所更名为古县社会保险事业管理局，副科级建制，隶属劳动和社会保障局。2003 年，更名为古县企业养老保险管理服务中心。2010 年，缴费人数达 5394 人，征缴 3500 万元，基金结余 8500 万元，可保证退休人员养老保险发放 56 个月。

1994 年 9 月"古县农村养老保险管理服务中心"成立，由民政局管理。2002 年，由民政局移交古县劳动和社会保障局，当年参保人数达到 6890 人，征收基金 102 万元。2008 年，古县被省政府批准为首批新型农村养老保险工作试点县，这项惠民政策的落地，让农村居民比全国农民早 10 年享受到了社会养老保险。2009 年底，全县参保人数达 27411 人。当年财政拨款 469.976 万元，参保对象缴费

371.608万元，基础养老金共计支出251.205万元，财政专户余额591.4913万元。到2010年底，全县参保人数达28620人，领取养老金人数7455人。

2005年，根据上级精神，成立"机关事业养老保险管理服务中心"。2006年覆盖全县103个机关事业单位的3470人，征缴基金1143万元，为675名退休人员发放养老金1217万元，结余471万元。到2010年，参保单位达108个，参保人数3954人，基金收入2238万元，退休人数594人，养老金发放1668万元，结余1289万元。

失业保险：失业保险自1987年建立后，经历了发展阶段和完善阶段。成立初，只有国有企业参保，每年征收失业保险金万元左右。1999年，国务院第258号令《失业保险条例》发布实施，失业保险工作面逐步拓宽，城镇企业、事业单位的职工都必须参加失业保险，征收基金由原来的3万元发展到2006年的72万元，失业人员待遇从2001年开始发放，发放失业金440万元。

医疗保险：2002年7月成立古县医疗管理服务中心。2003年7月，政府下发《关于古县城镇职工医疗保险试行办法》，全面启动城镇职工医疗保险工作。到2005年实施基本医疗保险统账结合的174个单位，在职职工25599人，退休人员1404人。全县参加基本医疗保险7004人，收缴医疗保险基金520万元，支付医疗保险金309万元。2007年，对全县所有参保职工全部免费检查，为山西省县级第一家。至2007年底共为1200名参保人员支付医疗保险金900万余元，同时对全县所有患慢性病参保人员年终复查，提供定点医院，定点药店，实行重点医保。

2007年成立古县新型农村合作医疗管理中心，制定出台了合作医疗方案与各项管理制度，全面启动了合作医疗预决算，审核支付参保农民的医疗报销费用，并监督公布医疗基金使用情况，研究和处理合作医疗有关方面的问题，负责向县委、县人大、县政府汇报合作医疗工作情况，当年新农合参保率80%。2010年，参保率递增至92%。新农合筹资标准从每人每年10元提高至30元，中央、省、市、县四级财政补助逐年提高至120元，新农合补偿封顶线提高至5万元。至2010年12月，新农合住院报销共计11661人次，报销医疗费用共计1854万元；门诊家庭账户模式改变为门诊家庭账户统筹模式，门诊报销92184人次，报销156.54万元；大额门诊慢性病病种30种，2010年共计申请502人次，报销56万元。

2009年，启动了城镇居民基本医疗保险工作，城镇居民参保6398人，征缴基金69万元，当年为200余名住院居民报销100余万元。2010年，城镇职工基本医疗保险参保11483人，征缴基金1210万元，当年为700余名住院职工报销500余万元。生育保险参保5500人，征缴基金36万元，当年为30余名女职工报销8万余元。

工伤保险：2004年12月成立工伤保险管理服务中心。当年参保5783人，基金收入1610508.89元，基金支出665712元，待遇支付67人。2010年参保15216人，基金收入5585986.43元，基金支出3674448.84元，待遇支付141人。

城镇居民、农村特困户最低生活有了新的保障。随着经济基础的不断好转，社会保障也随之逐步健全。特别是进入21世纪以来,古县在加大新农合、农村养老保险、城镇医疗保险、职工医疗保险补偿的同时,将符合条件的农村困难群众全部纳入低保生活范围,实现应保尽保,全部覆盖。到2010年全县8758名低收入人群获得低保金740万元,2985名70岁以上老人得到政府健康津贴179万元,217名农村卸职干部得到退休补贴。完成廉租房140套,农村解困住房600户、残疾人危房改造180户,覆盖城乡的社会保障和救助体系趋于完善。

劳动执法力度进一步加大。为了全面贯彻执行党的社会保障制度,保证用人单位、企业职工、农民工的合法权益,2003年3月古县成立了劳动保障监察大队,依法对无手续、证件不全的厂矿企业进行检查,对无参加就业培训、不缴纳养老保险金、失业金、不签订劳动合同的职工进行查处。2007年,依法对本县9座无手续砖厂予以取缔。补办就业证卡1024份,补签劳动合同3423份,协助征缴养老金53.3万元,失业保险金2万元。2008年11月,为完善劳动争议仲裁管理体制,使劳动争议案件的处理规范化、法制化,经编委批准在古县劳动保障监察执法队加挂"古县劳动争议仲裁院"牌子。2009年,古县被定为劳动保障监察"两网化"试点县,监察大队从队伍、设备等方面都得到了加强,从公益性岗位招聘了18名劳动监察协管员,充实了劳动监察基层队伍,乡镇配备了办公设备,实行数据联网,全县企业的劳动用工情况全部进入网络化信息数据库。劳动监察大队连续多年对用工单位开展了"农民工工资支付情况""工资保证金管理""企业养老保险扩面"等专项检查及日常巡查,下达各类法律文书120多份,处理了数十起劳动保障监察投诉案件，维护了劳动者的合法权益。

第二节 城乡居民生活和消费

古县是一个小县、贫困县。1978年，全县各项存款余额169万元，其中城乡居民储蓄存款余额为47万元。到1987年各项存款余额也仅有1453万元，其中城乡居民储蓄存款额727万元。随着全县乡镇企业的发展，职工工资水平的提高，到2000年，全县各项存款1.74亿元。进入21世纪，古县经济突飞猛进，居民收入快速增长。到2010年，全县各项存款25亿元，其中城乡居民储蓄存款余额16.3亿元。

▶ *城镇居民*

1985年，职工人均年工资为1004元，1999年1782元，2000年2031元，到2010年首次突破1万元，达到10305.3元。

1999年，城镇居民人均可支配收入2954元，2000年3367元，2007年11281元，比1999年增长了32.8倍。2010年，城镇居民可支配收入15737元。2012年20543元。

居民生活消费水平从数量扩张型向质量提高型转变。食物结构更趋合理，肉、蛋、奶消费快速增长；恩格尔系数大幅度下降，呈现出"生活越来越好，吃得越来越少"的态势；文化娱乐保健消费急剧增长，家庭耐用品更新加快，小车、电脑、电视、手机等家用电器不断更新；居住条件显著改善，住房结构、装饰、层次逐步提高，由小、暗、陋向宽、亮、美发展；采暖方式发生重大变化，由过去的一家一户向集中供暖转变，由以煤炉为主向电暖、煤气锅炉及空调转变，98%以上的居民实现了水、电、暖、闭路电视、煤气、电话六配套，城市生活品位进一步提高。

▶农村居民

1978年，古县农民人均收入只有81元。中共十一届三中全会后，农村实行了家庭联产承包责任制，农业生产要素得到释放，农民收入稳步增长。1996年突破千元，达到1269元。随着农村改革进一步深化，农业科技的广泛推广应用，农民收入快速增长，2000年达到1112元，2005年达到2218元，2008年突破3000元，2010年农民人均纯收入达到4962元，2012年达到6381元。农民消费水平显著提高，消费观念全面更新，消费结构明显改善。饮食结构、居住条件正向着城市化方向发展，肉、蛋、奶、酒、饮料、果品已成为生活必需品，土窑洞基本消灭，砖木结构也已不多，大多为钢筋水泥现浇顶小洋楼，小车、三轮、摩托车、高档家用电器进入普通农家，手机基本普及。

第五章　财税商贸日益增长

第一节　财政税收

改革开放30多年来，古县经历了一个从落后走向进步，从贫穷走向富裕，从封闭走向开放的发展历史，应当说，古县财政的发展为促进全县经济社会建设提供了强力支撑，是古县富民的基石。1981年到1985年即"六五"时期，古县财政由吃饭财政开始向公共财政跨越，财政收入为652.07万元；1986年至1990年即"七五"时期，财政收入1526.4万元；1991年至1995年即"八五"时期，财政收入为3787.4万元；1996年至2000年即"九五"时期，财政收入为13493万元；2001年至2005年即"十五"时期，财政收入为74464万元；2006年至2010年即"十一五"时期，财政收入为10.566亿元，是建县时（1971年）31.42万元的3363倍，年均增长84.05%，人均财政收入1.16万元，位居全省119个县市区第二。城镇居民人均可支配收入15737元，是1971年422元的37倍，年均增长93.06%；农民人均收入4962元，是1971年73元的68倍，年均增长172.78%。

2010年，反映综合经济实力的全县生产总产值完成48.93亿元，是1971年793万元的617倍，年均增长

1582%；人均 GDP 超 5 万元（约 7460 美元）。2011 年全县财政总收入完成 118387 万元。2012 年，全县财政总收入完成 100067 万元。

30 多年来，古县财政收入的不断增长，与财政体制的改革、稳步推进息息相关。第一阶段，计划经济向市场经济转轨。1978 年改革开放后，在以经济建设为中心的方针指导下，农村首先实行了生产责任制，农业和农村形势迅猛发展。其次，工业体制改革，商业流通体制改革，工商企业体制改革像雨后春笋蓬勃兴起，推动了计划经济迅速向市场经济转轨。这一时期，财政体制改革主要是放权让利。中央对地方财政实行"总额分成、核定收支、分级包干"的政策，工业企业实行承包经营责任制，扩大了企业和地方政府的财权、财力，调动了企业、地方和个人的积极性，促进了经济的快速发展。全县工农业总产值由 1978 年的 3581 万元，到 1993 年突破 2 亿元大关，翻了两番半。第二阶段，1994 年以来，社会主义市场经济体系逐步确立，国家对财政税收制度进行了一系列重大改革。在国家、企业、个人三者利益关系上，简化税制，公平税赋，实现了内外资企业流转制度的统一，内资企业所得税制度的统一，在中央与地方关系上，实行了分税分级管理体制。这一体制的改革，极大地调动了各级政府、企业和个人的积极性，为经济的快速增长提供了空间。随着改革的不断深入，全县经济持续快速增长的格局已经形成，工业产值占全县工农业生产总产值的比重连年提升，工业经济已成为强县富民的支柱。继 2003 年财政收入突破亿元大关后，古县财政收入进入了跨越式发展高位运行的快车道，每年以 1 个亿的速度递增。到2009年，仅6年时间突破10亿元大关，达到10.05亿元。

第二节 商业贸易

党的十一届三中全会以后，全县城乡商业体制改革相继展开，逐步深入并稳步推进。

行政企业分开，放权于企业。商业局、粮食局、供销合作联合社等企业主管局实行政企职责分开、职能转变，由直接管理企业转向对企业实施统筹、协调、服务、监督，把购、销、存，人、财、物等经营管理的权力放给了企业，企业实行各种形式的经营责任制。1988年至2006年，商业局辖百货公司、五交化公司、糖酒副食公司、食品公司、饮食服务公司实行了承包经营责任制。1993年供销合作联合社由联销计酬、简易核算转为承包经营。粮食系统公司、站、部和药材、石油、烟草等单位均实行了经理负责制和不同形式的经营责任制。企业内部的各商品批发部、零售部、购销站、点、柜组则推行了层层承包和联销、联利等多种形式的责任制，做到了企业责、权、利相结合，国家、集体、个人利益相统一，职工劳动所得同劳动成果挂钩。

部门职能转变，服务于企业。各企业主管部门转变职能，为企业出谋划策，排忧解难，预测商情，分类指导，协调关系，提供多种形式的服务活动。

1997年，全县商贸企业根据国家体改委《关于发展城市股份合作制企业指导意见》精神，进行了商业体制和经营机制的深度改革，全部改为股份合作制企业，企业内部经营实行国有民营、集体民营,普遍实行了门店、柜组、站、点、职工个人对国有集体资产租赁经营。

到2005年,全县集体、个体和商业服务网点发展到4500余户,从业人员13600余人。全县社会商品零售总额实现16600万元。到2012年,全县社会消费零售总额达65051万元。

古县革命老区发展史

第六章　城市建设日新月异

第一节　城市建设

1982年10月,古县县委、县政府着手编制县城总体规划,12月,古县首届人大常委会第九次会议正式通过了县城总体规划,并经省人民政府1983年正式批准,同时伴随着农村体制的改革,对乡村集镇建设也集中规划,合理设计。

1992年,由山西省规划设计院编制了县城总体规划,但由于财政紧张,规划在很长一个时期内无法实施。

2004年,根据县委、县政府三大经济板块发展方针,财力大增,城市建设实行扩张战略,由临汾建筑规划设计院对张庄村进行勘察、设计规划,县城向张庄村扩张,城市规划面积6.08平方千米,可容城市人口4万。

城市建设先从道路抓起。21世纪伊始,古县就对县城道路加以拓展改造。2004年后,县政府投资1800余万元,完成了文化街、康庄东街、西街、蝎子沟、龙泉东街、金湾西街、朝阳南路、警民巷的拓宽改造工程。到2010年,县城由建县时的东西、南北两条大街2万平方米发展到7路11街的交通网络,城市道路总长15千米,面积26万平方米,人均道路13平方米。

2000年后，县城的高层建筑犹如雨后春笋般拔地而起，具有地标意义的建筑有政务中心大楼、文化活动中心、煤炭大厦、电力大厦等。到2007年后，城市建筑又有了跨越式发展，建筑新材料、新设计、新工艺不断运用，大跨度、大面积、多层建筑不断出现，先后建设了标准更高的古县一中、二中、三中、县医院、宾馆等公共建筑设施，同时建起数十座12层以上的居民住宅大楼，成为县城一个个新地标，这些建筑主要有龙潭小区、森润小区、电业局居民楼、阳光小区、顺景苑小区等。

同时，城市公共设施也有很大发展。首先城市供水排水逐步改善。1989年12月，钻成深838米、日涌水量4400吨的深井，号称"山西第一井"。2002年又新建备用水源井一口，深940米，日涌水量3800吨，形成城市日供水7000吨的能力。2010年，为城镇居民供水117万吨。从1992年后，逐步实施改造城市排水工程，在城区范围内实现有序排水，排水网30余千米，排水管网密度9.3千米/平方千米。其次，城市供热供气有了很大进展。建县后10多年里，城市供热主要靠煤焦火炉。到1992年，县城锅炉采暖面积9.1万平方米。2005年，投资600万元完成了城市煤气输配二期工程，新增2万立方米气柜1个，日供气3万立方米，满足了县城所有机关、单位、居民、营业性饭店及附近4个村庄的生产生活用气。尤其是集中连片推广煤气锅炉，既解决了冬季取暖问题，也减少了环境污染。2007年以来实施了集中供热工程，铺设管道5346米，建设总站一座，换热站3个。2010年，县城集中供热面积达到49万平方米，用户达到5100户，覆盖率82%。

1976年，县城成立了城市绿化队。1980年，先后建成4座水冲式公厕，街道清扫面积达12万平方米，城区范围生活垃圾日产日清。2008年，县委、县政府提出"创建国家卫生县城"的目标。2010年，在7个小区新增了垃圾回收点，安装果皮箱500余个。县城连续8年被市评为"爱国卫生红旗县城"。

第二节 城市园林化建设

改革开放初期，粗放型的资源开发给古县经济带来发展，也使全县的森林植被、山体水系、空气质量遭到严重破坏。2009年，在古县经济出现新转机的情况下，县委、县政府科学决策，超前谋划，大力开展园林县城创建活动，大幅提升县城的绿化品位和整体水平。一是多举措打造绿化县城。二是治河造湖，描绘"水城"美景。三是移民拆迁，重布城市架构。四是综合整治，重显蓝天白云。以低耗能、低排放、低污染为城市建设转型目标，全力建设低碳古县。在全县大力推广建筑节能新技术、新材料、新设备，扶持太阳能等可再生能源在建筑中的应用，推广先进的供热分户计量方式，提高能源的利用效率，节能建筑和绿化建筑达60%以上，取得了较好的节能效益。

到2012年，古县先后获"省级文明城市""省级环保模范城""省级园林城市"等殊荣。

第七章　交通运输四通八达

第一节　公路交通

"要想富，先修路"，修路成为历届县委、县政府的头等大事。1979年至1999年，县委、县政府以"搞活经济，兴古富民"为出发点，以"国家动用库存粮食、棉布，扶持贫困地区"为契机，以"消灭等外路"为主要目标，掀起公路建设热潮。到1983年，通过路基改建，在涧河西山根劈山架桥开通了洪洞至古县县城的省道公路，结束了公路沿河走的历史，从根本上排除了洪水之患。1984年铺沥青为三级公路。1991年，完成了县城至城关4.5千米的山岭重丘二级油路。从此，县乡公路油路建设实现了零的突破。1993年，贷款改建县城至旧县、千佛沟至圪堆24千米的商品油路。到1995年先后改建扩建黄家窑至上宝丰、店上至蔡家庄、店上至茶坊、紫砂至石壁的公路，同时还打通到浮山的出境公路，在全省山区县率先实现了乡镇通油路。这一时期共建设县乡公路169.7千米，其中二级油路92.3千米，三级油路77.4千米。

2000年至2010年，古县紧抓国家政策倾斜"三农"和全省实施"五个全覆盖"的机遇，争项目，筹资金，全县公路建设超常规、高速度发展。一是将古北线（全长

41.26 千米，与 309 国道重复 3.8 千米）分三次改造成山岭重丘区二级油路，使其更好地发挥了在交通运输中的主动脉作用；二是将第安线（安泽—沁源第一川）北平至黄家窑段改造成二级油路，提高了古县北部重工业区的运输能力；三是完成牡丹旅游景区 13.77 千米循环公路及沿线绿化，为古县旅游事业的快速发展插上了腾飞的翅膀；四是改建千佛沟至圪堆公路 10.5 千米为油路，完成南垣乡出境公路 3 千米水泥路工程；五是配建了总长 951.4 延米的 30 座桥梁，贯通县、乡、村，累计投资 1.82 亿元，改造县道 64.144 千米（全部为二级公路），改造和新铺水泥油路 364.5 千米。还抓住国家实施扩内需、保增长的财政机遇，进行了项目储备，完成了店西线、北平至霍州七里峪、长临高速连接线的前期工作。

在全力发展公路交通建设的同时，公路管理工作也不断加强，一年上一个台阶。1979 年，国家实行公路分级管理后，县级公路归交通局养护，乡村道路由乡和村养护，交通局提供技术指导。全县在店上、郭店、紫砂、城关、下冶、安吉、蒿圪嘴、北平、贾寨设 9 个道班（点），共有养路工 113 人。1992 年至 1993 年，组建了古北线商品路开发公司。随着村村通水泥路的迅速发展，2007 年，在县政府的支持下出台了《古县农村公路养护办法》，对全县 111 个行政村的公路按照"县道县养、乡道乡养、村道村养"的原则分级管护。2008 年 7 月 5 日，全市"农村公路养护现场观摩会"在古县成功举办。2009 年，费改税后，县交通局审时度势，组建农村公路养护中心，争取县财政资金 210 万元，将原拖拉机征费所和古北线商品路公司人员整体转岗从事乡村道路的日常养护。这是古县农村公路养护的分水岭，古县农村公路养护走上规范化、程序化、科学化之路。

第二节　运输

1980年以后，全县机动车辆有了新的发展，个体货运专业诞生，货运量达到6.46万吨，货运周转量达到330万吨/千米。到1990年，全县载重汽车281辆，个体专业户已成为运输战线的一支生力军。随着运输专业化、厢式化、集装箱程度的提高，重型车辆增幅较大。到2010年底，共有货车647辆，货运量增至101万吨，货运周转量5380万吨/千米，有货运公司18家，物流中心1个。

1980年前，县汽车站有大轿车1辆，后陆续购置增至4辆。1988年，个体客运多为短途运输。1987年至1988年，临汾地区运输公司开辟临沁（临汾至沁源）、霍长（霍县至长治）客运线，途经县城及县内部分地区。1997年，县内开通古太（古县—太原）客运线。2000年开通古长（古县至长治）客运线。2004年至2009年，新建了县汽车站和北平、旧县、南垣3个乡级客运站，建立了14个候车厅、104个招呼牌。到2008年，共有客车42辆，形成了同周边县市及省会的通车网络。到2010年底，共有41部客车营运，有市级班线3条，县级班线18条，通村班线17条。到2012年底，在原有的佐村至县城、高城至县城、佐村至临汾3条乡村客运线路基础上新增了党家山至安泽、南坡至临汾、辛佛至临汾、黄家窑至临汾、范寨至县城、哲才至县城 6 条客运线路,客运线达到 15 条,7 个乡镇和 106 个行政村都通了客车。同时,林区公路、矿区公路、旅游公路的状况大为改观,由原来的泥泞道路全部改建为水泥(油)路和沙石路,为古县经济社会的全面发展奠定了良好的基础。

2004 年,县城建立出租车公司 1 个,县城范围内一律 1 元票价(后涨至 2 元),招手即停,极大地方便了城市居民的生活和工作。到 2010 年,县城出租车发展至 50 辆。

第三节 "村村通"工程

2002 年,县委、县政府在村村通简易公路的基础上,大搞"村村通"水泥(油)路建设。到 2008 年底,完成了 70 个村 348 千米的"村村通"水泥(油)路,完成了 23 个社会主义新农村、6 个乡镇驻地村 114.7 千米的街巷硬化工程,实现了 100% 建制村通水泥(油)路,畅通率 100%,提前完成省政府下达的通水泥(油)路全覆盖任务。

全县交通公路网络的四通八达,全方位、多层次地推动了全县经济社会的发展,加快了全县脱贫致富的步伐,促进了人民群众生活水平的提高。公路交通建设对全县经济社会发展的贡献具体表现在:一是公路交通的大力发展,让人民走出大山,加强了与外界的联系和交流,大量的科技信息、商品信息、市场信息和先进的生产经营方式及时传入县内,促进了全县人民观念的更新,思想的开放,科学的发展。二是公路交通建设的大发展,使得全县门户大开放,实现了人流、物流和资源共享。三是大大优化了全县经济发展环境，促使城乡之间、地域之间经济趋向于平衡发展，推动了横向经济联合。四是加快商品流通，推动商品交流和市场发展，增加了人民群众的收入，提高了人民群众的获得感和幸福感。

第八章 科技教育蒸蒸日上

第一节 教育事业

改革开放40年,是古县教育快速发展的40年。40年中,办学方向由政府独办向公办和民办相结合转变,学校数量由遍地开花向集中寄宿制发展,校舍由旧房危房向楼寓化变迁,学生上学由家长交费向政府免费跨越,高考达线由"光头"、一位数到三位数提升,师资力量由民办、代教向专业化水平迈进,教育工作多次受到省市教育部门的表彰奖励。

▶ 幼儿教育

1980年前,全县有幼儿园17个,入园幼儿700多名,占全县幼儿的60%左右,办学条件、师资力量方面都十分欠缺。改革开放后,县委、县政府把发展幼儿教育提到了重要议事日程,财政加大投入,部门分工负责。1985年,县政府拨款48万元,建设占地3100平方米,建筑面积1080平方米,可容纳幼儿300余人的城镇幼儿园。2008年,县政府投资600万元,在原教育局旧址上修建了幼儿园,建筑面积3919平方米,绿化面积60平方米,是本县唯一的公办省级二类示范园。1990年后,岳阳镇、北平镇、旧县镇、古阳镇也相继独立办园，实行幼儿园与小学分离。

在办学方向上，坚持了公办与民办相结合的方针。民办幼儿园大都分为大、中、小三个班，采用日托、周托、月托、餐饮、住宿一条龙教学服务模式。到2010年，全县有幼儿园8所（其中公办4所、民办4所），在园幼儿2000余名。

▶ **义务教育**

20世纪80年代，为了尽快改善办学条件，实行了国家、地方、群众共同集资办学的办法，全县共有114个生产队建起砖木结构的校舍。"八五"期间，全县共集资5000余万元，新建校舍250间，改造危房1000余间，初步实现了"一无两有三配套"（无危房、有桌子、有凳子、图书、仪器、器材三配套）。

"九五"期间，全面实施"两基"达标，即基本普及九年制义务教育，基本扫除青壮年文盲。1997年经省人民政府评估验收，达到基本无盲县标准，颁发了合格证。全县中小学普遍开展了义务教育建档工作，加强了德育工作。到1997年，全县基本普及了义务教育，人口覆盖率达到100%，经省政府验收全部合格。1999年9月，通过了省人民政府复查验收。同时学校基础设施有了很大改善，在"一无两有"的基础上，实现了"两机一幕三配套"（幻灯机、录音机、银幕进教室、教学仪器、图书、文体器材三配套）。

2001年至2004年，全县再次加大对中小学改造力度，彻底消灭危房，向建设楼房化、现代化、信息化、标准化学校迈进了一大步。三年中，一次性投入100万元以上的学校就有10所,尤其是投资2300万元的古县二中和投资5000万元的古县一中相继落成。三年中,教育投入近亿元,相当于建县30年投入总和的两倍。全县义务教育水平有了较大提高,小学、初中、高中巩固率分别达100%、99.45%和98.6%,中等教育完成率为95.1%。

在改善办学条件的同时,全面推广素质教育,深化课堂教学改革。2003年,全市教研工作现场会在古县召开。2003年、2004年被市授予"综合评估奖""教育一把手工程先进县"。

2005年,国家实施"两免一补"(免义务教育阶段贫困生书费、杂费,补助寄宿制贫困生生活费)。在此基础上,县委、县政府决定从2006年春学段开始,凡是古县籍在古县就读的义务教育阶段的学生,全部免除课本费、作业本费、信息费、取暖费和杂费,并继续补助贫困生生活费,使全县义务教育阶段学生实现"零收费"。2000年以来,在学校建设发生翻天覆地变化的同时,还注重教育技术现代化的建设。2005年底,一次性投入300万元,为198所农村中小学配备了现代远程教育设施,使100%的农村中小学享受到现代远程教育资源。

2006年春季,狠抓学校绿化建设,涌现出了许多标准化、园林化学校,形成了良好的育人氛围。

2007年初,建立义务教育经费保障新机制,中央、省、市、县按比例分担,县财政增设中央、省义务教育经费专户,为教育均衡公平发展提供保障。是年,全县教育系统"围绕一个中心,夯实两个平台,致力三个提升,推进教育四化",开展"三风"(校风、教风、学风)整顿,要求各校均做到四有：有实施方案，有学习计划，有整顿内容，有具体措施。

县委、县政府为优化教育布局，整合教育资源，自2002年以来实施了一项重大战略举措：

一是扩建二中。投资1200万元，完成了五层双面教学楼、760平方米的学生餐厅、校园围栏、学校大门、环行400米体育场的修建。扩建后的二中，可容纳2000余学生就读，大大改善了陈旧落后的办学条件，同时实现县城初高中分离，便于教学管理，解决了县城及岳阳镇初中生上学难的问题。

二是创办古县三中。学校选址于文昌新区中段，位置优越，环境优美。该工程2010年10月破土动工，2013年8月竣工。占地面积155.3亩，总建筑面积55617平方米，

晋峰中学（私立）

绿化面积 4.3 万平方米，该项目总投资 1.5 亿元。2013 年 9 月 1 日正式投入使用。

三是大力扶持民营办学。晋峰中学是经临汾市教育局批准，由张冬梅董事长筹集资金 600 万元于 2002 年创办的一所民办初级中学。晋峰中学位于古县县城南，与古县三中、五马村毗邻，洪古路边，交通便利。学校占地面积 16600 多平方米，总建筑面积 8000 平方米，现有教学班 12 个，学生 550 余名。优雅的校园环境，完善的教学设施，先进的教学理念，浓郁的学习氛围，给学生个性发展提供了更广阔的空间。

▶ 高中教育

2003 年，古县一中实行高中部与初中部分离，61 名教职工及初中部 9 个班的全部学生顺利转入二中。2008 年，投资 8000 余万元新建的古县一中落成并投入使用，后期又配套建设了学生公寓楼，标准化操场。一所标准化、现代化、园林化的新高中，成为古县一张崭新的名片。

为提高教师队伍的素质和学校的管理水平，从 2003 年起，教育实施"名师、名校、名校长"的"三名"战略，先后拿出 40 万元重奖名师、名校、名校长。古县一中多次被市评为"名校"。校长韩福兴被评为"名校长"，"名师"高生泽被推荐为市政协委员。从 2006 年以来，加大了公开招聘教师的力度，面向全国，不拘一格，吸引了吉林、河南、陕西等地的一批优秀大学毕业生到古县从教。一大批优秀师范类研究生成为教师队伍中的中流砥柱。到 2010 年底，全县高中教师学历合格率为 92%。

第三编 老区与改革开放同行

古县一中

自1983年以来，高考达线人数由13人上升到2012年的143人，取得了骄人的成绩。

从"两基"到十二年免费教育，快速发展的古县教育像不断提速的列车，抵达了一个原本看似遥不可及的站点。

▶职业技术教育

为适应形势发展，培养更多复合型、全能型人才，古县于1987年创办了职业中学。古县职业高级中学是古县唯一一所中等职业技术学校。建校以来，学校依据"专业立校、特色办校、就业兴校、管理强校"的办学思路，加强实训教学，注重技能培训，先后开设了计算机、法律、旅游、生化、保健、汽修等多个专业，每年可招收学生4至6个班。2004年，被定为山西省扶贫办农村劳动力转移培训基地。2005年，与青岛海翔专修学校联合办校，向海尔集团输送技术人才20人，被确定为山东省青岛海翔专修学校古县培训基地。同年，被确定为山西电大临汾分校古县工作站。

学校多次受到市、县表彰,校长崔云福、程继莲被评为县"名校长"。

学校自2010年以来加大投入,基础设施建设快速提升。县政府投资1600万元修建了公寓楼、餐厅,新建了园林园艺、计算机、烹饪实训室,校外新增了古县古远驾校。在教学设施上,添置了汽修实训设备、文体器材、图书等。校园总体规划合理,有前瞻性,校园环境节能环保,室内美化,室外绿化,环境净化,教学设备先进,设施配套。在教学上,坚持课堂教学与实训相结合,发挥学生的专业特长,挖掘学生潜力,搭建展示艺术和专业技能平台。近年来,学校与"北京科技会堂""中央组织部老干部局活动中心""山东威海电子有限公司""北京阳光海天集团"等单位联合办校,培养出大批技术人才,每年输送人才200余人,学生就业率达96%以上。2012年,职教中心顺利通过省级验收,古县荣获"职业教育达标县"称号,学校被评为"四星级职业高中"。

▶成人教育

古县成人自学考试从1984年首次考试以来,全县累计报考人数2994人,累计报考科次13605科,有汉语言文学、教育学、法律、会计、小学教育、公共关系等17个专业。其中本科专业10个,专科专业7个。成人教育工作一年一个新台阶,一年一个新发展。通过成人自学考试,全县干部职工的学历结构整体提高,为本县的两个文明建设培养了一大批实用型管理人才,为构建和谐社会、振兴县域经济做出了积极的贡献。

农民业余教育普及面不断扩大。有成教机构8个,其中县1个、乡镇7个,办学面100%,111个行政村建农技校101个,办学面达91.8%。培训返乡知识青年10231人,培训专业有美容、美发、家政服务、核桃高接换优、鹿兔养殖、驾驶员、玉米秸秆覆盖、蔬菜栽培、包衣种推广、煤炭生产加工、人字闸设计施工等19个,使农民在业余扫盲的基础上向现代科技知识化进军。

第二节 科技事业

1978年3月,中共中央召开全国科学大会,提出了"科学技术是生产力"的著名论断。古县县委、县政府紧紧抓住这一机遇,提出科教兴县战略。全县以科技兴县为目标,围绕产业结构调整,努力促进产业结构优化升级,提升经济竞争力,狠抓了科学项目的实施、科技成果的转化和科技示范基地的建设。科学技术在农业、工业、第三产业等行业部门广泛运用,取得了长足的发展。科技体制改革成效显著,形成了特色鲜明的管理体系。1998年,古县被评为"全国科技工作先进县"。到2004年,连续6年成为"全省科技工作先进县"。2005年以来,一直保持"全国科技先进县"荣誉称号。科学技术的进步,大大推动了古县经济社会的协调发展。

为了全面加快科教兴县步伐,1990年后,各乡镇、各村配备了科技副乡(镇)长、村副主任,科技工作有了基层组织保证。在科技投入上则实现了多层次、多领域、多渠道的全方位增长,专项经费稳步攀升,为促进科技成果的引进和转化、人才的培养与引进，提供了强有力的支撑。

在科普宣传上，开展了"科普宣传月""科普宣传周""科技活动周"等大型科普宣传活动。从1982年县科委创办《科技与向导》期刊以来，县科委、科协先后举办了《科普大篷车》电视栏目，搭起了"山西省科普惠农信息栏""科普画廊""科普报刊村村通"等宣传平台。乡镇的科普宣传活动也有声有色，岳阳镇连续8年举办了"科技文化活动节"。县上还组织专业技术人员下乡现场讲解农业科技知识，示范新技术的运用，赠送科技书籍，播放科技知识影碟、录像，举办科技培训班，辅导农民学科技、用科技。同时，县、乡每年还举办科技知识竞赛活动，使广大群众在寓教于乐中接受了新鲜的科技知识。

培养科技人才是科技进步的原动力。改革开放以来，古县走出了一条"高级人才靠引进、中级人才靠培养、初级人才靠培训"的路子。到2012年，共有科技人才1772人（其中高级职称38人、中级职称687人、初级职称1027人）。共举办各类科技培训班1848期（次），培训人数6800人（次），万名技术当家人培训人数16000人（次）。举办各类科普讲座1075次，举办专题科普宣传106次，举办科技竞赛15次，发放各类科技书籍和资料10万余册（份），有力地推动了科普工作的开展。

随着改革开放的不断深入，县科技部门不断加强科技项目管理，积极引进科技成果，大力支持高新科技产业发展，培育自己的高新技术企业和科技先导型企业。2000年以来，与中国农科院、福建师范大学生物工程学院、山西农业大学、山西农科院、洛阳园林科学研究所等30余家科研院所建立了协作关系。全县有15家重点企业建立了科技创新机构。特种耐火材料股份有限公司与冶金部鞍山耐火材料设计研究院、西安建材研究院协作研制成功钢包浇注料、镁铝浇注料、硅酸盐水泥等新型耐火材料。煤炭局与中国煤炭科学院常州自动化研究所协作,建成中小型煤矿经济型安全监测、瓦斯监测监控系统。森润煤化、利达焦化、宝丰焦化、晋豫焦化、锦华焦化与十三冶、山西焦化等协作,引进焦炉余热发电、焦油回收、煤矸石发电、电子技术配煤系统、镁合金等项目。天力生物工程有限公司与中国农科院合作,引进国际先进国内领先的成套冻干设备,生产以双孢菇为主的冻干产品。古岳食品有限公司生产的"琥珀核桃仁""天力营养胶囊"等产品及"晋古牌"古县金米系列产品通过了国家绿色食品认证。

同时,根据古县实际,全县科技投资、试验推广重点支持区域性支柱产业发展,加速农业高新技术的应用。以核桃、双孢菇两大支柱产业,中药材、古县金米、中早熟马铃薯、小杂粮4个农业科技示范基地建设为主,努力提升无公害农业、有机农业、观光农业和绿色食品的发展速度,使全县农业实现大面积丰产丰收,既增加了农民收入,又增强了农民学科技、用科技的自觉性。从2000年到2010年,通过省、市认定的科技推广项目有10余项,这些项目已成为全县科技发展的排头兵。

经过广大科技工作者多年不懈努力,一大批科技成果得到国家和有关部门的认可。其中由农机局高级工程师杨相儒撰写的《新世纪浅谈粮食生产与农业机械化》,古县人民医院院长、副主任医师杨晋宏撰写的《十二指肠损伤、误诊、漏诊原因分析》，古县林业局造林站站长、工程师杨玉贵撰写的《核桃幼苗嫁接技术探讨》等 20 多篇论文先后发表。古县县委党校讲师许作昱研究申报的《时空数列与科学发展》2002 年被山西省科技厅、临汾市科技局列为软科学项目，出版《时空数列与科学发展》专著一部。食用菌菌渣开发有机复混肥、果品蔬菜真空冷冻干燥加工、核桃生产产业化开发配套技术推广、净水器产品开发等科技项目成果已广泛应用，为古县经济发展注入了新的活力。

第九章 卫生防疫谱写新篇

第一节 医疗

20世纪80年代初,随着古县经济的不断发展,全县10个公社都建起了卫生院,105个大队都建立了卫生所。宝丰铁厂、水泥厂、古阳煤矿、多沟煤矿、宝丰煤矿、县联办煤矿都设有医务室或医疗所,医务人员、医疗器械得到不断补充和更新。

医疗卫生事业的发展很大程度上体现在对重大疾病的治疗和高新设备的运用方面。担负全县重大疾病治疗和技术人员培训任务的县人民医院是古县一家综合性医院,从1993年至2001年,先后新建门诊、传染病区和住院部楼,建筑面积5238平方米。为了提高医疗技术水平,早在1986年11月就同省人民医院签订了业务帮扶协议书,连续三年省人民医院派技术水平较高的医疗专家定期到古县巡回医疗,治疗疑难杂症并培训人员,医院也派业务骨干到省人民医院培训,使古县的医疗技术水平大大提高。2006年,县医院配备了便携式B超、多功能监护仪、半自动生化仪、血气分析仪、自动冷冻病理切片机等。2007年,投资430万元购置了CT、全自动生化仪。2010年8月,古县人民医院在相如大桥西南的张庄村新建综合大楼,工程占地42亩，整体规划为集门诊、住院、康复中心、餐饮于一体的综合服务大楼，总面积2.7万平方米，总投资9000万元，设计开放床位200张，2012年9月全部完工。到2012年，县医院有职工110人，床位100张，内设科室22个，医院总资产950余万元。全年门诊治疗5万余人次，急诊2000余人次，年住院病人2000余人次，培训乡村医生1320余人次。

在大力推进乡、村医疗卫生事业建设上，县政府加大投入并积极争资金、争项目。2007年，争取县乡医院改造国债项目资金495万元，争取乡镇卫生院设备资金105万元。2008年开始，县里投资1150万元，陆续建设古阳、岳阳、石壁、南垣、永乐、北平、旧县7个乡镇卫生院住院楼、门诊楼，总面积9900平方米。2008年9月，县里给每个乡镇卫生院配备了1名全科医生；投资260万元，给每个卫生院配备了X光机、B超等医疗设备，给每个卫生院配备了一辆救护车。2009年，县乡医疗人员工资县财政发放比例由原来的60%提高到80%，减轻了医院的负担，提高了医疗人员的工作积极性和主动性。

农村卫生工作也有了较大发展。20世纪90年代初，根据中央开展农村初级卫生保健工作的要求，县委、县政府做出了《关于加强农村卫生工作的决定》，出台《古县农村初级卫生保健八五计划》，开展了农民健康教育，加强了基层设施建设、防疫保健、环境整治等工作。1995年初，132项指标通过省级验收。1998年底，被省卫生厅定为"农民健康示范县"和"全国卫生工作试点县"。2004年后，推行了乡村医疗机构"六统一"管理，加强了乡村医生培养，156人取得了乡村医师证，农村医生的专业技术水平和职业道德素质普遍提高。2009年，全省实施"村卫生室全覆盖"工程，县里投资555万元，建设了87个空白村卫生室和24个新农村建设推进村卫生室，投资110万元，为111个村卫生室配备了设备，公开招聘了20名大学生村医。到2010年，全县拥有村医184人，村卫生室实现了房屋、设备、人员三配套。

在办医方向上，县政府坚持公办与民办相结合。1990年，全县有私人诊所71家。2005年，本县唯一的心脑血管病民营医院惠民医院建成。医院位于县城北端，占地2800平方米，建筑面积2000平方米，床位48张，职工42人，其中医疗技术人员33人。医院各种医疗设备基本齐全，是临汾市"城镇职工基本医疗保险""工伤事故保险""老干部医疗"和"新型农村合作医疗"定点医院。

惠民医院（民营）

在医疗制度上，1981年全县停止了1970年推行的农村合作医疗，农民自费就诊。2007年1月，古县被确定为山西省推行新型农村合作医疗管理重点单位，根据要求，制定了本县合作医疗方案与各项管理制度，审查合作医疗预算决算方案，及时审核支付农民合作医疗费用。到2009年，新农合参保人数达到64117人，参保率达到98%。新型合作医疗解决了农民看病难、看病贵和因病致贫、因病返贫的问题。

第二节 卫生防疫和妇幼保健

▶ 卫生防疫

改革开放以来，古县的卫生防疫工作贯彻执行"预防为主"的方针和"把医疗卫生工作的重点放到农村去"的指示，坚持宣传、预防和治理相结合，经常组织人员深入农村、企业、学校宣传卫生法规制度，提高人们的安全卫生意识，对公共场所卫生、学校卫生、工业卫生和工业"三废"、食品卫生不间断地检测检查。同时，随着农村经济形势的发展、农村精神文明和小康村的建设，农村加快了兴建自来水、改良水井的步伐，在解决农村供水的同时，开展了饮用水监测，预防了水源性疾病的发生和流行。1995年，经省级验收为计划免疫85%达标。1997年，又加强了对霍乱、病毒性肝类、流行性出血热、乙脑、流脑等重点传染病的监测和预防控制，全面开展了性病、艾滋病的宣传防治，落实了计划免疫目标责任制，农村"四苗"接种率达到95%以上。2003年非典疫情发生后，全县没有发生1例，卫生预防工作取得了重大成绩。2004年3月，启动了免疫规划信息监测系统，接种率实行了网上报告。2005年，乙肝疫苗列入计划免疫程序，儿童预防接种由"四苗"防"五病"成为"五苗"防"七病"，接种率达到90%。2006年，县政府投资7万元建立了艾滋病实验室，通过省级验收，每年免费对自愿检测人员和入狱劳教人员进行艾滋病抗体监测。

地方病的预防治疗工作取得了明显进展。1992年，本县普查碘缺乏病为1558人，大骨节病人数为2287人。通过"普查建档、培训队伍、依法检测、健康教育、防疫监测"等工作，有效地防止了新发病例。

进入21世纪，随着移民扶贫工程的开展，大多数农民迁出大山深谷，吃上了健康卫生的自来水，病区退耕还林、退耕还牧，病区自产粮（小麦、玉米）减少，大骨节病和碘缺乏病得到有效控制。到2008年，全县7个乡镇56个大骨节病区村仅有轻病患者939人。截至2010年底，没有新增病例。

2003年，原卫生防疫站更名为疾病控制中心，由县政府拨付资金改造扩建了疾控中心大楼、县医院传染病区，乡（镇）卫生院建立了传染科，全县的公共卫生体系进一步健全完善。

▶ 妇幼保健

县妇幼保健站从1976年成立以来，大力加强医德医风和基础设施建设，实施了一系列便民措施，开展了住院分娩、母乳喂养和"削峰"工程，孕产妇和新生儿死亡率明显下降,保证了妇女儿童的健康;同时积极培训乡村妇幼保健人员,不断提高基层人员的素质。在基础设施建设上,1983年从省卫生厅争取资金11万元,建办公楼房一幢,面积330平方米。1998年,由省、市、县共同投资40万元,新建二层砖混结构办公大楼510平方米,业务用房面积增加到960平方米,同时增添部分医疗设备,办公条件、医疗条件有了很大改善。2004年至2006年连续三年被市卫生局评为卫生系统先进集体。2005年被省妇儿工委评为实施"十五"规划先进集体,被市妇联授予"巾帼文明岗"荣誉。2006年,经省级医疗机构专家组评审定为国家"二级乙等妇幼保健院"。

第三节 爱国卫生

古县爱国卫生运动从1980年起即以"抓县城、促乡镇、带农村"的思路全方位展开。县委、县政府一方面加大对城市建设的投资,另一方面加强爱国卫生宣传力度,提高全民的爱国卫生意识。1983年,结合"五讲四美"活动,爱国卫生运动进一步深入,当年有2个乡镇、15个村达标。1985年,县政府制定了创建卫生红旗县城的总体规划,年底达无鼠县标准,荣获临汾地区"卫生文明县城"荣誉。1990年,经省爱国卫生运动委员会验收为三级达标县城。1997年,行署在古县召开了文明卫生建设现场会。1998年,经省爱卫会检查验收,成为临汾地区第一家"灭鼠先进县",被授予"省级卫生县城"光荣称号。2001年11月,在本县召开了全省农村改厕现场会。2002年后,县政府进一步增加公共设施投入,进一步提升了古县卫生县城的品位。2007年4月,古县召开创建国家卫生县城动员大会,全民动员,人人参与,当年7月份顺利通过省级卫生县城验收。2008年达到国家卫生县城标准,被授予"全省十佳卫生县城"称号。

第四节 计划生育

1979年1月,成立古县计划生育领导组办公室,下辖10个公社计生办,与县卫生局合署办公。1982年6月改为古县计划生育委员会,单独办公。同年建立计划生育宣传指导站。各乡镇都相应成立计划生育领导组,并设有专职计划生育助理员。1986年,县计划生育服务站被省评为"一星级文明服务站"。2002年3月县计生委更名为古县计划生育局。2004年4月又更名为古县人口和计划生育局。共有干部职工31人,主要承担全县人口和计划生育宣传教育、技术服务、信息咨询、人员培训、药具发放、综合管理、综合协调、人口发展战略研究等职能,并负责指导7个乡镇计生服务所开展工作。

20世纪90年代中期至2010年这一时期,古县实施了"33321"工程。坚持"三不变"(现行计划生育政策不变、既定的人口控制目标不变、党政一把手亲自抓负总责不变);落实"三为主"(以宣传教育为主、避孕为主、经常性工作为主);推广"三结合"(把计生工作与发展经济、帮助农民勤劳致富奔小康、建设文明幸福家庭相结合);实现"两个转变"(实现计划生育工作思路和工作方法的两个转变）；达到"一个目标"（控制人口数量，提高人口素质，改善人口结构，促进人口与经济、社会、资源、环境的协调发展和可持续发展，为改革开放和现代化建设创造良好的人口环境）。2000年，第五次全国人口普查与1990年第四次人口普查数据相比，10年间境内人口增加5475人，平均年增长548人，10年增长6.91%，年增长0.69%。2010年，第六次全国人口普查与2000年第五次人口普查数据相比，人口增加7102人，平均年增长710人，10年增长8.38%，年增长0.83%。2006年12月被省委、省政府授予"计划生育优质服务先进县"。2007年12月荣获山西省劳动竞赛委员会集体三等功奖。2009年12月被省委、省政府授予"人口和计划生育工作目标考核先进县"。2010年12月被国家人口和计划生育委员会命名为"国家计划生育优质服务先进县"。

第十章 广播电视覆盖城乡

第一节 有线广播

1978年,古县有线广播在全县贯通的基础上,着手进行"两化"建设。广播线路水泥杆化、有线广播专线化,到1979年底全部完成。

到1980年,全线有线广播普及率达到97.3%,总线路675千米,喇叭15680个,全县有553个小队实现了喇叭户户通。

1991年7月,县广播局从辽宁无线电六厂购回低压电网载波广播设备样机。11月广播局技术人员在试点皂角沟安装发送机和152个接收机,当天皂角沟7个自然村的152户农民就收听到了无线广播。

1992年3月,临汾地区广播电视局在古县旧县镇召开了各县市广播电视局长、事业科长参加的现场会,决定推广古县广播电视局在旧县皂角沟试点的经验。

农村有线广播建立以来,以其覆盖面广、信息容量大、传输快、干扰小、群众易于接受的独特优势,成为县、乡党委、政府领导指导农村工作的有效工具,成为人民群众了解形势、接收信息、学习科学的有效载体。随着农村广播宣传改革的逐步深入和科技兴农活动向更深层次的推进,广播已充分显示出巨大作用。经过广播宣传工作者的共同努力，全县的广播宣传工作真正起到了县委、县政府喉舌的作用，多次在地市组织的用稿展评和编播比武中获奖。

第二节 电视

1985年10月，古县广播电视局成立。1986年安装了彩色电视差转机，转播临汾地区电视节目。1987年，在延庆观建立了卫星地面接收站，县城及周围群众可接收到3套电视节目。1988年在北平竖起铁塔天线，安装彩色电视差转机。到1993年，又相继在古阳、旧县、下冶、石壁、永乐、南垣6个乡镇安装彩色差转机，实现了全县乡镇彩色电视接收网全面覆盖，中央电视台节目覆盖率达到70%以上。

县委、县政府对广播电视基础设施建设非常重视。1993年5月2日，中共古县县委下发了古办发（1993）15号文件，转发古县广播电视局《关于城区建设有线电视的实施方案》。同时，加大投入，滚动发展，投资7万元，筹建城区有线电视。同年6月25日，正式开播，开始转播7套电视节目。到1994年，又增加一套节目（浙江台），共转播8套节目。到2000年底，全县拥有电视机13500台，平均64.6台/百户。

进入2000年，广播电视事业取得了长足发展。2002年，自筹资金50万元，在县城内建成光电混合网，有线电视节目增加到40套。2003年，光纤网络在全市率先与省广电主干网联网，建成了古县第一条集语言、图像、数字于一体的信息高速路。《古县新闻》实现天天播，为全市山区县首家。2004年，又投资300万元，在全市率先实现了乡镇通广播电视光缆，光缆主干线由过去的 6 千米增加到 146 千米，全县的有线电视用户由 2002 年的 2000 户增加到 8000 户，有线电视 40 套节目覆盖全县 7 个乡镇和公路沿线的 60 个村庄。2005 年，乡村建成分配网，40 套卫视节目落户寻常百姓家，当年农村用户达到 5000 户。同时，北平镇又实现了村村、矿矿通有线电视，在全市山区县创下了第一。

2006 年，古县建成了新的广电大楼和电视演播厅，基础建设工作取得了三个根本改变，新增了 2 部数字摄像机，实现新闻记者人手 1 机，4 台非线性编辑机、2 台硬盘播出机、1 套虚拟演播厅，基础设施得到了根本改善；建成数字电视监控墙，配齐安全播出预警系统，强化值机人员素质。开展创建"学习型机关""书香型机关""文明和谐机关"等活动，采取送出去请进来等多种措施，大力实施人才培训工程，90% 以上人员取得大学本科以上学历。2008 年，开通了古县电视 2 台，开办了《科技大篷车》《人口经纬》《大众文化》《魅力古县》《岳阳人家》《访谈》等专题栏目，实现了新闻天天播，栏目天天有。

2010 年，对旧县、永乐两乡镇进行了电视信号全覆盖，并对古阳、岳阳两个镇的剩余村进行了覆盖，数字电视在县城开通，在全省首家实现了光缆入户，县城数字电视用户达到 7000 户。

2011 年，恢复了古县人民广播电台。全县 7 个乡镇，70 个村实现数字平移，有线数字用户达 1.8 万户。全年总收入突破 500 万元，是 2001 年的 15 倍；固定资产 1000 万元，是 2001 年的 10 倍，被市政府评为"五个覆盖先进单位"。

第十一章 党的建设和精神文明建设

第一节 党的建设

党的十一届三中全会后，拨乱反正，平反冤假错案，全面落实党的政策，古县复查了346起案件，并给15名逝世的老党员、老干部举行了追悼会，恢复了名誉。在党组织中进行了为期三年的整党运动，为党和国家工作重点的转移提供了可靠的组织保证。之后，按照中央的部署和省地市的安排，先后开展了革命传统教育活动、中国特色社会主义理论学习教育活动、"三讲"教育活动、"三个代表"重要思想教育活动和共产党员先进性教育活动等。十七大以来，又开展了学习实践科学发展观、创建学习型党组织、思想纪律作风集中整顿等主题活动，党组织的战斗力和凝聚力进一步增强。

张家沟村党员活动室

在基层组织建设上，党的基层组织由 1971 年的 10 个公社党委、1 个党总支、144 个党支部，到 2010 年，通过新建、撤并调整为 15 个党委、5 个党总支、267 个党支部，党的基层组织数达到 287 个。党员总数由 1971 年的 2351 人发展到 2010 年的 6190 人。到十八大前的 2012 年，基层党组织数为党委 15 个，总支 4 个，党支部 291 个，党员总数为 6559 人。党员的知识结构和年龄结构逐步向知识化、专业化、年轻化发展。党员的行业分布也由原来的机关干部、工人、农民为主的传统结构向各个行业、各个领域拓展。党组织活动也由传统的学习文件、"三会一课"转变为定期集中培训、支部班子带头讲党课和经常性现代化网络远程教育。特别是近年来通过严格落实县级领导三包三联、基层党建第一责任人、"两定一查三评"、党员承诺等工作制度，基层党组织活动更具有时代性、针对性，基层党员的教育覆盖面进一步扩大，党组织的凝聚力和号召力进一步增强，党在基层的执政基础更加巩固。

在党风廉政建设上，20 世纪 80 年代的党风廉政建设工作以受理信访、案件查处和党性党风党纪教育为主，工作任务和内容比较单一。1993 年，确定并部署了"三项工作格局"，即领导干部廉洁自律、查办违纪违法案件、纠正部门和行业不正之风，在一段时间内收到了很好的治理效果。之后，通过落实党风廉政建设责任制，深入开展煤焦领域反腐败、工程建设领域反腐败、清理小金库、遏制党员干部大操大办专项治理活动，党风廉政建设取得了明显成效。进入 21 世纪以来，党风廉政建设工作不断创新，力度不断加大，落实全面从严治党主体责任，形成了党委统一领导，党政齐抓共管，纪委组织协调，部门各负其责，依靠群众支持和参与的领导体制和工作机制，形成了党风廉政建设和反腐败斗争的整体合力。

第二节 精神文明建设

县委、县政府历来十分重视精神文明建设。1980年，中共中央发出深入开展"五讲四美"活动的通知，古县连续四年开展了"文明礼貌月"和"五讲四美三热爱"精神文明建设活动，在全县广大干部群众和青少年中进行了多种形式的共产主义思想道德教育、理想教育，对改变社会陋习、移风易俗，推动社会进步起到了重要作用。1989年3月，临汾地区"双文明一体化建设现场会"在古县召开。1992年，古县被授予"精神文明建设先进县"称号。

古县文化活动中心

1996年10月，党的十四届六中全会通过了中共中央《关于加强社会主义精神文明建设若干重要问题的决议》，明确提出了精神文明建设的指导思想和目标任务。古县根据中央提出的培养"四有"新人的要求，在全县开展了"创三优，正三风""创三杯""创建星级文明户""讲文明、树新风、创建文明小区、文明一条街"等活动，并制定了"十要十不要"文明市民公约，使古县形成了共建文明城乡的浓厚氛围，城乡面貌发生了很大变化。1997年8月，临汾地区在古县召开了"创建文明县城"工作现场会。1997年12月荣获地区"创三优活动先进县"称号。1998年4月，"十星级文明户"挂牌上墙活动在全县开展，当年即有3500余户挂上了"十星级文明户"光荣牌。

2004年3月，全县贯彻落实《公民道德建设实施纲要》，以"爱国守法，明礼诚信，团结友善，勤俭自强，敬业奉献"来规范公民道德。10月，县委、县政府制定了《关于进一步加强和改进未成年人思想道德建设的实施意见》。2005年3月，县文明委在全县中小学生中开展了"中小学生不进营业性网吧"教育活动，举行了千人签字仪式，结合纪念抗日战争暨世界反法西斯战争胜利60周年，聘请老红军、老党员、老干部讲抗日战斗故事，群众支前英模事迹，对广大青少年进行爱国主义和革命传统教育。

2006年10月，县委、县政府根据党的十六届六中全会提出的"建设社会主义核心价值体系"的战略任务，全县干部群众认真学习社会主义核心价值体系精神，结合精神文明建设，在全县广泛开展"讲文明、树新风"和"社会主义荣辱观"教育系列活动。2012年11月，中共十八大报告明确提出"三个倡导"即倡导富强、民主、文明、和谐；倡导自由、平等、公正、法治；倡导爱国、敬业、诚信、友善，积极培育社会主义核心价值观。县委、县政府加大学习宣传力度，在城乡、学校、企业的橱窗、电子屏、标语牌处处展示社会主义核心价值观内容。邀请讲师、学者对机关干部、党员专题辅导，中小学把24字方针列入政治课内容，要求学生会背能写，积极践行。县精神文明建设指导委员会还结合形势发展，不断创新精神文明建设的新途径，先后开展了"古县道德模范""最美古县青少年""最美古县乡村教师"等评选活动，有力地推动了全县精神文明建设活动的开展。经过全县上下的共同努力，精神文明建设工作取得了明显成果。

第十二章 人民武装坚如磐石

第一节 军事组织

1971年古县人民武装部成立,是古县辖区的军事领导机关及古县政府的兵役机关,也是中共古县县委军事工作部门,接受临汾军分区和中共古县县委的双重领导,内设政工科、作训科、动员科3个科室。1973年9月,人武部奉命撤出"三支两军",人武部领导不再担任地方领导职务。1979年4月,根据中央指示精神,县委书记兼任人武部政委。1985年,中共中央决定,军队精减整编。随着百万大裁军的步伐,县级人武部改归地方建制。1986年4月改为地方建制后,县委书记不再兼政委职务。1986年5月原"中国人民解放军山西省古县人民武装部"改称"山西省古县人民武装部",仍为军地双重领导,但以地方为主,所有干部均退出现役,人武部职能不变,为副县级单位。机关内设办公室、军事科、政工科3个科室。1996年4月,县人武部收归军队建制,改称"中国人民解放军山西省古县人民武装部",隶属于临汾军分区,仍接受军地双重领导,为正团级单位,内设军事科、政工科、后勤科3个科室。凡收归军队的干部,均重新办理入伍手续,授予相应的军衔,从此人武部工作进入了军队正规化建设的新时期。人武部成立以来，不管建制如何变动，人武部始终发扬人民军队的光荣传统，团结拼搏，创造性地开展工作，保质保量地完成上级赋予的民兵组织整顿、军事训练及征集新兵等各项任务。党委机关建设、武器装备管理成效显著，尤其在征兵工作上，取得了连续25年无退兵记录的好成绩。从1980年起，多次被山西省人民政府、省军区、临汾市政府、军分区评为先进人民武装部。

第二节 军事工作

建县以来，县人武部根据中央军委指示，认真学习贯彻条例条令，组织干部学习文化知识，学习军事知识，进行系列训练，组织比武竞赛，加强正规化建设，使军事工作逐步走上正规化轨道。1971年，积极响应要准备打仗的号召，组织民兵配合中国人民解放军野营拉练，同时进行"三打""三防"（打坦克、打飞机、打空降，防原子、防化学、防生物武器）训练。1972年至1976年，县武装部干部先后参加军分区教导队的培训，学习单兵、班的战术及本级战术的组织指挥。十一届三中全会后，县武装部正团职干部参加了省军区组织的训练，副团以下干部参加了军分区集训，训练以射击、投弹、爆破、战术等专业技术为主。到1984年，10多名人武部干部均达到"四会"（平时会组织民兵训练，会组织动员，会使用检查保管武器，战时会组织指挥民兵进行游击作战）要求。

进入20世纪90年代，为适应机关和后备力量建设需要，人武部领导重点学习训练掌握新一代军事训练法规、局部战争条件下快速动员理论、本级战术、专业技能、组织指挥等知识；人武部科级以下干部、专武干部主要学习培训民兵工作条例、民兵业务、参谋业务六会（会讲、会做、会教、会操作、会使用、会保养）、战术技术、规范化训练教学法等知识，针对薄弱环节进行在岗训练，不断提高人武部干部的军事素质。

1999年，人武部以贯彻条例条令为落脚点，从基本动作要领训起，对照条令做到不缺训、不偏训，同时进行作风纪律整顿，抓制度落实，抓业务学习，采取讲座、函授、自学、考核等方法，突出高科技知识、微机操作、本级指挥以及民兵工作业务的学习，逐步推进规范化建设，使人武部战备、训练、工作和生活"四个秩序"的管理教育取得明显成效。

从2001年至2006年，人武部加大投入，购买教程14套，软件7套，开始进行战术标图、军事地形学、国防动员知识、参谋业务"六会"等训练，经考核，人武部干部综合成绩均达到良好以上水平。特别是在正规化建设上，按照山西省军区"设施完善统一，规章制度统一，四个秩序正规，作风素质优良，管理教育严格"的要求，进一步完善办公自动化系统，规范保密资料室设施，落实人员管理，提高责任意识。同时，以军分区制定的"攀升计划"为依据，学习现代化科技知识，扩大知识面，努力创建学习型机关，鼓励干部参加函授学习，提升学历，以适应形势要求。

30多年来，人武部以"强军目标"为根本，按照"把方向建队伍，打基础创特色，抓融合促发展"的工作思路，抓实筹划部署，抓实能力提升，抓实管理教育，锻造了一批听党指挥、精业务、能打胜仗的专武干部队伍。人武部多次被临汾市人民政府、临汾军分区评为"军事训练先进单位""战备训练先进单位"。

第三节　营房建设

古县人武部原营房始建于20世纪70年代，仅有砖木结构的瓦房20间，面积500平方米。1988年，新建二层办公楼20间，面积1000平方米。由于受资金、条件的限制，室内装修质朴、设备简陋。1996年，人武部收归部队建制后，根据省军区的要求，经过部领导多方努力，筹集资金30万元，对办公楼内外进行了全面装修，更新了办公设备，完善了办公自动化系统，配备了民兵训练基地的相关设施，做到了训练有场地、上课有教室、教学有器材、食宿有保障、管理有制度。

2010年以来，人武部积极筹划，精心选址，在县委、县政府的大力支持下，先后投资1500万元，在岳阳镇城关村新建营房。新建的营房全部实现了办公自动化，图书室、阅览室、文化活动室、国防教育基地、民兵教育基地等基础设施齐全，"三铁一器"和视频监控技防水平良好，部队安全建设持续向好。

第四节　民兵组织

民兵是不脱产的群众性武装组织，是中华人民共和国武装力量的重要组成部分。古县的民兵组织在抗日战争和解放战争时期，就曾为新中国的独立和解放做出了突出贡献。中华人民共和国成立后，特别是改革开放以来，古县民兵组织发扬战争年代艰苦奋斗，不屈不挠，勇敢顽强，不怕牺牲的战斗精神，在各条战线上发挥了突击队的作用，成为古县经济社会发展的一支重要力量。

1975年，全县民兵为一个团建制，下辖10个连115个排，全县民兵共1300人。1986年，根据中央"减少数量，提高质量，突出重点，打好基础"的方针，全县民兵进行了大整顿。当年，本县基干民兵建制为1个团、4个营、6个连、24个排。1992年，古县根据北京军区制定的《民兵基层建设纲要》，民兵工作的重点转向城区和经济效益好的厂矿企业。进入21世纪，全县民兵建制根据形势发展不断变化，在邮电、通讯、医疗、工程抢修等领域成立了民兵运输分队、应急分队。2004年，全县111个行政村建立了民兵组织，配齐了民兵干部，民兵连长任支委或村委委员，民兵连长享受补贴待遇。之后，县人武部对民兵组织布局加以调整，民兵应急分队在专业技术培训、理论学习、制度建设等方面逐步向经济效益好的县一焦、森润、晋豫等企业倾斜。2006年12月，人武部被临汾市人民政府、临汾军分区授予"民兵基层建设先进单位"。

2000年以来，在县人武部领导下，全县民兵落实"服从国家经济建设大局，适应国防建设需要""立足长远打基础，发挥优势重练兵，因地制宜求实效，改革创新有作为"，紧紧围绕改革发展、稳定大局，积极投身"两个文明"建设，采取多种形式，开辟多种渠道，为兴古富民、兴武强兵做出了突出贡献。据不完全统计，全县民兵共完成打坝造地3420亩，垫地3500亩，退耕还林50万株，修建乡村公路500千米，打水井21眼，提水工程30余处，民兵修建的"人字闸"被水利部树为样板工程。同时，广大民兵在维护社会治安保一方平安中发挥了突击队、战斗队的作用，先后参与了古县招待所火灾抢险、北平镇、古阳镇森林灭火、江水坪洪灾抢险、抗击非典等抢险救灾工作，受到了军分区和县委、县政府的表彰。

在"学雷锋、做好事""帮战友"活动中，全县10个乡镇111个村都成立了"帮战友"小组，定期定点为军烈家属上门服务，送医上门，送技上田，帮收帮种，修补房屋。共为216户军属、387户外出务工民兵家庭种田收割庄稼1800余亩，帮助25户军属办起了小型加工厂、门店，帮助80户比较贫困的军属至少掌握了一门致富技术，扶持50户特困军属脱了贫。南垣乡韩家岭"帮战友小组"受到省政府、省军区的表彰。古县民兵被称为军属的贴心人，受到部队和现役军人的高度赞扬。

第五节　国防教育

中共十一届三中全会以来，古县国防教育委员会积极探索新形势下国防教育的特点和规律，严格贯彻落实《国防法》和《国防教育法》，在抓全民国防教育工作中，采取了普遍教育与重点教育相结合的方式，由点到面向纵深发展。通过层层发动，广泛参与，使国防教育步入经常化、规范化的轨道。1998年，在县人武部帮助指导下，古县一中获团中央、中国青年报社、中国青年读者俱乐部联合举办的"改革开放二十年国防教育知识竞赛"组织奖，获市"国防教育先进单位"奖。2005年人武部被临汾市政府、临汾军分区授予"国防教育先进单位"称号。2009年11月，被中共中央宣传部、教育部、总政治部、全国国防教育办公室联合表彰为"国防教育先进单位"。

在教育内容上，古县国防教育坚持以马克思列宁主义、毛泽东思想、邓小平理论、"三个代表"重要思想、科学发展观以及习近平新时代中国特色社会主义思想的国防观、战争观、爱国主义、国际主义以及人民战争为中心内容，紧密结合干部群众的思想实际，根据不同类型的群体，着重不同侧面，注重把各级领导干部和广大民兵预备役人员作为教育的重点。一是对各级领导干部侧重进行战争观教育、战争与和平建设的关系教育、国防法治教育，做到居安思危，常备不懈，用人民战争思想教育和武装人民群众；二是对中小学生侧重爱国主义教育，传承红色基因教育，使他们懂得今天的幸福生活是千百万烈士用鲜血和生命换来的，作为一个中国人，就要不忘先烈，铭记历史，热爱祖国，保卫祖国；三是对广大民兵和预备役人员侧重进行《兵役法》和国防法规教育，不断强化国防意识，不断提高军事素质，平时能勤劳致富，一旦祖国需要，招之即来，来之能战，战之能胜。

在教育形式上，根据不同的教育对象，采取了不同的形式和方法。首先对各级领导干部采取党校轮训，开设国防教育课，由人武部领导亲自授课；其次是建立议军制度，邀请县级领导和武委会、国动委下属有关职能部门负责人参加，使他们面对面接受国防教育；再次是每年建军节前后，组织领导干部参加"军事日"活动，让他们体验军事生活，学习军事知识，进行实弹射击，还组织参观部队营区，接受现实教育。对广大民兵预备役人员除抓好正常的全民思想政治工作教育外，学习军事报刊知识，收看广播电视，组织国防知识竞赛，学习国防知识，还通过组织民兵在重大节日慰问老红军、老八路和军烈属，组织民兵迎送拉练部队，开展军事比武等形式，使国防教育更加具体化、更加形象直观。1987年建军60周年时，古县人武部对全县民兵进行了国防教育和阅兵会操。1996年和1997年，两次举办了"长城杯"歌咏比赛、"长城杯"篮球赛、庆

古县烈士陵园

八一"农机杯"篮球赛、华北民兵"长城杯"国防知识答卷活动，在县电视台开辟"香港回归专题节目"等。2000年以来，人武部多次组织民兵广泛宣传《兵役法》，开展国防知识百题竞赛和"国防教育"活动。每年新学年初，人武部都要组织人员对新入学的中学生进行军训，从1986年以来，每年参训人数达500人以上。

为了加强国防教育，古县建立了多处国防教育阵地。一是坐落在县城东山的烈士陵园，这是古县一处规模较大、设施比较齐全的纪念革命先烈、弘扬革命精神的国防教育基地。烈士陵园主体工程有纪念碑、英烈墓、英烈亭、烈士英雄碑、纪念馆等。纪念碑镌刻着为新中国独立和解放光荣牺牲的428位烈士英名，纪念馆内陈列着朱德、彭德怀、陈赓等老一辈无产阶级革命家在古县战斗和生活的珍贵资料。二是八路军总司令朱德1938年2月19日至25日在古县境内开展抗日活动时住过的岳阳镇城关村和朱德总司令指挥的七里坡阻击战遗址。三是1942年10月至1943年2月15日日军在岳北地区发动"百日扫荡"时屠杀386名人民群众的古阳镇"安吉杀人场"旧址。四是根据山西省国防教育"百街千站"活动，新建的国防教育街、国防教育公交站和国防文化长廊。五是近年来树立和培养的国防教育示范学校和国防教育示范村（社区）。六是新建营房内布展的武装部史馆和国防教育展厅。为了牢记历史，加强对青少年的国防教育，以上陵园、遗址和展馆均列为国防教育基地。

第四编

十八大以来的辉煌成就

(2012—2021)

第一章 经济建设取得新成绩

第一节 三农工作

党的十八大以来,古县县委、县政府始终把解决好"三农"问题作为全县工作的重中之重,紧紧围绕如期打赢脱贫攻坚战、全面建成小康社会两大奋斗目标,粮食产量再创历史新高,"菜篮子"产品供给充足,农民收入提前实现翻番目标,城乡居民收入差距进一步缩小,农村改革持续深化,乡村振兴开局良好。

粮食生产能力全面提升 古县县委、县政府狠抓粮食生产,粮食作物播种面积稳定在24万亩以上。其中小麦面积稳定在1.5万亩左右,玉米面积稳定在19万亩以上,小杂粮稳定在3.5万亩以上。狠抓古县优质玉米高产示范区建设,培育了祁寨、西庄、红寨等优质谷子示范区,并大力推广以优质高产新品种为龙头的综合配套增产技术。全县农业机械总动力12.63万千瓦,农作物耕种收综合机械化率保持在85%以上,是全省首家丘陵山区省级农机化综合示范县。全县完成11.2万亩旱涝保收、高产稳产的高标准农田建设。旧县镇联合山西华瑞大地农业科技有限公司搞土地开发,新造耕地2700余亩,林、路、田、水综合配套。同时,不折不扣地落实各项强农惠农政策。2012年以

旧县镇韩村新造土地

来共计落实兑现粮食补贴及农业支持保护补贴1.26亿元。累计投资7400万元，用于产业发展补贴和生产主体培育。近年来，全县粮食单产水平大幅度提高，粮食总产量由原来的5000万公斤迈上了6000万公斤的新台阶。

特色农业产业进一步发展壮大 古县核桃生产历史悠久，是山西省三大核桃传统产区之一。截至2020年，全县核桃种植总规模达到23万亩780万株，实现了农民人均百株的目标。核桃年产量6000吨，年产值1.18亿元，农民人均核桃收入1650元。2019年古县县委、县政府将核桃产业为龙头的特色农业纳入县委"1 2 3 4"工作重心，摆在重要位置来抓，当年6月成立古树食品有限公司，与中国农业科学院农产品加工研究所合作，建立博士工作站，研发39种产品，投资3000余万元建成烘烤类、高水分类、古树原果精选类、冷榨精炼保健油4条生产线，年加工核桃仁500吨，产值8000余万元。该公司还牵头成立临汾市核桃全产业链开发联合会，推动成立区域"核桃联盟"，形成"'龙头企业+合作社+基地+农户'连市场"的产业化发展格局，实现一二三产融合发展，"古岳古树"商标成为全市核桃区域公共品牌。2021年成功申报国家级古县核桃全产业农村产业融合发展示范园。在基地建设上，根据地域立地条件，在"稳粮"基础上，大力发展"核桃+中药材（小杂粮）+中蜂"的有机旱作、立体间作特色农业发展模式，成为农业特色产业的样板，吸纳农村贫困劳动力650人，人均收入3000元，建立核桃收购价保护制度，全县核桃种植农户户均收入3500元。古树食品有限公司的成立，填补了古县核桃加工龙头企业的空白，进一步延伸了产业链，提升了核桃产品附加值，切实解决了全县核桃种植户卖难、价低的问题，增加了农民收入。

大力发展中药材产业。古县是华北地区最大的连翘集散地，连翘一直是古县农民收入的一项重要来源。全县现有野生连翘30余万亩，人工栽植7万余亩，年产量2000余吨。全县有永乐裕丰特、南垣国新晋药等4家企业从事连翘茶的研发、生产。以北柴胡、黄芩、远志为主的道地中药材种植面积有4万余亩，依托古县厚润堂中药材有限公司、古树生态农业发展有限公司、耀冉农业发展有限公司等龙头企业，建成毛儿庄、红木垣、草峪、西庄、高城、南垣乡6个中药材千亩示范基地。在毛儿庄、西庄、东池等村建设了8个中药材分拣、仓储、加工基地，受益户每年人均增收2700元。

小杂粮产业稳定发展。古县谷子被列入太岳山优势小米生产带，以谷子为主的优质杂粮种植稳定在3.5万亩左右，重点发展有胡洼、红寨、五十亩垣、祁寨、店上5个千亩有机旱作谷子种植示范基地，成为全省谷子发展重点县。同时，还在南垣、旧县、石壁等地扩大高粱、豆类种植面积。

果蔬产业有新突破。近年来，古县露地旱作蔬菜种植面积不断扩大，以北平镇辛庄村和北平村为主，种植有豆角、西葫芦、南瓜等蔬菜1000余亩；以岳阳镇张才村、西圪垛村和石壁沿河为主，栽种露地西红柿、黄瓜、茄子、大葱1000余亩；以永乐乡松树坡村和旧县镇尧店村为主，订单种植"赤焰椒"1000余亩；以南垣乡佐村、何家岭村、东池村为主，种植西瓜等4000余亩，形成了4个千亩特色露地蔬菜瓜果基地，带动全县发展蔬菜1.4万亩。在水果种植上，2020年全县发展了以玉露香梨为主的水果3000余亩，建设了以东池苹果、圪台玉露香梨为主的两个千亩水果标准化示范基地。

全县培育打造了兴岳连翘、新晟峰、古树食品等一批农产品龙头企业，形成基地健全、联手农户、规范运行、一体化经营的经营主体。创建了"古岳古树核桃、古县金米、尧羽连翘茶"等区域公用品牌，提高了古县特色农副产品的影响力和知名度。同时组织企业参加直播带货、农产品博览会、展销会等，开展产销对接。2020年，全县7个乡（镇）20多家企业展销了80余种优质农特产品，销售收入4800余万元。农产品质量安全监测合格率稳定在98%以上，认定无公害、绿色和地理标志农产品累计30个，面积14.9万亩。2020年，成功创建省级农产品质量安全县。同年，成功申报创建国家级农产品质量安全县。

在产业发展带动下,2020年古县农村居民人均可支配收入达到13146元,比2012年的6381元增长了106%。

林业发展成效显著 在全面振兴乡村经济的同时,历届县委、县政府持续巩固"干果林之乡"荣誉,一任接着一任干,一张蓝图绘到底,致力于林业生产的可持续发展。坚持大搞植树造林与发展核桃产业并重的林业产业发展战略,强力推进以核桃产业为重点的植树造林工作,使县境内森林覆盖率大幅提升、生态环境及城乡面貌明显改观。2020年年底,全县林地面积123.25万亩,占县域面积的68.6%;森林覆盖率40.5%,位居全省第九、全市第二。2014年,古县成功创建"省级林业生态县"。2016年,古县林业局被国家林业局授予"第三届中国林业产业突出贡献奖"。2019年,古县国有林场荣获全国首批"森林康养林场"称号,同年10月被中国林业产业联合会评选为"全国森林康养基地试点建设单位"。

特色养殖业有新发展 在北平、石壁、南垣3个乡(镇)先行先试各建设一个培育中蜂200箱以上的实验示范基地,累计发展养蜂户318户,蜂群5132箱,全县蜂产品年产值500余万元。畜牧养殖设施加快升级改造,畜禽养殖规模化率达64%,畜牧养殖机械化率达到80%以上,规模养殖场粪污处理设施装备配套率达90%。2019年12月,古县肉食品有限公司五马畜禽定点屠宰厂被评为省级龙头企业。

农村改革持续深化 农村土地制度改革取得重大进展。承包地确权登记颁证工作顺利完成,"三权"分置体系初步确立,完成了"确实地、赋真权、准登记、颁铁证"

的目标任务。2015年至2016年完成入户调查、实测图解、信息公示、签字确认等工作，2017年完成合同签订、质检入库、数据汇交等工作。2018年整理相关档案，2019年进行了土地承包地"回头看"。

农村集体产权制度改革稳步推进。对全县111个村集体经济组织进行清产核资，完成了股份制改革、赋码登记、发放登记证书、成立合作社等项工作。股权证书24158本已经全部发放至各乡（镇）。全县清产核资账面资产合计6.63亿元，核实资产合计7.16亿元。全县清产核资录入系统录入率100%，通过了省、市、县三级审核。

新型农业经营体系加快构建。全县培育家庭农场36家，省级家庭农场2家，市级家庭农场2家；农民合作社超过470余家，支持农业生产性服务业发展；农业生产托管服务组织21个，带动小农户进入农业现代化轨道。

农业支持保护制度进一步健全。实行最严格的耕地保护制度，划定永久基本农田22.7万亩、粮食生产功能区和重要农产品保护区15.2万亩，完善农产品价格形成机制和收储制度，建立生产者补贴制度，取得了积极成果。

乡村振兴开局良好 按照党中央、国务院乡村振兴战略重大决策部署，全县建立了县乡村三级书记抓乡村振兴的领导机制。县政府及7个乡（镇）均成立实施乡村振兴战略工作领导机构，建立乡村振兴实绩考核制度，强化考核监督。县域村庄布局正在加快推进，基本形成了规划先行、梯次推进的工作局面。

农村人居环境整治全面推进，95%以上的村庄开展了清洁活动,"脏乱差"治理取得重大成效,村容村貌明显改善。坚持因地制宜提升农村改厕工作质量与实效,全县农村卫生厕所普及率达65%以上。统筹推进农村生活垃圾、污水治理,共整治非正规垃圾堆放点33处。农村垃圾收运处置体系覆盖所有乡(镇)和行政村。在全县范围内禁止秸秆焚烧,秸秆还田率达到89%,秸秆综合利用率93.18%。通过推广测土配方施肥技术,全县化肥使用量从2018年开始连续两年较2015年负增长。

第二节 煤炭工业

党的十八大以来,古县县委、县政府依托得天独厚的煤炭资源优势,强力推进煤矿升级改造,狠抓主体责任落实,强化风险分级管控,深入开展煤矿安全生产隐患排查治理,煤矿安全生产形势趋好,连续17年(2004年至2020年)无较大安全生产事故发生。

首先推广使用新工艺,积极推进智能化建设,煤矿本质安全水平大幅提升。东瑞煤业、老母坡煤业完成了智能工作面建设,实现了采煤工作面自动化作业和远程操控,为本质型安全发展奠定了基础。兰花宝欣、老母坡等8座煤矿中央水泵房安装使用了自动化控制远程操控系统,14处硐室实现无人控制自动化。兰花宝欣煤业率先购置了千米钻机,在瓦斯抽放长距离钻孔及终孔位置控制方面取得了长足进步。安吉欣源、鸿兴等6个煤业采煤工作面全部实行沿空留巷无煤柱开采,提高了采区回采率,节约了煤炭资源,煤炭采区回收率达到95%。3座高瓦斯矿井实现

老母坡煤矿坑道作业

瓦斯抽采发电。金谷煤业在临汾市首家实现矸石回填等绿色开采技术，工作面采空区布置充填液压支架、卸矸运输机、捣实装置，实现采空区矸石"充填开采"，2020年6月29日被临汾市能源局列为绿色开采试点矿井，坑口洗煤厂实现全自动化"无人值守"，工业信息化、智能化水平显著提高。2020年，县内煤矿全部实现综合机械化采煤工艺，金谷、登福康等5个煤业运输人员使用了架空乘人装置，极大地减少了工人劳动强度。东瑞煤业副立井安装使用了多绳摩擦提升系统，井下使用了单轨吊辅助运输，为古县煤矿首例，提高了科技装备水平。泓翔煤业等安装了人员定位唯一性检卡装置；老母坡、金谷等煤业实现供电系统"无人值守"；9座煤矿完成可视化调度、工业视频系统建设。老母坡煤业、东瑞煤业、金谷煤业建成了智能采掘工作面。我县煤矿行业向着绿色化、信息化、智能化方向迈进，多项装备、技术达到全省乃至全国领先水平。

其次，强化重大灾害治理，结合全县煤矿灾害特点和时间节点，本着"抓主要系统，防重大灾害，遏重大事故"的治理目标，大力开展"一通三防"等专项整治。出台了古县煤矿主要通风设施构筑标准，进一步完善了矿井通风系统、通风设施，采用Y型通风和改进瓦斯抽采方法及工艺，瓦斯治理能力逐步提高；研究完善了防汛10项防范措施和探放水"十单"闭合管理制度，实现了探放水"一钻一视频"，矿井防水组织体系、制度体系、技术体系、保障体系趋于完善和加强；推进设备更新换代，推广使用先进的矿压监测设备，完善运输皮带综合保护装置的使用和维护，加强了机电设备的检测、维护和现场管理，促进了煤矿机电运输管理水平的再提升。

再次，大力开展煤矿"安全管理提升年"活动，优化煤矿基础管理。"双重预防"机制建设初见成效，安全风险分级管控和隐患排查治理双重预防机制信息系统联网运行，班组、区队、矿井三级隐患排查治理体系全面落实，安全监控系统升级改造全部完成，安全生产标准化建设持续推进。鸿兴被命名为二级标准化煤业，兰花宝欣、安吉欣源达到新标准化管理体系二级标准。2020年底，经过优化释放煤矿先进产能，全县10座煤矿产能达到705万吨/年。原煤产量逐年增长，2020年首次突破500万吨，原煤生产总值完成27.5亿元。

煤炭业已经成为古县经济建设的支柱产业和财税收入的主要来源，为古县各行业发展做出了巨大贡献。

2012—2020年原煤产量统计表

单位：万吨

序号	年 份	原煤产量	同比增长
1	2012	211	−47
2	2013	323	53
3	2014	425	31.6
4	2015	446	4.9
5	2016	369.7	−17
6	2017	428.9	16
7	2018	379.63	−11
8	2019	432.96	14
9	2020	500.17	16

第三节 焦化产业

为了充分发挥古县煤焦产业的资源优势，最大限度地将原生态资源优势转变为经济发展优势，古县县委、县政府把煤焦这一主导产业作为全县经济大发展的新引擎，提出"做强能源产业"，高度重视，精准施策，全力推进。实施大改革，大开放，以优化组合和转型升级等多项措施，全方位、多举措地对全县煤焦企业进行大刀阔斧的创新性整治。上大关小，以提质增效和提档升级为目的对部分煤焦企业加以优化重组，使不可再生的珍贵煤炭资源经过一系列加工增值得到充分利用。如建厂时间较早的正泰焦化

古县焦化企业升级改造奠基仪式

公司，积极响应"退川入山""上大关小"产业政策要求，追求煤焦企业高质量发展，率先推进行业转型升级，关停旗下锦华焦化公司，合并产能推进大机焦建设。古县正泰焦化公司、利达焦化有限公司联合成立泰达能源有限公司，引进山东盛隆集团注资，共同建设192万吨现代化7.65顶装焦炉，成功引进宏源216万吨焦化技术改造项目落地，引领焦化企业迅速走上提档升级、改革创新之路。与此同时，不断延伸产业链条，开发下游产品，基本形成了"煤—焦—化""煤—气—电"等多条产业链，焦化行业下游相关新能源、新材料和化工产业加紧布局，国新正泰1000万立方米制备高纯氢气技改项目已经开工，三个区块煤层勘探工作顺利推进，新源盛特种微纤维项目前三期达产，四期完工，集"煤、焦、气、化、氢"于一体的循环经济模式正在形成，走出了一条由资源型变经济型的现代工业企业转型发展、科学发展、健康发展之路，开拓出一片能源再生增值的新高地，古县工业企业呈现持续、高速和稳步发展的态势。本县经济发展中，煤焦企业的利税贡献率占古县财政收入的80%左右。

第四节 中小企业

在党的十八大精神指引下，古县县委、县政府毫不动摇鼓励、支持、引导中小企业和非公经济高质量发展，为全县经济发展积蓄力量。中小企业在转型中不断发展，在发展中谋求跨越，一步步成长壮大，现已成为古县经济的半壁江山。截至2020年，全县经工商注册的民营企业共有1250户。基本形成了以原煤为基础，以煤化工企业为主导，以农副产品加工为龙头，以铝矾土资源开发为发展后劲，以环保、节能企业为发展方向的多门类、多品种、高层次、高产值的产业结构新格局，成为财政增收、农民增收的主要途径，是县域经济的主要支撑点。

古县古鑫矿业贸易有限责任公司 成立于2010年6月，现拥有一座露天开采的现代化中型铝矾土矿。矿区面积8.6693平方千米，年产铝矾土矿40万吨，是中国铝业股份有限公司山西分公司生产三氧化铝的重要原材料基地。

公司以绿色发展为己任，坚持走生态文明的发展道路，使贫瘠的荒地变成了整齐的梯田。投入1000余万元开展复垦绿化，承包了古县林业局苗圃园，为绿化复垦提供草籽树苗，降低了绿化成本。到2018年，已完成复垦面积1100余亩，完成绿化面积800亩，栽植松树、柳树、槐树、核桃树10万余株。

2015年公司申报了低品位铝土矿综合利用项目，被列入古县的重点项目，计划总投资1.2亿元。其中一期工程建设总投资7606万元，年生产规模30万吨。在扶贫工作中，在古阳镇政府及矿区各村委会合作下，建立了晋阿养殖有限公司，以公司加农户的模式发展养殖产业，帮助本区域农民增收受益，共同致富奔小康。

山西国新正泰新能源有限公司 位于古县涧河工业园区，成立于2012年6月，注册资本5000万元，是省属国有大型企业国新能源的控股子公司，是省内首家利用焦炉煤气制备合成天然气（SNG）的企业，也是煤焦企业转型发展的代表。焦炉煤气制备合成天然气项目总投资约3亿元，2014年投产，设计规模为年合成1亿标立方天然气及氢气，是全省第一座焦炉煤气制备合成天然气工厂。生产工艺采用国内领先水平的专利技术，解决每年2.4亿标立方焦炉煤气的出路问题，可减排二氧化碳21.75万吨、二氧化硫1.21万吨、氮氧化物0.91万吨。可实现年收入亿元以上。

古县顺杰耐火材料有限公司 成立于2012年9月，位于古县岳阳镇城关村，注册资本3000万元，法人代表魏峰杰，现有职工20人，其中技术骨干6人。生产规模为年产10万吨矾土基合成莫来石均质料。公司2015年8月9日在深圳前海股权交易中心"新四板"正式挂牌上市，专属股票代码665635，成为临汾市首家在"新四板"上市的企业。2015年，公司成功办理了全套进出口手续，现已与俄罗斯、墨西哥、印度等国家开展了贸易合作。公司设立有技术研发中心开发新产品，2018年被评为省级"专精特新"中小企业。

古县白鸽森润磨料磨具有限公司 成立于2014年9月，注册资本4700余万元，是由河南白鸽集团有限责任公司和山西森润煤化有限公司合资组建的混合所有制企业，也是转型的非煤企业之一。主要生产经营不定型耐火材料、棕刚玉磨料、磨路轨砂轮以及树脂磨具等产品。现公司有10000千伏安和5000千伏安刚玉冶炼炉各1台，在建棕刚玉制砂生产线1条，树脂切磨砂轮生产线数条。依托其驰名的"白鸽""二砂"商标品牌，产品享誉国内外。公司在取得良好经济效益的同时，还为当地60多人提供了就业岗位。

古县新源盛能源材料有限公司 成立于2015年8月4日，位于古县涧河工业园，公司前期从事煤焦行业。2019年公司转型发展，引进特种微纤维项目，目前企业投资8000万建设年产1.2万吨特种微纤维生产线，是集研发、生产、加工、销售于一体的新能源材料企业，专业生产特种微纤维及超细纤维产品。

华润新能源（古县）有限公司 成立于2016年10月26日，注册资本5040万元，主营风能发电。风电场2017年3月开工建设，8月投产运行。2020年全年发电4069万千瓦时，产值2482万元。

第五节 经济技术开发区建设

在"十三五"圆满收官、"十四五"即将开局的2020年，为全面推进古县经济在新形势下的高质量发展，古县县委、县政府面对新形势，紧密结合古县实际，全力贯彻落实习近平总书记视察山西重要讲话重要指示精神，全力"在转型发展上率先蹚出一条路来"，积极争取创建经济技术开发区，经过不懈努力，古县经济技术开发区于2020年2月17日经省政府第58次常务会议研究通过，于2020年2月27日省政府批复设立。开发区的成立，为古县经济建设和社会各项事业的发展注入了新的活力，成为经济增长的主引擎，转型发展的主战场，标志着古县经济建设步入快车道，迎来新希望。

古县经济技术开发区采用"一区两园"模式，"四至"核定后面积10.85平方千米，其中涧河工业园区8.21平方千米，华宝工业园区2.64平方千米。开发区以氢能源和新材料为发展方向，立足资源禀赋和区位特点，确立了加快建设氢能源发展高地和太岳山区高效清洁能源产业集聚地的发展定位，打造"煤—焦—气—化—氢能源"全产业链循环经济发展模式，争取建成国内一流的清洁能源和新材料基地。开发区以"三化三制"改革为引领，推进体制机制建设，当年即完成"三制"改革，领导班子全部配齐，任期三年。根据全员岗位聘任制要求，中层干部、一般人员和高层次人才全部签订聘用合同。严格实行绩效工资制，实现因事设岗、按岗聘用、以岗定薪、绩效考核、优劳多得的改革目标。在"三化"改革上，注册成立了山西古岳投资发展有限公司，搭建投融资平台，正在逐步引进专业化管理团队，开展市场化运营和专业化管理。

开发区全力优化营商环境，推行"承诺制+标准地+全代办"，持续深化"放管服效"改革，主动承接省、市赋权事项，开通"建设用地三级联报"直报端口、市场监

管业务平台账号、在线审批监管平台账号和环评报送系统账号,让企业办事不出区,项目拿地即开工。开发区大力推进项目建设,立足工业基础和主导产业,以氢能源和新材料为发展方向,重点推进11个项目。即盛隆泰达年产192万吨焦化技改项目、山西宏源年产216万吨焦化技改项目、鸿古公司年产90亿只医用防护手套项目、国新正泰1000万立方米/年制备高纯氢技改项目、新源盛特种纤维生产线建设项目、涧河工业园区污水处理厂项目、新材料及装备制造标准化厂房建设项目、金谷煤业智能化工作面建设项目、古县220千伏输变电工程项目、山西经润炭材料科技有限公司20万吨粗苯加氢项目、山西经润炭材料科技有限公司4万吨针状焦配套30万吨煤焦油加工项目。

开发区现有规模以上企业10家,主要涉及焦化、煤矿及新能源、新材料等行业。2020年总产值43.68亿元,占全县比重50.95%，产出强度421.5万元/亩，工业投资1.63亿元，占全县工业投资比重27.91%，投资强度213万元/亩，完成税收3.15亿元，占全县比重30.46%，税收强度25.96万元/亩。

第六节 财税收入

2012年以来，面对经济下行压力持续加大的困难形势，古县县委、县政府不断推进产业结构调整，着力提升经济发展的质量和效益。积极做好煤和非煤产业两篇大文章，全面完成煤矿资源整合，煤焦主导产业链条进一步延伸，大力开发新兴产业。加快发展现代农业，核桃主导产业栽、管并重，经济效益明显增强。扶持培育了一批农业龙头企业，农业产业化水平不断提高，第三产业迅速发展，为全县财政收入奠定了基础。由于受资源整合的影响，煤炭产量下降，价格下跌，焦炭市场低迷，直接造成全县财政收入下滑。到十二五末，全县财政总收入从2012年的10.0067亿元下降到2015年的4.7314亿元，一般公共预算收入从2012年的5.6282亿元下降到1.9167亿元。2017年财政总收入回升到8.0635亿元，一般公共预算收入回升到2.7995亿元。

党的十九大以来，古县县委、县政府立足转型发展，着力推动经济发展质量变革、效率变革、动力变革，工业经济提质升级，农业发展提质增效，旅游提质升温，统筹推进稳增长、调结构、促改革各项工作，全县经济平稳健康发展。

1971年—2020年古县县级财政收入

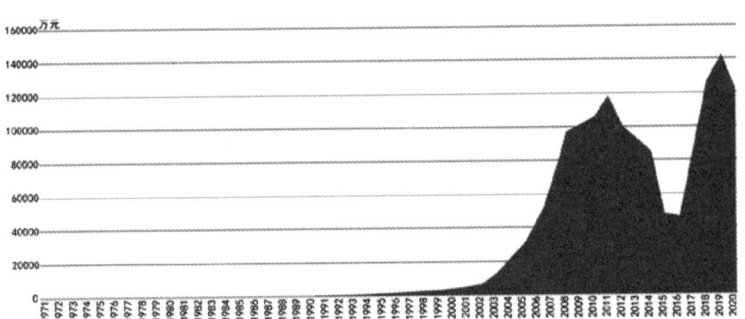

2018年，全县财政总收入达到12.603亿元，一般公共预算收入达到4.3205亿元。2019年，财政总收入达到14.2587亿元，一般公共预算收入达到4.7691亿元。2020年，面对突如其来的新冠肺炎疫情，古县县委、县政府带领全县人民在常态化疫情防控下，加强经济运行调度，稳步有序推进复产复工，安全生产，全县财政总收入达到12.1625亿元，一般公共预算收入4.88亿元，增速高于全市水平4.3个百分点。

第二章　科教文卫事业开创新局面

第一节　文化事业

作为社会主义精神文明建设的重要方面，文化与经济建设、社会发展相互依存，相互促进。经济发展为文化事业的繁荣发展提供必要的物质基础，是非常重要的物质支持和保障；文化事业的发展，则为经济建设和社会发展提供精神推动力。所谓物质变精神，精神变物质，即此。2017年12月，习近平总书记在徐州市马庄村视察时指出，农村精神文明建设很重要，物质变精神、精神变物质是辩证法的观点，实施乡村振兴战略要物质文明和精神文明一起抓。

党的十八大强调了文化事业在新时代中国特色社会主义建设中的重要作用，广大文化工作者精神振奋，活力焕发。在革命老区古县，文化部门由原来的单独设立转为与体育部门合并，再后来又与广电及文旅部门合并办公，最终以文化和旅游局定名。这是文化和旅游事业协调与共、同步发展，文化促进旅游经济，共推经济社会进步的重要举措，它更能适应经济建设和社会发展的要求，最大限度满足人民群众的精神文化需求，进一步彰显了文化事业对社会全面发展的重要作用。

古县"国家一级图书馆"

党的十八大之后,古县经济社会发展进入一个新的历史时期,城乡文化广场相继建成并不断配套完善。县内的国家一级文化馆、一级图书馆作用愈加显现,各类艺术培训活动更加活跃,文化活动中心及相如公园、体育馆的群众性文化体育活动空前高涨。与此同时,校园文化、企业文化、节日文化、消夏文化等持续开展,平常有活动,重大节日有高潮,形成了轰轰烈烈的社会大文化活动格局。

与此同时,挖掘和传承传统文化,使之与现代文化艺术形式相结合,在发展中谋求改革创新。文化艺术与群众体育有效衔接,有机结合,寓教于乐,强身健体,取得双重效果。由于群众文化的蓬勃开展,古县城乡一批中小型文化活动场馆相继建成并投入使用,群众体育健身设施不断增加,群众性的文化艺术组织形式及健身活动队伍,不论是数量还是参与人数,都呈逐年增长的趋势。截至2020

年底，全县共有中小文化活动场馆115个，健身场地285个，健身路径129条，健身步道2个，5人制足球场5块，体育场地面积达17.2589万平方米，人均体育场地面积2平方米。

顺应时代发展要求，县三晋文化研究会、文化艺术界联合会、书画家协会、作家协会、音乐舞蹈协会、毽球协会、太极拳协会、摄影家协会、旗袍协会、自行车协会、钓鱼协会以及书画院、老年艺术团等社会组织相继成立并开展活动，文艺及健身项目展演多次代表古县参加省、市各类赛事，都取得过较好成绩。

近年来，古县各项文化事业围绕县委"1234"工作重心全面开展。"赏天下牡丹，讲相如故事，扬太岳红色文化"，以文化部门的优势，调动一切积极因素，利用多种形式擦亮牡丹文化名片，服务于做强两大产业、提升三大品牌、办好四件大事的追求目标，实现文化与经济社会同步前进，精神文明建设与物质文明建设同向并行。

党的十八大以来，古县文化事业全面推进，取得的成绩可以概括为如下四条：

群众文化活动硬件建设明显加强

县城文化广场、群众文化活动中心、相如公园及其他各种类型的文化休闲娱乐、健身运动场馆相继建成并投入使用，配套设施也正在逐步完善。乡（镇）、村文化广场、群众文化活动场所、文化辅导站等陆续建成，并配备了图书杂志、活动道具以及健身器材等。

群众文化活动门类增加，队伍扩大

群众文化艺术队伍先后建立并积极开展活动，群众文

县城文化广场

化活动门类增加,队伍扩大,并与社会各相关部门联合举办主题晚会、书画展览,在重大纪念日、节日活动中,都有突出表现。全县群众文化活动网络已经形成,专业的与业余的文化活动间频繁互动,活动形式不断推陈出新,一批现代风的文化艺术项目令人耳目一新,极大地丰富了广大人民群众的精神文化生活,有效提升了文明程度和幸福指数。

节日文化持续推进,牡丹文化活动不断提升

在抓好平时群众文化活动的基础上,重点突出节日期间的群众文化活动。节日期间,百姓精神文化需求最大,也是宣传文化工作的最好时机。古县节日文化紧密围绕古县县委、县政府工作重心,以广大群众喜闻乐见的文化艺术形式,结合节日特点和政治经济形势,创造性地开发节目,开展主题突出、特色鲜明、形式多样、寓教于乐的群众文化活动。各相关部门组织了送书画、春联、文艺节目下乡活动,丰富了城乡广大人民群众的精神文化生活。在重点抓好元旦、元宵节、五一、七一、八一、国庆节等重大节日文化活动的同时,近年来尤其突出弘扬牡丹文化,制作牡丹文化标语标牌,悬挂牡丹文化标识,拍摄牡丹文化影视音乐作品,举办牡丹文化展览,举办牡丹文化专题文艺晚会,等等,古县牡丹文化影响力持续增大,牡丹文化得到大力弘扬,古县知名度显著提高,有力地推进了全县经济建设、扶贫攻坚和社会各项事业的进步与发展。

地方文化积累逐年稳步增加

2011年古县创刊了《岳阳文艺》杂志。刊物以弘扬主旋律,在突出地方特色基础上助推全县文化艺术事业为宗旨,大力弘扬时代精神,繁荣文化艺术创作,为建设富裕文明美丽幸福古县搭建起新的文化平台。至2020年底,出刊40期,采用及发表各类稿件5000余篇(件),为发掘和培养各类文化艺术人才,涵养古县文脉,传承具有地方特色的文化传统做出了别无替代的贡献。

2016年古县县委、县政府创刊《古县新闻报》。报纸坚持习近平新时代中国特色社会主义新思想,全面报道古县政治、经济、文化、民生等领域的重大事件,政策性强、信息量大,对指导全县各项工作发挥了积极作用。4年来,共刊出207期。

盛世修志。近十几年来,古县政府部门修志和个人著书蔚然成风,成稿或出版的各门类书籍有100多种(册)。

史志类:《古县志》《古县军事志》《古县人民代表大会志》《古县政协志》《古县统一战线》《中国共产党古县历史纪事》《古县现代人物志》《古县财政志》《古县电力志》《古县革命老区》《回眸四十年》《古县核桃

发展史》《古县牡丹志》《张家沟村志》《热留村志》《北平村志》《古岳阳县治考略》《岳阳历史人物》《中国共产党山西古县组织史资料》《古县文史资料》《寻访蔺相如》《古县革命遗址纵览》《太岳中学在古县》《不可尘封的记忆》……

文学艺术类：《牡丹碑林作品集》《三晋石刻大全·临汾古县卷》《金笔书香千字文》《临摹隋唐英雄人物集锦》《纪念人民政协六十周年古县书画摄影作品集》《走进书法》《转型跨越·书画作品集》《岳阳文艺》《岳阳艺苑》《诗海拾贝》《那个年龄的梦》《太岳山记忆》《太岳山印记》《古县方言研究》《天下第一牡丹全国征联优秀作品集》《人与森林》《一棵树》《新民文集》《古县民间文化集萃》《历代咏百花诗》……

工作回忆录：《风雨征程》《法官手记》《一路走来》《难忘岁月》《我的人生我的歌》《武艺高往事录》《土著草根》《我这一辈子》《回眸四十年》《古县革命老区辉煌60年》《古县老促会辉煌二十年》……

家谱类：《段曹二氏合谱》《古县刘氏宗谱》《古县玉皇圪塔李氏宗谱》《古县张庄李氏宗谱》《古县杨家宗谱》《古县韩氏宗谱》《老庄子韩氏家谱》《古县张氏族谱》……

其他类：《关爱》《古县名木古树》《中医快速入门之捷径》《伤寒杂病论方证释文》《岳阳书斋藏书提要》……

影视方面，拍摄了《乡村警察》《杏岭人家》《天下第一牡丹之皇帝诏曰》《中国影像方志·山西古县篇》等影视作品，进一步提高了古县革命老区的知名度。

第二节　文化旅游事业

党的十八大以来，古县经济建设和社会事业不断取得新成效，新发展，亮点纷呈。以牡丹文化为依托、以牡丹景区为引领的文化旅游事业蓬勃兴起并快速发展。"赏千年牡丹，讲相如故事，扬太岳红色文化"活动在全县普遍展开。"擦亮天下第一牡丹名片"作为县委"1234"工作重心重要内容更加深入人心，赢得广泛共识。

以创建和巩固文化强县为目标，古县文化和旅游局以文旅项目建设为抓手，致力于弘扬牡丹文化，开辟旅游线路，打造文旅精品，全方位、多举措、高效能全面推进全县文化旅游产业健康发展，成果喜人。

古县牡丹文化旅游节开幕式

一是以牡丹文化和牡丹景区为引领，巩固提升牡丹园区的整体观赏效果、核心价值和服务功能，最大限度地体现牡丹园区的文化旅游作用，力求实现规模和效益最大化。截至 2020 年底，已成功举办了十三届牡丹文化旅游节。旅游规模持续扩大，旅游经济收入连年递增。

二是拓展文化旅游空间，积极创造条件，发掘和开辟一批有文化含量和开发价值的文化景区和旅游线路，如：森林乡村——贾寨；省级文保单位——热留关帝庙；宋代建筑群——延庆观；太岳中学旧址——神圪垛；张家大院——石壁村；古县烈士陵园——延庆观；蔺相如墓——李子坪；康养林场——祖师顶；避暑山庄——云顶小镇；太岳区第一军分区旧址——贾寨村，等等。与此同时，以各种形式开展"讲相如故事"活动，弘扬宏图大略、视死如归、智勇双全的相如精神以及"抱病进谏"和"完璧归赵"的家国情怀，先后举办了两次"相如文化高层论坛"，把"擦亮一张名片"和实施文化强县方略提升到一个更高的层次。在全面推进文化旅游进程中，推动文化和旅游有机结合，开展全民阅读、送戏下乡、送电影到基层、两馆免费开放以及"乡里乡亲大联欢"等，推进城乡文化服务均等化，丰富了广大人民群众的精神文化生活，为全面振兴乡村经济，推进经济建设和社会事业发展提供了有力的精神文化支撑。

三是实施牡丹旅游景区管理体制创新。为全方位推进文旅事业发展，将原以政府为主导的管理模式改变为企业经营方式。2019 年，古县牡丹景区旅游开发有限公司与北京山海文旅集团深度融合，重新构建牡丹景区旅游项目体系，推动了重大文旅项目落地投产，实现了旅游景区向市场化管理转变，牡丹景区整体面貌、管理机制及经济效益明显改观。2020年全年接待游客17.7万人次，游客接待量及门票收入较往年显著增长，并呈现出持续增长的态势。文化旅游事业的蓬勃发展，为古县经济建设和社会事业的进步注入了新的活力。

第三节　教育事业

党的十八大以来，古县全面贯彻国家教育方针，坚持幼儿教育普惠、义务教育均衡、高中教育优质、职业教育特色的发展方向，开展争做"三名"（名校、名校长、名师）、"三优"（优秀班主任、优质高效课、优秀教研团队）活动，把办好人民群众满意学校先行落实在教育人才培养上，持之以恒，储备优质教育资源，不仅为大专院校输送了一批优秀可造人才，更为本县教育事业储备了后续发展的人才。

21世纪初，根据城镇化发展和优化教育布局需要，对全县教学资源进行合理整合，小学由原来的近200所合并为28所及11个教学点。2013年，随着古县三中的建成，乡（镇）中学全部撤销，初中学生全部集中于二中、三中和五马晋峰中学（民办），师资力量基本达标，教学质量逐年提高，保证了义务教育的顺利实施。

2018年根据生源实际，对义务教育阶段教育资源进一步整合，将二中合并到三中，原二中改建为古县第二城镇小学。与此同时，通过招聘考试引进了一大批师范院校本科及以上毕业生充实教师队伍，教师学历水平大幅度提高，

古县三中

教学质量逐年提升。

随着高中课程改革的进程,古县一中不断更新教育理念,强化学校管理,优化教师队伍,加强教学研究,与山西省实验中学、临汾一中、临汾三中建立校际联系,高考达线率稳步提升,在临汾市各山区县居于前列。为进一步适应改革的需要,2018年在县政府的大力支持下,古县一中和三中与北师大新师者学院合作开启"创新型学校"项目,给古县初高中教育注入了新的活力。

(高考情况见附表)

2012—2020年古县高考参考、达线统计人数表

单位:人

时间	参考人数	达线合计	其中	
			达一本	达二本
2012年	642	143	51	92
2013年	703	209	57	152

2014年	674	187	43	144
2015年	659	211	45	166
2016年	578	156	38	118
2017年	568	124	21	103
2018年	526	130	29	101
2019年	655	156	56	100
2020年	568	150	32	118

长期以来，古县幼儿教育比较薄弱，幼儿入学难已经成为社会问题。尤其是在县城，人口增长较快，但幼儿园数量少、师资缺，矛盾突出。

2015年国家投资在北平镇、旧县镇、南垣乡建设了3所标准化幼儿园。2017年建设城北幼儿园列入全县重点工程，由政府主导，山西翌航企业管理咨询公司设计、修建并管理。2018年竣工招生。城北幼儿园占地面积5162平方米，建筑面积6692平方米，户外活动场地3000平方米，有教室18间，可容纳540名幼儿学习活动，是一所全日制、标准化、高品质的民办幼儿园。

城北幼儿园

至此，县、乡共有幼儿园20所，其中民办幼儿园11所，在园幼儿2700多人，满足了幼儿教育的需要。

第四节 医疗卫生事业

医疗卫生工作事关人民群众身心健康。近年来，在政府主导下，以公益性、协调性、突出专业为原则，启动了县域医疗卫生一体化综合改革工作，实现了县城卫生资源一体化、县乡村卫生机构一体化、药品管理供应一体化、城乡医保一体化、基本公共卫生服务一体化和卫生信息平台一体化。

中共中央国务院出台《关于深化医药卫生体制改革的意见》之后，古县作为临汾市基本药物改革县之一，制定了《实施国家基本药物制度工作方案》，规范医务人员管

古县人民医院

理，严格购药渠道，实行药物零差价销售，使多年来医药费、住院费居高不下的局面得到改观，解决了人民群众"看病难""看病贵"的问题。同时，通过设置宣传专栏、举办讲座、印发资料等形式，广泛宣传国家医药卫生政策，建立居民健康档案。对儿童、孕产妇、老年人等特殊人群开展体检、咨询服务，对传染病、慢性病和精神病患者实行登记造册和相关健康服务，增强群众的健康意识。

为加快医改工作步伐，古县制定了《公立医院改革实施方案》并首先在县医院推行。一是由差额单位确定为全额预算单位，医务人员工资全额由县财政拨付；培训经费、基本建设和设备购置列入财政预算；历史债务由县财政逐年清算；每年列支50万元专项资金，用以奖励优秀医务人员。二是推行以绩效工资为核心的分配制度，调动医务人员的工作积极性，克服"大锅饭"和平均主义现象。三是积极探索临床路径管理，规范临床用药，降低医疗费用，提高医护质量。四是努力创建二甲医院，加强标准化、制度化、规范化管理。五是改革人事制度，引进竞争机制，实行全员竞聘上岗。县政府考虑原县医院规模小、设备缺、条件差的现实，下决心在城南文昌区建设新医院，2015年竣工并顺利搬迁。新医院医疗设备齐全，可容纳300多个病人住院就医，彻底改变了古县医疗条件落后的局面。2017年4月，古县医疗集团正式挂牌运行。

随着县医院的改革到位，2011年以来，逐步对乡（镇）卫生院和村卫生所进行改革。先后为岳阳、旧县卫生院和尧店村卫生室增添医疗设备，改善医护条件，提升服务质量，取得一定成效，临汾市、山西省医改工作会议先后在古县召开。2013年,县财政投入100万元按村级标准为湾里、旧县35个村卫生室配置新设施。截至2016年,全县111个村全部建成标准化卫生室,先后招聘录用33名乡村医生,补充村医空白,落实村医待遇,实现了"一村一室一村医"全覆盖。并实行"五统一两独立",即对村卫生室的设置、人员、业务、药械、财务实行统一管理,村卫生所的法律责任、财务核算独立,既方便了广大村民就医,又改善了基层医疗水平,深受群众欢迎。

2017年古县医疗保险管理服务中心和新型农村合作医疗管理服务中心两个单位职能合并,分别开展了建档立卡贫困人员医疗帮扶救助、异地安置人员就医直接结算及问诊特殊慢性病保险工作,推进城乡居民社会养老保险工作规范、有序、健康发展。目前,城镇职工基本医疗保险参保人员11944人,城乡居民参保人数74429人,生育保险参保人员8413人,参保人员达到全覆盖。

2019年3月,根据机构改革要求,将县卫生和计划生育委员会、县爱国卫生运动委员会办公室、县体育办等职责整合,组建古县卫生健康和体育局,以大卫生、大健康和大体育理念推动健康古县战略的实施。一是公立医院综合改革不断深化。围绕"维护公益性、调动积极性、保障可持续"的改革目标,实现了医疗集团整合、"行政、人员、绩效、财务、业务、药械"六统一管理运行,促进了城乡一体化发展。医疗服务和药品价格改革有序推进,公立医院管理体制和运行机制不断完善;医疗服务体系不断健全,形成了以县医疗机构为龙头,乡(镇)卫生院为支柱,村卫生室为网底的农村三级医疗卫生服务网络,扎实推进分级诊疗，构建"基层首诊、双向转诊、急慢分治、上下联动"的工作格局，实现了乡（镇）卫生院、县医院、上级三甲医院的双向转诊机制。实现资源下沉，县域就诊率达到85%左右。二是公共卫生和重大疾病防控成效显著。全面贯彻落实健康中国山西16项行动，大力开展健康教育。职业病、地方病、传染病"三病"防治，尘肺攻坚"五大行动"有序开展。完成6个乡（镇）、73个行政村社会心理服务咨询室挂牌。加强重大疾病和传染病防控工作，重点传染病暴发疫情报告率、处置率达到100%。三是医疗服务能力和质量安全稳步提升。全县医疗机构不断健全，医疗设施不断完善，医疗队伍不断壮大，医疗质量与技术管理更加规范，医疗监管持续强化，医疗服务环境明显改善。四是中医药事业全面推进。2016年、2017年相继创建岳阳、旧县、古阳3个中医馆，2020年11底创建完成北平、三合、南垣卫生院3个特色中医馆。完成全国第四次中医资源普查古县站工作。五是健康扶贫成效明显。积极落实"慢病签约服务管理一批、大病集中救治一批、重病兜底保障一批"的三个一批行动计划，救治率100%。扎实开展健康扶贫"双签约"工作，2020年全县建档立卡贫困人口6475户19673人，实际签约6475户19673人，签约服务率100%。对建档立卡贫困人口中162名大病人员做到了应治尽治；为建档立卡贫困人口中的1830名慢病人员建立台账。实行"一站式"服务和"先诊疗后付费"制度；全面落实"136"扶贫政策。六是爱国卫生运动持续推进。2018年古县通过了国家卫生县城第三次复验，全县成功创建3个国家卫生乡（镇）、4个省级卫生乡（镇），34个省级卫生村建设。

第五节 精神文明建设

古县历届县委、县政府历来重视精神文明建设工作，始终把文明创建作为一项关系全县经济社会发展大局的战略举措抓在手上，作为一项重要的德政工程、民生工程加以谋划和推进，一张蓝图绘到底、一任接着一任干。十余年间，创建全国文明城市工作具备了扎实的创建基础、坚实的发展基础和广泛的群众基础。2008至2009年获得"省级文明县城先进县"称号，2010至2011年是全省表彰的临汾市唯一一家"省级文明县城"，2012至2013年又以全省排名第一的成绩再次获得"省级文明县城"称号，在此基础上，2014年古县被中央文明委确定为"全国县级文明城市提名城市"，2017年参评第五届全国文明城市创建。2017年，古县再次被中央文明委确立为全国文明城市提名城市，开启第六届全国文明城市的创建历程。截至2020年底，全县累计评选各类先进集体143个，其中全国文明单位2个，省级文明单位2个，市级文明单位（标兵）34个，县级文明单位21个，省级文明乡（镇）1个，市级文明乡（镇）6个，实现市级文明乡（镇）全覆盖。全国文明村1个，省级文明村（社区）3个，市级文明村（社区）19个，县级文明村29个，省级文明校园1所，市级文明校园2所，县级文明校园21所。评选出省级"五好家庭"12户，市级文明户156户，县级"五好家庭"星级文明户累计7784户。连续组织三届"道德模范"评选活动，共评选出29名道德模范，向省、市推荐各类模范人物10人。经过一系列全方位创建活动，在全县形成崇德向善、齐抓共管和拼搏奉献的浓厚氛围，推动了全县精神文明建设不断再创新佳绩。

特别是2019年以来，新一届县委以"赶考补课"的精神和"志在必得"的决心吹响了创建"第六届全国县级文明城市"的进军号，县委高度重视创文工作，将创文工作列为县委"1234"工作重心来抓，集全县之力打一场创文攻坚战，成立由县委书记、县长挂帅的"创文"工作领导组，下设九个专项工作组、一个督导组和创文办公室，建立"常委县长担主责、人大政协强监督、部门乡镇勇作为、干部群众齐上阵"的工作机制，配套实行"周通报、旬调度、月点评"的工作调度制度，层层传导压力，为创文工作提供坚强组织保障。县委常委会议每年专题研究创文工作，高规格召开全县创建全国县级文明城市工作推进会，对创文工作进行全面安排部署，动员全县上下保持创建常态，巩固创建成果，深化创建活动，提升创建水平。

创文以来，书记、县长带头定期进行现场办公督导，协调解决难题，先后40余次就城市治理提升、社会秩序整治、社区建设提升、文明风尚建设、市场秩序整治、交通秩序维护、窗口建设、未成年人思想道德建设等12个方面60余项创文工作进行现场调度。探索并建立"调度+督办+清单+销号"的文明城市创建机制体制，向创文责任单位和乡镇下发创文督办卡450余份，通过多次会议和密集调度，充分调动广大干部群众的创文热情，全县总动员，全民总参与，积极推进创建全国县级文明城市各项工作任务落实落细。

成绩取得来之不易,"创文精神"更加弥足珍贵。那就是"奋起直追"的进取精神、"敢赢必胜"的担当精神、"精益求精"的务实精神、"党群齐心"的团结精神,这些弥足珍贵的"创文精神",发端于创建的方方面面,贯穿于社会生活的点点滴滴,点燃了干部群众干事创业的激情,构筑起全县人民的心灵纽带,是我们凝聚发展合力的重要价值基础,承载着全县上下万众一心、锲而不舍的希望和追求,凝结着全县人民群策群力、共创共建的汗水和心血,为我们鼓足干劲奋力推动全县经济社会高质量发展,建设富裕文明美丽幸福古县提供了深刻的启示和宝贵的借鉴。

2020年11月20日,第六届全国精神文明表彰大会在北京隆重召开,古县荣膺"第六届全国文明城市"。县委书记庞明明代表全县人民参加表彰会议,接受了习近平总书记等中央领导的接见,从北京捧回了这块含金量最高的奖牌。一个建县只有50年的山区小县,能成为山西省内四

家、临汾市唯一一家获得全国文明城市殊荣的县城，两任县委书记、一任县长也因此受到习近平总书记的接见，对于古县这个山区小县，实属不易，这是初心不改的执着追求，这是敢为人先的魄力所在。文明创建之路，充满艰辛，一路走来，无不体现了县委政府始终如一的"以人民为中心"的发展理念和"人民群众对美好生活的向往就是我们奋斗目标"的初心；无不凝结着全县人民团结一心、共创美好的磅礴力量。成功创建全国文明城市是古县上下勠力同心、群策群力的结果，是不断满足人民对美好生活向往的结果，亦是对创文成果的肯定，对持续提升城市文明程度和发展水平的鞭策。

古县革命老区发展史

第三章 基础设施建设实现新突破

第一节 城市建设

为全面提升城市服务功能，最大限度提升民生幸福指数，近年来，古县重点抓了提质增效和全方位打造"全国文明城市""国家卫生县城"和"国家园林县城"工作。先后拓宽改造教育街、平阳街、小河街等街道，新建1条延平路，更新、拓宽、硬化城西外环路，使南北通达的相如大道全面提档升级，面貌一新。县城所有街道全部实现硬化、绿化、美化、亮化。全面整修改造相如公园，城区内新建小型多功能乐园两处，并新增了绿地、花坛、健身场地和健身器材。为提高综合服务效率，对集中供热工程进行了热能改造，组建恒光热力公司，新建热源厂一座，建城区换热站15座，2020年供热面积达173万平方米，确保县城居民无忧无虑，温暖过冬。

第二节 交通事业

"十三五"期间，古县县委、县政府紧紧围绕"1234"工作重心，着力推进"修路打通瓶颈"。累计投资13.378

长临高速古县连接线

亿元,完成公路新改建工程800.116千米,实现了古县交通运输事业超常规、跨越式发展。

投资8亿余元,完成长临高速公路古县连接线工程。公路全长15.76千米,采用双向四车道一级公路标准建设,路基宽24.5米,设计速度60千米/h。路基土石方398万立方米,排水防护10万立方米,桥梁11座,涵洞通道50道,隧道1座,永久性占地1062亩。按PPP方式建设(2+15年,政府筹措20%补助,剩余80%由社会资本方贷款),社会资本方为山西路桥建设集团有限公司。2018年2月动工,2020年1月19日通车。该项目被省财政厅列为"PPP示范项目"并奖励100万元。该项目的实施,彻底改变了古县不通一级路的历史,必将对古县的经济社会发展尤其

国道 341 线古县至洪洞段公路改建工程奠基仪式

是产业转型升级、旅游事业、乡村振兴产生深远的历史意义。

投资 9750.98 万元，4 条县乡公路改造工程完成，总里程 44.28 千米。其中 2016 年投资 1844 万元完成店西线公路改造工程 10.36 千米，2017 年至 2018 年投资 7906.98 万元完成北凌线北平—交里段、第安线沁源古县界—北平段、古大线古阳—凌云段、北凌线交里—凌云段。

投资 4.41 亿元，完成"四好农村路"740.076 千米。其中窄路基路面拓宽改造工程 181.07 千米，"畅返不畅"整治工程 216.006 千米，林区道路 20 千米，安全生命防护工程 138 千米。全县 78 个建制村、5 个社区百分百通路通车，为全县 2020 年脱贫攻坚圆满收官交上了一份满意的交通答卷。

乘势而上，启动了国道 341 公路改建工程，总里程

54.52千米，其中古县境内39.1千米，洪洞境内15.42千米，全线采用双向四车道一级公路技术标准。设连接线3条，分别为起点千佛沟连接线（1.105千米）、张庄互通连接线（0.7千米）和蜀村连接线（1.71千米），连接线全长3.515千米。2020年12月16日，举行了盛大的341公路改建工程开工奠基仪式。"道路通，百业兴"，341公路建成后，将与长临高速、黎霍高速、309国道、108国道一起，共同构成古县横贯东西、纵贯南北、布局合理的骨架公路网络，有效拓展古县经济发展空间，打通古县经济发展的大动脉。

目前，古县境内有国道3条、县道4条、乡道35条、村道219条，全部实现村村通水泥路，通车总里程926.835千米，公路密度77.82千米/百平方千米。

在全力发展公路交通的同时，按照规范化、有序化、科学化要求，明确公路养护责任，全面落实了"县道县养、乡道乡养、村道村养"。

随着公路网络的逐步完善，带动了交通运输业的大发展，货畅其流，人行便利。迄今，古县有二级客运站1个，日发送客车83辆。有客运企业两家，拥有客车40辆。有城市公交企业1家，公交车20辆。有城市出租企业1家，出租车50辆。有货运企业32家，货运汽车1429辆，18599.5吨位。另有驾校1个。此外，全县有机动车维修企业76家，基本能满足机车修理需求。

第四章　政法工作不断取得新成就

第一节　公　安

1971年9月,古县在军管会下成立保卫组,实行军事管制。保卫组内设政保股、预审股、治安股和秘书办公室等机构,代行公安局、检察院、法院职责。1973年9月,保卫组撤销,设古县公安局。公安局1981年新成立城关、古阳、北平、旧县、店上5个派出所,成立了刑警大队。1992年又增设石壁、下冶派出所。

古县公安局现为正科级建制,下有24个科室、所、队。公安队伍由原来的16人发展到现有正式民警172人,协勤民警200人。

建县50年来,县公安局不断加大基础设施建设力度,1996年改扩建了5层办公大楼,2020年又改建成总面积13849.9平方米、设备功能齐全的9层办公大楼。公安局指挥中心2000年11月成立时仅有3部电话,每年接警300余起。近年来,接处警系统已成为公安机关枢纽情报联合中心和服务群众的窗口,每年接处警2000余起,打击犯罪能力和服务群众水平有了显著提升。

50年来,共破获各类重特大刑事案件150余起,抓获犯罪嫌疑人350余人。同时在治安管理、户籍管理、消防管理、监所管理、交通管理以及专项斗争等方面不断取得新成绩，社会治安持续好转，为维护全县安定团结的政治局面，推进改革开放、精神文明建设、脱贫攻坚和经济建设发挥了保驾护航的重要作用。在全省群众安全满意度测评中，古县名列前茅，公安干警有10人受到公安部表彰，20个单位、50名个人受到省委、省政府、省公安厅的表彰。

第二节　检　察

1978年8月，古县县委选派两名干部组建古县人民检察院。1979年5月，古县人民检察院正式挂牌办公。

40多年来，古县检察事业始终与改革开放同向，与党和人民的事业同步，与法治建设同行，各项工作实现了长足发展。检察队伍发展到29人，办公场所扩展为双面5层大楼，办公条件、技术装备都得到了极大的改善。1983年"严打"斗争中，受理案件59件124人，批捕56件118人，有效震慑了各类犯罪，维护了社会稳定和法律尊严。

党的十八大以来，县检察院充分发挥检察职能作用，积极服务于发展大局，始终把检察工作置于全县发展大局中谋划和推进，创优发展环境，推进法治建设，依法履行批捕起诉职能，查办和预防职务犯罪，推进反腐倡廉建设，全面强化诉讼监督，切实维护社会大局稳定。2020年，共受理公安机关移送各类刑事犯罪案件52件57人，其中依法批准逮捕6件6人，依法提起公诉35件35人，受理古县监察委员会移送及市院交办职务犯罪案件5件5人，已提起公诉4件4人。同时，狠抓检察队伍自身建设，强化全员培训，不断更新发展思路和司法理念，从"严格执法、狠抓办案"到"强化法律监督、维护公平正义"，再到"讲政治、顾大局、谋发展、重自强"，持续创新，不断进步，先后荣获全省检察机关"先进集体"、全省普通密码使用管理"先进单位"等荣誉称号。

第三节 司 法

古县司法局成立于1981年3月，有5名工作人员，同年，全县10个人民公社配备了司法助理员，并设立了县公证处及设立了律师顾问处。

2000年10月，增设古县法律援助中心。2002年撤乡并镇后全县7个乡镇都设立了司法所。2012年6月新建成占地面积1200平方米、建筑面积3258平方米的古县司法局大楼。2013年增设社区矫正工作管理股。2019年增设县委全面依法治县办公室、秘书股、行政执法协调管理股。2021年4月，古县法律援助中心更名为古县公共法律服务中心。局机关现有7个内设科室和党员活动室、视频会议室以及可容纳150人的高标准多功能会议室。

随着全县经济形势的不断发展，司法工作全方位展开。从1986年1月开始，在全县开展了以《宪法》为主要内容的普法宣传、普法教育、法律讲座、法制报告以及法律知识考试等活动。2010年建成了全省首条全长500米的"宪法主题街"；推出了《信守》《该办的社保卡》《安全》等5部普法剧目，圆满完成了"七五"普法工作，央视《新闻联播》和《山西新闻联播》专题报道了古县基层治理体系和治理能力法治化取得的成绩。与此同时，民调工作相应展开，全县乡（镇）、村、社区也先后成立了民调组织，受理民间民事纠纷调解。2021年免费法律咨询1050件，群众满意度100%；办理公证事项73件，其中办理"最多跑一次"公证5件。全年调解矛盾纠纷355起，调处成功率99%。全县无上访事件，无民事转刑事案件，无矛盾激化冲突，无青少年违法犯罪，无重大责任事故发生。县司法局3次受到中央宣传部、司法部表彰，8人获司法部、司法厅"先进工作者"荣誉称号。

第四节 法 院

1971年，古县成立保卫组，下设审判办公室，代行审理民事、刑事案件。1973年，保卫组撤销，成立人民法院。下设刑事庭、民事庭和办公室。1983年经济庭成立。1992年，执行庭、行政庭成立。1997年成立告申庭。1999年后成立审监庭和政治部。2019年县人民法院机构改革后有5个内设机构即政治部、综合办公室、综合审判庭、执行局、立案庭。

县人民法院始终坚持司法为民、公正司法，始终坚持服务大局，各项工作都取得新成绩和新进步。

依法惩处刑事犯罪，全力打造平安古县。坚持刑事审判准确把握政策，落实量刑规范化要求，依法严惩妨害社会管理秩序等严重危害社会稳定，损害群众生命、财产利益和影响群众安全感的犯罪，积极运用司法调解手段处理刑事附带民事诉讼案件，成效显著。2020年受理刑事案件

37 件，审结 34 件，结案率 91.89%。

妥善审理民商事案件，着力构建和谐古县。坚持以促进社会和谐发展为主线，积极审理各类民商事案件，为人民群众安居乐业提供法律保障，积极为群众排忧解难，有效化解社会矛盾，促进经济社会健康发展。2020 年受理民商事案件 887 件，审结 862 件，结案率达 97.18%。

全面化解行政争议，推进建设法治古县。始终牢记和践行司法为民宗旨，努力满足广大人民群众的司法诉求，积极探索诉调对接机制，实施立案登记制度，坚持公平正义价值追求，努力让人民群众在每一个司法案件中感受到公平正义。2020 年调解、撤诉、结案 485 件，调撤率达 56.3%。

深入推进"阳光审判"，不断提高执法办案水平。人民法院为积极适应信息化时代要求，忠实履行宪法和法律赋予的职责，深入推进司法改革，大力加强队伍建设，创造性开展工作。坚持以审判流程公开、裁判文书公开、执行信息公开三大平台建设为抓手，不断夯实基础设施建设，坚持把司法公开贯穿于立案、庭审、执行、裁判文书等审判工作的全过程，工作呈现信息化时代新亮点，迈出信息化时代新步伐。

第五章　全面打赢脱贫攻坚战

第一节　早期的扶贫工作

古县是临汾市东山的一个小县，境内西有霍山隔阻，南为黄土山地，交通不便，信息闭塞，文化落后，严重制约着经济发展。自古以来，人们以农耕为生，日出而作，日落而息，靠天吃饭。中华人民共和国成立前，工商业微乎其微，仅有一些手工作坊，商铺饭店。据旧岳阳县志记载，"岳小而僻，民不知商，群以为末务"。抗战时期，1939年日军侵占本县城关镇、旧县镇、黄梁山、草峪岭及祖师顶等战略要地，并建立伪政权和维持会，境内战事不断，匪患横生，人们居无定所，生产和生活遭受严重破坏。抗战胜利后，蒋介石政府悍然发动内战，古县作为大后方，一方面号召有志青年参军参战，一方面积极筹措粮草等军用物资，组织支前民工随军作战，运送弹药，修路架桥，战地救伤。由于种种原因，中华人民共和国成立前的古县满目疮痍，贫穷落后，不堪回首。

中华人民共和国成立以后，农村经济逐渐恢复好转，人民生活得到逐步改善。但还有相当一部分农民仍然处于贫困状态。截止到1980年，全县共有贫困户1784户，贫困人口多达10000余人。

1982年县设立扶贫机构，起始为多种经营办公室，隶属农工部。1992年更名为扶贫开发局，2017年正式命名为扶贫开发中心。其主要职责：帮助农民开展多种经营，促进农民勤劳致富。根据扶贫工作进程，党的十八大前可分为四个阶段。第一个阶段从1979年至1985年，主要是依靠家庭联产承包责任制的不断推进，调动广大农民的生产积极性，促进农村经济发展和提高农民生活水平；第二阶段从1986年至1993年，政府主导大规模"开发式扶贫"，以区域为单位实施开发，通过开发带动脱贫。国家划分贫困地区进行针对性的帮扶。古县就是在这一时期被确定为省级贫困县；第三阶段从1994年至2000年，主要是贯彻落实国务院《"八七"扶贫攻坚计划》，用7年时间解决8000万人口的温饱问题；第四阶段从2000年至2012年，扶贫工作不断深入、细化，扶贫战略下沉，确定贫困村，帮扶最低收入者。

1983年人均年收入低于120元的（当时确定的贫困标准）有1014户，4319人，按政策享受国家救济和集体补助的820户，3410人。同时，帮助150户发展养殖、加工业和粮食生产，当年有34户农民脱贫。

1985年至1990年，扶贫工作进行了较大改革，帮扶工作内涵扩展为"双扶"，即扶持贫困户和优抚户。县成立工作领导组，加大工作力度，政府发放扶贫资金2001.19万元，其中用于基础设施建设544.5万元，政策性补贴286.09万元，发展生产项目投资617.9万元，解决温饱专项资金318万元，以工代赈234.7万元。

1991年，县乡成立扶贫扶优基金会。自2003年，考虑到一些农民祖辈居住山庄窝铺，窑洞高危，出行艰难，子女就学不便，生活环境极其恶劣的实际情况，本县实施了移民扶贫工作，对不宜人居住的自然村，实行整体搬迁。

易地移民搬迁遵循"政府引导、群众自愿、统一规划、自主建房"的原则，达到"搬得出，稳得住，能致富"的目的，从根本上解决了贫困群众生存发展环境问题，实现安居乐业，惠民利民。自2003年开始到十八大前共建移民新村50个，使2621户、11531个贫困群众告别了土窑洞、土坯房，搬进了宽敞、漂亮的幸福新房。

同时，按照国家扶贫政策，把"三农"作为工作中心，大力扶持农村"养殖户""种植户"，使农民增产增收，得到实惠，脚踏实地走出了一条利国利民、摆脱贫困的道路，取得了扶贫工作的阶段性成果。

以党的十八大为标志，国家开展大规模扶贫工作，确保2020年贫困人口如期脱贫，实现全面建成小康社会目标。根据国家、省、市关于扶贫工作的精神要求，本县闻风而动，把精准扶贫作为这一时期的工作中心，立即成立领导机构，制定扶贫规划，确定驻村工作队，动员全社会力量，采取各种措施，全方位、多渠道，决战扶贫攻坚，保证脱贫目标顺利完成。

第二节　精准扶贫的组织机构及责任单位

为加强脱贫攻坚工作的领导，县上成立了以县委书记、县委副书记（县长）为双组长的脱贫攻坚领导小组，县委副书记为第一副组长，分管副县长为常务副组长，其他副组长分别由县委常委（组织部部长）、人大常委会副主任和政协副主席各一名担任。

成员由53个科级单位一把手组成，各乡镇分别成立脱贫攻坚领导小组。

山西省对扶贫工作制定了八大工程二十项行动。古县对这项工作进行责任细化，使精准扶贫、精准脱贫责任明确、稳步推进。

古县八大工程二十项行动责任单位

序号	八大工程	二十项行动	责任部门
1	特色产业扶贫工程	特色农业扶贫行动	农林委牵头落实
		光伏扶贫行动	扶贫中心牵头，发改经信局配合落实
		旅游扶贫行动	旅游局牵头落实
		电商扶贫行动	商务办牵头，供销联社配合落实
2	易地扶贫搬迁工程	易地扶贫搬迁行动	扶贫中心牵头，发改经信局、民政局、国土局等部门配合落实
		改善人居环境行动	农林委牵头落实
3	培训就业扶贫工程	培训就业扶贫行动	人社局牵头，教科局配合落实

4	生态补偿脱贫工程	生态建设扶贫行动	林业中心牵头落实
5	社会保障兜底工程	农村低保扶贫行动	民政局牵头,人社局配合落实
		特殊群体关爱行动	民政局牵头落实
6	基础设施改善工程	交通扶贫行动	交通局牵头,发改经信局配合落实
		水利扶贫行动	水利局牵头落实
		清洁能源和电力扶贫行动	发改经信局牵头,供电公司配合落实
		以工代赈扶贫行动	发改经信局牵头落实
7	公共服务提升工程	教育扶贫行动	教科局牵头落实
		健康扶贫行动	卫计局牵头落实,人社局配合落实
		科技扶贫行动	教科局牵头落实
		文化和信息扶贫行动	文体局牵头,发改经信局配合落实
8	社会力量帮扶工程	企业帮扶行动	国资办牵头,工商联配合落实
		社会帮扶行动	扶贫中心牵头,金融办、残联配合落实

第三节 指导思想及总体目标

▶ 指导思想

全面贯彻落实党的十八大和十八届三中、四中、五中全会精神，以习近平总书记扶贫开发系列重要讲话精神为基本遵循，紧紧围绕"四个全面"战略布局，牢固树立创新、协调、绿色、开放、共享、廉洁和安全发展的理念，主动适应经济发展新常态，全面推进"扶贫致富乡亲"，把精准扶贫、精准脱贫作为基本方略，按照"四个切实""六个精准"要求，实施"五个一批"工程，坚持扶贫开发和社会保障有效衔接，坚持贫困群众如期脱贫与可持续致富紧密结合，以产业扶贫为主，不断强化农业农村基础设施建设和支撑体系建设，采取超常规举措，拿出过硬办法，举全县之力，坚决打赢脱贫攻坚战，确保如期全面建成小康社会。

▶ 总体目标

到2018年，确保现行标准下农村贫困人口实现脱贫，确保贫困村全部摘帽，确保解决区域性整体贫困。2019年、2020年做好巩固脱贫成效工作。稳定实现农村贫困人口不愁吃、不愁穿，义务教育、基本医疗和住房安全有保障。实现农民人均可支配收入增长幅度高于全省平均水平，基本公共服务主要领域指标接近全省平均水平。

全县建档立卡贫困村38个，贫困总规模为6844户，20538口人，2014年完成612户、1856口人的脱贫任务；

2015年完成1个村、1175户、3865口人的脱贫任务；2016年完成7个村、912户、2880口人的脱贫任务；2017年完成19个村、1565户、5001口人的脱贫任务。

2018年，继续完成11个村、2580户、6936口人的脱贫任务，使古阳镇南山村、岳阳镇西圪垛村、石壁乡上治村、旧县镇小曲村、南垣乡唐家庄、柏树庄、孙寨、芦家岭、韩家岭、东池、店上11个贫困村退出，实现省定贫困县脱贫摘帽目标。2019至2020年巩固提升脱贫成效，脱贫不脱政策，确保实现稳定脱贫。

第四节　驻村工作队的任务与管理

为实现全县2018年1个贫困乡、38个贫困村全部退出，实现省定贫困县摘帽目标，县委、县政府抽调骨干力量组建111个驻村工作队，实现一村一队驻村帮扶全覆盖。同时，

扶贫工作队与高庄村农民一起收摘辣椒

组织机关、机关干部和贫困户进行"结对",建立"54321"精准帮扶机制,即县处级干部按照"五个一批"要求,每人包联5种类型5户,县直单位和乡镇主要领导每人包联4户,县直单位其他科级干部、乡镇其他科级干部包联3户,县直单位副科级干部包联2户,一般干部至少也要包联1户,实现了2671名机关、乡镇干部与贫困户结对帮扶全覆盖。政府制定《关于进一步加强驻村工作队帮扶责任人选派管理工作,完善"54321"精准到户全覆盖的意见》,对工作队及帮扶干部提出明确的工作目标及管理考核办法。

主要任务是:宣传贯彻党中央、省、市、县关于脱贫攻坚各项方针政策、决策部署、工作措施,执行落实好各项强农惠农政策;指导开展贫困人口精准识别、精准帮扶、精准退出工作,参与拟定脱贫规划计划;参与实施特色产业扶贫、劳务输出扶贫、易地扶贫搬迁、贫困户危房改造、教育扶贫、科技扶贫、健康扶贫、生态保护扶贫等精准扶贫工作;推动金融、交通、水利、电力、通信、文化、社会保障等行业和专项扶贫政策措施落实到村到户;推动发展村级集体经济,协助管好用好村级集体收入;监管扶贫资金项目,推动落实公示公告制度,做到公开、公平、公正;注重扶贫同扶志、扶智相结合,做好贫困群众思想发动、宣传教育和情感沟通工作,激发摆脱贫困内生动力;加强法制教育,推动移风易俗,指导制定和谐文明的村规民约;做好单位与所驻村之间的桥梁作用,落实好单位帮扶的各项措施;帮助加强基层组织建设,推动落实管党治党政治责任,整顿村级软弱涣散党组织,对整治群众身边的腐败问题提出建议;培养贫困村创业致富带头人,吸引各类人才到村创新创业,打造"不走的工作队";严格落实《古县领导干部带头全力组织机关干部下乡驻村精准帮扶到户"全覆盖"的实施方案》《古县干部驻村帮扶工作管理办法(试行)》等文件中的相关职责任务。

驻村工作队要在当地乡(镇)党委、政府的指导下开展工作,驻村工作队员必须脱产驻村,24小时在岗值守。确保下得去,待得住,干得好,真正做到"人到、心到、责任到、支持到",完成一份责任、一个计划、一本日志的"三个一"基本要求。

乡(镇)干部帮扶领导小组办公室要抽调人员成立专门管理机构,建立《驻村工作队工作管理档案》,不定期对工作进行实地巡查,并将巡查结果存档、上报,并向派出单位反馈。加强驻村工作队的管理。考核实行奖惩。驻村工作队年度考核由县考核组和所在乡(镇)共同组织实施,工作队长要在由乡(镇)包村干部、驻村工作队队员、村"两委"班子成员、贫困户代表、村民代表等人参加的会议上公开述职,并进行民主测评。此外,考核组要通过进村入户,明察暗访,召开座谈会等形式广泛听取干部、群众对驻村工作队的意见。结合实地查看,查阅相关资料,对照工作实际形成综合评分值和年度考核等次意见。通过考核,对表现优秀、成绩突出的要在干部评先评优、提拔使用等方面予以优先考虑。反之,对一些不坚守岗位、散布有损大局言论、参与赌博和封建迷信活动、大吃大喝、违规报销个人支付费用等严重违规违纪问题的工作人员,按有关规定进行严肃处理。

第五节　全方位精准扶贫

精准扶贫，共同富裕是中国特色社会主义制度的优越性。扶贫不但要输血，更重要的是要造血。县委、县政府立足古县优势，调动全社会各种力量，发挥各个方面的积极性，因地制宜地开展扶贫工作。

▶ 政策扶贫

认真落实中央、省、市各项普惠政策，在幼有所育、学有所教、劳有所得、病有所医、老有所养、住有所居、弱有所扶上狠下功夫，使贫困群众有更多的获得感。一是落实教育扶贫政策。2017年度春、秋两个学段，共资助学前教育阶段建档立卡贫困幼儿364人次、18.2万元；义务教育阶段建档立卡贫困学生享受寄宿生活补助1106人次、63.65万元；免除高中阶段建档立卡贫困学生学杂费515人次、20.6万元，并按照总学生人数的20%，发放助学金60.2万元；资助中职教育阶段建档立卡贫困学生44人次、4.4万元，并全部免除学杂费。当年为295名建档立卡贫困大学生发放助学贷款175.8万元，为72名考入二本B类以上院校的建档立卡贫困大学生发放助学金36万元；实施"雨露计划"，为228名建档立卡贫困学生每人发放2000元的助学金共计45.6万元；继续开展"爱心助学，精准帮扶"活动，为335名建档立卡贫困学生发放助学金39.68万元，不让一个学生因家庭困难而失学。教育扶贫全年救助700万元以上。二是落实健康扶贫政策。在全县开展健康扶贫"双签约"服务,实现建档立卡贫困户全覆盖;免费为630名50岁以上的健康扶贫对象进行体检,累计救治24类大病对象232人次,为患有35种特殊慢性病的贫困人口全额报销门诊医保目录内的药品费用,对其他慢性病按照不低于60%的比例给予报销,累计签约服务慢性病人1470人,补偿123人次、30.4万元;政府出资718万元为全县所有建档立卡贫困人口购买城乡居民基本医疗保险、大病保险、补充医疗保险和意外伤害险,全面落实"三保险、三救助"健康帮扶政策。三是落实社会保障政策。针对5921名建档立卡农村贫困劳动力,以稳定就业为导向,开展烹饪、家政服务、电焊等技能培训,帮助其掌握就业技能,目前已参加培训500人,348名贫困户实现培训再就业,就业率为69.6%。进一步提高农村最低生活保障和"五保"供养水平,为建档立卡农村低保家庭961户、1992人发放农村低保救助金578.8万元,按标准(集中供养7200元/年,分散供养6600元/年)为全县461户"五保户"发放生活补助314.7万元,为383名建档立卡重度残疾人发放护理补贴22.6万元,让群众切实得到实惠。四是落实生态补偿政策。严格落实上一轮退耕还林任务延长补助期限政策,并确定新一轮退耕还林任务1700亩,涉及贫困户249户、871人,共计退耕734.8亩,补贴资金36.7万元;组建17支扶贫攻坚造林专业队,吸纳贫困劳动力343人,通过工程议标确定7个造林专业合作社实施2000亩的造林任务,每个村民可获得劳务收入4243元;选聘贫困劳动力166人进入护林员队伍,占全县护林员队伍的62%,每人每年可获得劳务收入8400余元。为1334户贫困户发放公益林补贴35.26万元。五是落实科技文化信息等扶贫政策。对接省、市农业科技专家10余名，培养一批科技特派员开展核桃、连翘产业跟踪服务。加强公共文化基础设施建设，实现农村文化活动室、文化信息资源共享工程基层服务点、体育健身活动场地和农家书屋贫困村全覆盖。开展文化惠民演出下基层，"乡里乡亲大联欢"演出15余场次，"送戏下乡"演出10余场次，数字电影放映600余场次。开展信息化扶贫"四网融合"工作，完成16个贫困村移动网络覆盖；广电村村通和邮政村村通工程实现贫困村全覆盖。

▶ 产业扶贫

一是发展特色种植。近几年连续对全县23万亩、780万株核桃经济林实施提质增效工程，每亩补贴综合管护费200元。2017年核桃总产量1000万公斤以上，产值1.8亿元，农民人均增收2500多元，特别是年内对贫困户种植的干果经济林提质增效全覆盖，惠及贫困户4655户。扶持连

北平镇辛庄村光伏发电

翘加工企业，外联名企发展壮大，带动3800余贫困户种植采摘连翘，户均增收3000多元。推广"经济林+X"发展模式，发展林药3万余亩、林油（油用牡丹）2万余亩、林菜4000余亩、林菌1000余亩和林禽1.2万余只，带动2130余贫困户户均增收1500多元。二是发展特色养殖。与山西新大象养殖股份公司合作，采用"政府+银行+合作社+农户"的模式，在全县7个乡镇各建设1座年出栏5000头的标准化生猪养殖小区，可吸收带动1300余贫困户参与发展，每户年均可分红7500余元，当年实现受益贫困户367户，发放分红137.5万元。利用"五位一体"金融扶贫小额贷款，吸收200户贫困户入股1000万元，参与晋阿养殖和华海天宇两家农业企业经营，每户年均可分红3100多元。三是发展光伏产业。2017年投资1042万元在15个贫困村建设了100千瓦光伏扶贫电站，已累计发电100多万度，年平均收益14万元左右，带动300余贫困户户均年增收3000多元。2018年第二批23个贫困村100千瓦光伏扶贫电站项目全部安装完成，并网发电。同时，县级统筹789万元，实施了200户各5千瓦利用屋顶光伏发电项目，重点对无劳动能力、无资源、无稳定收入来源的"三无"深度贫困对象给予收益分配，落实兜底产业保障。四是发展电子商务。成立电商扶贫促进会，积极推广"一村一店"模式，实现38个贫困村村级电商网店全覆盖。开展电商培训800余人次，电商创业人数70多人。组建"农芯乐"县级电商运营中心，在全县7个乡镇建立特色农产品电商体验店。引进"天一鸿锦"电子商务公司发展"电商+赤焰椒"项目，采用"合作社+农户+基地"生产模式种植赤焰椒900余亩，涉及贫困户188户，亩均增收5000多元。全县网销农产品4000多万元，其中贫困户网销产品1560万元，电商帮扶贫困户900户1580人。五是乡村旅游产业扶贫。为符合条件的4个村争取乡村旅游发展专项资金，依托"天下第一牡丹"旅游景区和霍山云顶小镇，拓展就业岗位、提供就业机会、增加务工收入，带动周边贫困人口增收脱贫。

▶ 易地扶贫搬迁

一是精准识别搬迁对象。抓住国家建档立卡贫困人口动态调整和易地搬迁对象核准的"窗口期"，帮扶工作队进村后首先要进行再摸底再核实，确保符合条件的一个不落，不符合条件的一个不进，做到线上线下数据一致。经核准，"十三五"期间易地搬迁对象共1630户5292口人，其中建档立卡贫困户1512户4851口人，同步户118

南垣乡陈香移民新村

户 441 口人。二是全力推进项目实施。在搬迁安置政策制定上坚持保障基本、实事求是、一户一策，严守群众不盲目举债而返贫和确保让群众满意不引发新的社会矛盾"两条底线"，在项目审批、用地、工程建设等方面开通"绿色通道"。2016 年度的 28 个集中安置点已全部竣工，分散安置全部达到入住条件，涉及贫困户 789 户 2500 人，已全部完成验收工作。2017 年度的 23 个集中安置点主体工程全部完工，目前已完成对建档立卡贫困户的验收 332 户 1065 人。三是灵活选择搬迁方式。坚持政策执行不走样，鼓励农民进城上楼不强迫，彻底解决住房困难不返贫，因地制宜便于操作不搞"一刀切"，以建房集中安置为重点，以购房安置为补充，围绕集中和分散两大类型，按照安置点向中心村、集镇、产业园区、城区靠近的原则，实施了灵活多样的安置政策，做到在"安居"上"搬得出稳得住"，在"乐业"上"能脱贫能致富"。

▶ 基础建设扶贫

把完善农村基础设施建设作为打通改善群众生产生活"最后一千米"的重点工程，全力以赴推进实施。一是加快推进"小康路"建设。以全县 38 个贫困村为重点，集中打造"外通内联、通村畅乡、班车到村、安全便捷"的交通运输网络。投资 6400 多万元，完成了 16 条乡道、6 条村道近 70 千米的农村公路安全生命防护工程，实施了总长 20.8 千米的北凌线、第安线等公路改造项目，硬化了 13.2 千米的通村道路，使 14 个贫困村受益。二是加快推进"小康水"建设。对 6 个乡镇 12 个贫困村实施农村饮水安全工程，改扩建饮水、提水工程21处，解决了39个自然村6557口人的饮水安全问题，其中涉及贫困户741户2293人。三是加快推进"小康电"建设。投资1400万元，为8个贫困村新建台区容量900千伏安，架设高压线路7100米、低压线路2万米，为5个中心村新建、改建12个台区容量2400千伏安，架设高压线路9200米、低压线路3.2万米，为16个贫困村实施光伏项目配套输出工程，全部并网发电。

▶ 资金扶贫

坚持把每一分扶贫资金都花在精准脱贫的"刀刃"上，制定了涉农资金整合管理办法，进一步规范了涉农资金投向，提高了资金使用效益。全县应统筹整合财政资金约1.3亿元，实际整合1.2亿元，占92.19%。统筹整合资金年支出1.19亿元，支出率99.74%。一是助力"五个一批"。整合资金2247.48万元，重点实施光伏发电、新大象生猪养殖、特色种植等脱贫产业，并为易地扶贫搬迁、生态补偿、发展教育、社会保障等提供保障。二是改善基础设施和人居环境。整合财政资金8182.32万元，集中实施高标准农田建设、农村安全饮水、田间道路、危房改造、校舍维修、村级组织活动场所改扩建以及垃圾填埋场、村级变压器增容、供热管网等项目。三是撬动金融和社会资本。充分发挥财政资金"四两拨千斤"的作用，先后向邮储银行、信用联社注入金融风险补偿金1380万元，支持银行向有劳动能力、有贷款意愿和一定还款能力的建档立卡贫困户发放小额信用扶农贷款，当年为1350户贫困户发放贷款6550万元，超计划完成2200万元，为1056户贫困户兑现政府贴息96.86万元。安排392万元扶贫周转县级配套资金，为"一村一品一主体"的实施主体发展特色产业提供启动、周转使用低息借款，促使其提档升级，增强带动能力。四是统筹综合使用。整合财政资金576.36万元，用于乡村清洁工程、村集体经济发展壮大和农业保险保费补贴、基层医疗卫生公共服务、扶贫产业发展项目管理、电商网点规范化建设等项目。

▶ 企业扶贫

改革开放以来，民营企业已经成为本县经济社会发展的主体，扶贫脱贫需要民营企业家的支持和援助，同时也是他们的社会责任。古县企业家在不断发展壮大的同时，热衷于公益事业，在帮扶贫困村、铺路架桥、捐资助学、防灾救灾等方面有着光辉的历史。2016年，根据《临汾市民营企业"百企帮万家—精准到户"扶贫行动实施方案》，县委统战部、工商联和扶贫办组织引导民营企业与建档立卡贫困村结对帮扶，帮助贫困村发展生产，在产业扶贫、商贸扶贫、就业扶贫、智力扶贫、捐赠扶贫等方面办实事，见实效，实现村企互惠共赢。

"百企帮万家——精准到户"扶贫行动开展以来，捐赠贫困户资金8.35万元，安排贫困人口就业150人，资助贫困生上学120多人，资助手扶式除草机、化肥等农业用品。尤其正泰煤气化公司投资40万元，为佐村打深井一口，解决了当地困扰多年的人畜吃水的大问题。

百企百村结对帮扶精准扶贫行动——村企对接表

帮扶企业	企业负责人	企业联系人	帮扶村	帮扶村负责人
海燕艺术培训学校	贾海燕	贾海燕	南垣乡郭店村	公衍文
古县华海天宇农业发展有限公司	亓华栋	亓华栋	南垣乡驼腰村	朱琳琳
古县顺杰耐材有限公司	魏峰杰	魏峰杰	岳阳镇九顷垣村	吴生平
古县正杰出租汽车有限公司	雷文阳	雷文阳	北平镇圪台村	柴高奇
古县利达焦化有限公司	酉振国	张亚杰	永乐乡松树坡村	张正安
古县正泰煤气化有限公司	王 勇	朱瑞强	南垣乡佐村	韩和平
根源牧业有限公司	罗建国	罗建国	南垣乡山头村	戴遵福
宇安煤业有限公司	王文明	王文明	岳阳镇贤腰村	许金贵
古县家居装饰业协会	施时良	施时良	旧县镇钱家峪村	曹胜军
古县金米香加工厂	杨怀录	杨怀录	南垣乡农场村	季金成
古县龙腾房地产开发有限公司	田 杰	田 杰	南垣乡马家河村	王根秀
古县华兴农业生态科技发展有限公司	陈 煜	陈 煜	石壁乡王滩村	马玉莲
古县泓翔煤业有限公司	王建生	王建生	南垣乡何家岭村	樊国保

第四编 十八大以来的辉煌成就

▶ 助学扶贫

2012年，县关心下一代工作委员会领导在下乡调研时，发现个别家庭困难的孩子面临失学的问题。他们立即向县委、县政府呈送《绝不能让一个少年儿童因贫困而失学》的专题报告，提出建立爱心助学基金会，发动"社会集一点，企业助一点，干部捐一点"的建议。此举得到县委、县政府的高度重视和支持，同时也得到全社会的积极响应。很快，即建立古县爱心助学基金会，并制定了《古县爱心助学基金会章程》，下设评审委员会和办公室，具体处理社会募捐和资助贫困学生的事项。

爱心助学坚持"政府引导，社会运作；加强管理，规范程序；公开透明，接受监督"的运作方式，以不让适龄学生因家庭贫困而失学为目标，通过建立多渠道、长期、稳定的助学机制，组织和动员社会各界力量，多方筹集助学资金，扶助品学兼优的贫困学生顺利完成学业，促进古

退休老干部捐资助学

县教育事业振兴跨越，推动社会文明进步、和谐发展。

募集到的基金实行财政专户管理，自觉接受纪检监察、财政、审计等部门和社会各界的监督。

明确规定因父母双方或单方亡故，家庭生活特别困难；父母双方或单方常年生病，丧失劳动能力，家庭生活特别困难；特困残疾人子女和家庭经济困难的残疾学生；天灾人祸等其他原因，导致家庭生活特别困难的；家庭依靠最低生活保障金生活或家庭人均收入低于当年最低生活保障线的军烈属子女；家庭依靠最低生活保障金生活或家庭人均收入低于当年最低生活保障线的中小学或升入大学的在校学生为助学对象。

《章程》规定，自 2012 年起，以后每年 7 月为爱心助学资金集中募捐月。几年来，每逢 7 月，从党政机关到厂矿企业，从学校、医院到农村支部到处可见激动人心、如火如荼的募捐活动。不论是干部职工还是离退休老人，不论是工人、医师、教师，还是农村干部、群众都纷纷慷慨解囊，捐钱捐物，自愿献爱心。

家庭困难确实需要资助的学生，采取自荐和村、校推荐两种方式，提供家庭基本情况，所在村镇（社区）及学校出具相关证明材料，一并报基金会办公室。通过调查、审核进行评定。拟定后的资助对象名单在县电视台公示一周，无异议后，开学前将助学金发放到位，让贫困学子无忧无虑、心情愉快地开始新学年的学习生活。

古县历年资助贫困生统计表

金额单位：人、元

	小学（人）	初中（人）	高中（人）	大学（人）	合计	资助金额（元）	捐款（元）	捐款人数
2013	66	46	14	0	126	87200	817579	6385
2014	160	74	25	0	259	212000	721243	6380
2015	169	101	42	0	312	266000	544198	6365
2016	190	75	66	26	357	453400	476918	6321
2017	179	84	61	11	335	396800	444752	6357
2018	303	216	156	24	699	856400	454202	6360
2019	181	137	79	10	407	502200	315914	4500
2020	114	146	80	6	346	349400		
合计	1362	879	523	77	2841	3123400	3774806	42668

每学期中，关工委都要深入各个学校进行回访，了解受资助学生的学习生活情况。那些被资助的学生大都学习刻苦，遵守纪律，懂得报恩，深感社会学校的温暖之情，他们表示一定要做一个有知识、有道德、有志向的青少年，学成之后回报社会，报效祖国。几年来，所有适龄少年儿童没有一个因贫困而失学，并有70多名贫困生顺利完成中学教育，身心愉快地跨入大学校园，继续深造。

第六节 退出贫困县行列 摘掉贫困县帽子

在打赢脱贫攻坚战的过程中，古县坚持领导带头，以上率下，形成书记县长担主责，人大、政协献良策，部门乡镇勇作为，干部群众齐上阵，社会力量同参与，人人关心扶贫、人人支持扶贫、人人参与扶贫的社会大格局。经

古县革命老区发展史

过几年的不懈努力，贫困村和贫困人口逐年减少，贫困发生率逐年下降。

按照晋办发（2016）38号、临汾市老促会（2017）6号文件《关于对2016年度脱贫攻坚工作进行监测评估工作的安排意见》，古县老促会组织12名有关人员，于2017年9月25日至11月12日，分别对7个乡镇的13个行政村进行监测评估。结果表明，2016年，脱贫村国家政策性补贴完全兑现，人均收入8402元，远远超出3026元脱贫标准；村医配备到位，卫生室配备达标；农民技术培训工作顺利开展；村级护林员配备齐全，大部分由贫困人员担任；在乡镇复员军人等优抚对象的抚恤金按时发放。

在评估调查的同时也发现了一些存在的问题，如：养殖业有萎缩现象；核桃病虫害管理存在隐患；农村小学教育布局不合理，存在1至3年级学生上学难问题；村医业务水平需培训提高；仍有少量返贫现象。

通过检测评估，形成了《关于对全县2016年度脱贫攻坚工作监测评估情况的报告》，提出进一步加强脱贫攻坚工作的意见和建议，得到县委、县政府的采纳。

按照"六个精准"的要求，古县精心编制了《帮扶贫困户手册》和《巩固提升帮扶手册》，扶持谁、谁来扶、怎么扶、如何退，全程印证，一目了然。在全市率先建立推行"五清单两标准一档案"，对脱贫攻坚责任、质量进行体系化、精准化管理。针对帮扶干部工作中存在不严不实的问题，探索建立检查督导机制，实现对脱贫攻坚任务落实到村到户跟踪督查全覆盖；对脱贫攻坚帮扶措施入心入脑到村到户全覆盖；对脱贫攻坚精准帮扶监督执纪问责全覆盖。成立三个专项巡察组，以贫困村为点，以承担"八大工程二十二项行动"的责任单位为线，以覆盖乡镇、村为面，开展专项巡察，确保扶贫工作务实、脱贫工作扎实、脱贫结果真实。

古县的脱贫攻坚工作得到了国家、省、市各级领导的充分肯定和大力支持。省、市领导多次深入古县，进村入户，问措施、看产业、查工作、搞调研，指导脱贫攻坚工作。省2016年度脱贫攻坚成效考核评估组、省委脱贫攻坚第三督导组、第六督导组、省2017年度脱贫工作成效第三方评估调查队、国务院2017年度省际交叉考核海南工作组、国家易地扶贫搬迁专项稽查组等，多次深入进行督查评估，总体印象是：主动积极，组织有力，六业推动，知难克难，认识清醒，措施精准，踏实扎实，成效卓著。

根据省委办公厅、省政府办公厅《关于印发〈山西省贫困退出实施方案〉的通知》（晋办发〔2016〕42号）和省脱贫攻坚领导小组办公室《关于印发2018年贫困退出指标解释的通知》（晋脱贫攻坚办〔2018〕23号）文件精神以及省、市有关安排部署，古县从严从实按照贫困县退出14项指标任务逐条进行评估，情况令人欣慰。

贫困发生率。全县贫困总规模6610户、20039人。2018年，已脱贫6475户、19692人，未脱贫135户、347人，贫困发生率降为0.51%。

农村居民人均可支配收入增幅。退出标准为高于全省平均水平。2018年前三季度，全县农村居民人均可支配收入完成8612元，同比增长8.6%，高于全省平均水平（8.5%）0.1个百分点。全年农村居民人均可支配收入完成10603元，同比增长 8.7%。

贫困村退出率。全县共有建档立卡贫困村 38 个，2015 年退出 1 个村，2016 年退出 7 个村，2017 年退出 19 个村，2018 年退出 11 个村。目前，38 个贫困村全部退出，贫困村退出率 100%。

农村低保标准达到或超过国家扶贫标准（或省制定的年度脱贫标准）。2018 年古县农村低保标准为 3864 元，超过年度省定 3200 元的扶贫标准。全县 1469 户 2934 名符合低保标准的农村人口全部享受农村低保政策，实现了应保尽保。

建档立卡贫困人口参加城乡居民基本养老保险和基本医疗保险参保率达到 100%。2018 年，全县建档立卡贫困人口参加城乡居民基本养老保险参保率为 100%，县财政为全县 13861 名 16 至 59 周岁的建档立卡贫困人口代缴每人 100 元的城乡居民养老保险基金，3255 名 60 周岁以上建档立卡贫困人口全部享受养老金待遇。2018 年全县建档立卡贫困人口参加城乡居民基本医疗参保率为 100%，本县为所有建档立卡贫困人口全部代缴每人 180 元的城乡居民基本医疗保险。

城乡居民基本养老保险和基本医疗保险参保率达到或接近全省平均水平。2018 年全县城乡居民基本养老保险应参保 49333 人，实际参保 46955 人，参保率达 95.17%；基本医疗保险应参保 77265 人，实际参保 74465 人，参保率为 96.38%，两项参保率均不低于 95%。

行政村卫生室达标率达到或接近全省平均水平。全县 111 个行政村中，改造提升 103 座标准化卫生室，3 个乡镇政府所在地的行政村共享乡镇卫生院，3个200口人以下的行政村采取与邻村代管的方式共享乡镇卫生院，同时对居住分散的村配备2名合格乡村医生，2个移民搬迁村共享所在地行政村标准化卫生室。每个村都配备了合格的乡村医生、基本医疗设备和基本药物，标准化卫生室达标率达100%，达到省定90%以上评价标准。

适龄儿童学前入园率达到全省平均水平且贫困村九年义务教育阶段无因贫辍学学生。全县3至6周岁适龄儿童2790名，目前入园幼儿2694名，入园率96.57%；全县6至14周岁九年义务教育阶段适龄学生7814人，其中建档立卡贫困学生1475名，无因贫辍学学生。

行政村通村公路硬化率和开通客运班车率达到或接近全省平均水平。2014年至2018年，全县投资2.02亿元，共新建、改建县乡公路、农村旅游路、"四好农村路"204千米，行政村通村公路硬化率达100%。全县111个行政村中，除4个行政村已列入撤并，7个行政村公路线型差、地势险要、坡陡弯急不具备通车条件，8个行政村常住人口不足100人外，其余95个行政村全部通客车，开通客车率100%。两项指标均达全省平均水平的95%以上。

行政村或自然村人口安全饮水达标率达到或接近全省平均水平。全县饮水安全工程188处，受益7.35万人，全县农村人口安全饮水达标率99%以上，达到省定95%以上评价标准。

行政村和具备条件的自然村通动力电比率达到100%。全县111个行政村和具备条件的自然村全部通动力电，通动力电比率达到100%。

行政村互联网覆盖率达到或接近全省平均水平。全县111个村实现互联网全覆盖，覆盖率100%。

行政村综合文化活动场所（地）覆盖率达到或接近全省平均水平。全县111个行政村均有综合文化活动场所，覆盖率100%。

"十三五"时期易地扶贫搬迁计划任务全部下达。搬迁安置住房（含分散搬迁）全部落实到户，脱贫户实现搬迁入住。全县"十三五"期间易地扶贫搬迁规划5009人（其中建档立卡贫困人口4682人，同步搬迁人口327人）。搬迁安置住房全部落实到户，且所有搬迁对象已全部入住，入住率100%，完成计划要求。

2018年12月21日中午，评估考核组一行48人（山大师生）抵达古县。当即召开对接会议，会议由评估考核组主持召开，参加会议的有考评组全体成员、县脱贫攻坚领导小组有关同志、部分县人大代表、政协委员、扶贫行业部门有关负责同志。会上，评估考核组有关同志说明了有关工作要求和纪律要求；与会同志一同观看了古县脱贫攻坚汇报片；县委主要领导代表县委、县政府作了重点补充汇报。12月21日下午至12月26日，评估组分4个小组对古县7个乡镇34个村开展了入户走访调查，共计入户1216户，其中，贫困户722户，非贫困户494户，反映良好。

第七节　决战完胜脱贫攻坚

党的十九大报告指出:"让贫困人口和贫困地区同全国一道进入全面小康社会是我们党的庄严承诺""确保到2020年我国现行标准下农村贫困人口实现脱贫,贫困县全部摘帽,解决区域性整体贫困,做到脱真贫、真脱贫。"

经履行县(区)级申请、市级初审、省级行业部门及省委督导组评价、第三方实地评估检查等摘帽退出程序,根据评估、评价结果,综合贫困发生率、脱贫人口错退率、贫困人口漏评率均低于2%,群众认可度均高于90%,农村居民人均可支配收入增幅均高于全省平均水平,公共服务和基础设施建设水平显著提升,达到退出标准。经省政府研究批准,2019年5月向全社会公告,古县成功摘掉贫困县"帽子"。

县委、县政府对标中央和省市关于打赢脱贫攻坚战和全面建成小康社会收官"交总账"的系列决策部署,按照"摘帽不摘责任、不摘政策、不摘帮扶、不摘监管"的要求,坚持落实已摘帽贫困县、已退出贫困村和脱贫人口的后续扶持政策,建立返贫预警机制,减少和防止脱贫人口返贫,巩固脱贫成果,提升发展能力。出台《关于巩固提升脱贫攻坚成效确保同步全面建成小康社会的工作方案》,重点在强力推进产业就业扶贫、强力促进基础设施和公共服务提升、强力做好扶贫扶志扶智结合、强力夯实战斗堡垒和攻坚队伍、强力堵塞风险隐患漏洞"五个强力"方面做文章、下功夫,为全县工作提供了方向和抓手。

2020年坚持"战贫战疫"同部署、两不误，制定出台《古县克服疫情影响确保贫困群众产业就业增收的十二条措施》，通过特色产业、务工就业、产销衔接、资金项目、金融扶贫、兜底保障等方面政策措施，为项目复工复产、群众复农复业注入了"强心剂"，帮助贫困群众解难题、保增收。做强核桃主导产业和有机旱作农业，发展壮大扶贫产业，深化拓展培训就业，培育多元扶贫致富路径。

制定了《古县防范化解返贫风险开展监测处置帮扶的工作方案》，"防""判""帮"三环相扣，闭环管理，确保已脱贫人口不返贫。2020年9月国家统计部门脱贫攻坚成效调查（普查）中，古县各项指标在省定贫困县均名列前茅，奖励800万元。在2021年5月25日全省脱贫攻坚总结表彰暨乡村振兴推进大会上，古县脱贫攻坚工作领导组被省委、省政府表彰为脱贫攻坚先进集体。

第六章　回顾建县 50 周年光辉历程

2021 年是古县建县 50 周年。五十载峥嵘岁月，古县人民风雨兼程，初心不改。回望过去，历届县委、县政府坚持"一张蓝图绘到底、一任接着一任干"，久久为功、接续奋斗，团结带领一代代智慧勇毅的古岳儿女栉风沐雨、负重前行，坚定扛起时代赋予的历史使命，历经沧桑而初心不改、饱经风霜而本色依旧，推动古县各项事业发生翻天覆地的变化。

五十载峥嵘岁月，古县人民砥砺奋进，谱写华章。一方水土养育一方人。在牡丹文化、相如文化、太岳红色文化的熏陶下，勤劳淳朴、团结奋进的古岳儿女凝心聚力，乘势而上，攻坚克难，经济社会发展成果丰硕，城乡面貌显著变化，人民生活水平显著提升，古岳大地呈现出一派欣欣向荣、生机勃勃的新气象。

五十载峥嵘岁月，古县人民铭记历史，继续前行。站在新的历史起点，古县人民将在习近平新时代中国特色社会主义思想的指导下，立足新发展阶段，贯彻新发展理念，抢抓构建新发展格局的历史机遇，紧紧围绕县委"１２３４"工作重心，锚定"一城一区一园四地"战略定位，在建设富裕文明美丽幸福古县的新征程中续写新的辉煌。

为集中展示古县建县 50 年来取得的辉煌成就，更好

更全面地宣传古县、推荐古县，提升古县知名度和美誉度，进一步激发全县干部群众"跟党走、爱古县、爱家乡"的家国情怀。2020年11月，县委常委会研究通过《关于印发古县庆祝建县50周年系列活动工作方案的通知》，在全县广泛开展建县50周年系列活动，以"回眸五十年 共谋新发展"为主题，通过举办系列庆祝活动，大力营造建县50周年的浓厚氛围，展现古县人民蓬勃向上、开拓进取的精神风貌，引导广大干部群众不断增强谱写建设富裕文明美丽幸福古县新篇章的信心和决心。

2021年7月31日至8月1日，应邀参加庆祝建县50周年系列活动的省市领导、在古县工作过的领导、古县籍在外领导和各界人士、在古县退休的老领导、在古县插队的北京知青代表和其他各界嘉宾等150余人，齐聚古县。各界嘉宾参加庆祝古县建县50周年招商引资推介签约会，视察了近年来建设的重大工程和产业项目，观看了庆祝建县50周年"奋进的古县"文艺晚会，参观了系列成就展、摄影展和书画展，共同出席古县建县50周年总结暨全方位推进高质量发展动员大会。与会各界嘉宾回顾了古县50年发展历程，高度评价了近年来经济社会发展取得的巨大成就，倾诉了对古县这片热土的深情厚谊，表达了对古县未来发展的殷切期许，以拳拳乡情为古县的新目标、新征程送上了美好祝福。古县广大干部群众群情激奋，自豪感溢于言表，社会各界反响强烈，为全方位推进高质量发展进一步凝聚了力量。

第一节 纪录片《足迹》回顾总结古县发展历程

古县发展纪录片《足迹》筹备工作于2021年2月启动，期间，县融媒体中心多次与临汾广播电视台对接，搜集时事热点、宣传方向、亮点特色工程、旅游产业、古县人民幸福生活等关键点。同时，临汾市电视台专题纪录片编导团队进入整体构思、脚本撰写和现场拍摄。

7月下旬，临汾市电视台拍摄团队开始设计整体纪录片 AE 包装风格、统一色调、统一节奏、统一风格，经过 10 余次修改，7月底宣传片正式完成，总时长 18 分 10 秒，由古县最具亮点、特色的内容拍摄制作而成，分为古县建县 50 周年大事记和《足迹》——古县建县 50 周年巡礼两部分，其中大事记将建县五十年以来的大事要事一一展现；《足迹》分为五个篇章：综合实力持续增强；经济结构加速转型；城乡面貌日新月异；社会事业全面进步；全面小康凯歌高奏。

纪录片采取线上＋线下两种渠道同步发布，在临汾电视台 1 套、2 套、3 套高频次播出，并在"临汾 TV""古县新闻""古县广电"微信公众号，古县融媒客户、古县电视台等媒体进行专题推送，累计阅读量达 5 万余人次。

第二节　文艺采风活动"记录古县"

为庆祝建党 100 周年，古县建县 50 周年，县委宣传部、古县文联以及各协会组织文艺工作者在全县范围内开展作家写古县、音乐家唱古县、摄影家拍古县、书画家画古县等系列采风活动。"作家写古县"活动征集以"建县 50 周年"为主题的文章，筹备编辑《岳阳文艺》建县 50 周年专刊，于 7 月 20 日顺利出书 3000 册并将图书送机关、送学校、送企业、送乡村。设计《岳阳文艺》专刊礼盒，7 月 31 日在庆祝建县 50 周年大会上赠送给曾经在古县工作和在外工作的古县籍社会各界人士。组织作家协会会员深入北平镇、古阳镇、岳阳镇等乡村进行作品创作采风活动，筹集以建县50周年为主题的诗歌、散文、纪实文学等作品，与七棵葱文学社就建县50周年文学作品创作进行交流。组织音乐家协会会员开展"送歌声下基层"建县50周年系列采风活动，协调音乐家协会会员协助文旅局拍摄制作山西民歌会短视频，全年拍摄20期。组织音乐舞蹈家协会成员参与协办"奋进的古县"庆祝建县50周年文艺晚会。"摄影家拍古县"活动由摄影家协会组织摄影爱好者到古阳镇凌云村开展"梨花又开放"采风活动。在古县第十四届"天下第一牡丹"文化旅游节期间，组织摄影爱好者进入牡丹景区开展采风活动，全面宣传古县文化旅游。"书法家写古县"活动，组织书协会员在文化活动中心三楼开展以"记录古县，建县五十周年"为主题的现场书法活动。

第三节 举办庆祝建县50周年书画展、摄影展

本次书画展、摄影展活动由县总工会、文联牵头，县委宣传部、政协办、档案局、文旅局、融媒体中心、各职工书画协会、古县摄影家协会、各职工摄影家协会等单位配合共同商定，制定书画、摄影作品展实施方案，于4月1日印发《关于印发古县庆祝建县50周年书画展暨全县职工书画作品展实施方案的通知》与《关于印发古县庆祝建县50周年摄影展暨全县职工摄影作品展实施方案的通知》。实施方案中明确各相关单位职责与任务分工，由政协办、总工会负责制定活动实施方案，统筹安排部署、策划协调活动期间相关事宜；文联负责县内书画、摄影作品征集、

征集作品质量审核、布展场地协调、展厅布置及文字说明工作;领导小组负责征集在古县工作过领导的作品、古县籍在外人士作品;融媒体中心负责宣传报道;古县职工书法协会负责全县书画作品征集、制作、优秀作品评选、装帧装裱、布展布置等工作;古县摄影家协会负责摄影作品征集、制作、优秀作品评选、布展布置等工作。各相关单位安排专人负责,同心协力,确保作品高标准高质量按时间要求圆满顺利完成。

本次书画展、摄影展共分为三个阶段,4月1日至5月31日为参展作品征集阶段;6月1日至6月15日为参展作品评审阶段;7月1日至10月30日为优秀作品展示阶段。

书画作品要求分为书法类与美术类两大类,书法类包括毛笔书法、篆刻两部分,临摹作品要求临摹古代法帖,创作作品要求以《习近平用典》、"学党史·跟党走·爱古县·建家乡"为主题,中国传统诗词歌赋;书体不限;

美术类包括国画、油画、水粉画、版画、漫画、素描、剪纸等。截至7月上旬共甄选出150幅优秀作品在文化活动中心一楼布置展览。

7月15日，建县50周年"学党史·跟党走·爱古县建家乡"书画展、摄影展成功举办开展仪式。书画展通过"历史印迹、红色记忆、文明古县"三个板块表达了古县广大干部群众敬党爱国、拼搏进取、昂扬向上的精神风貌。摄影展共展出优秀摄影作品100幅，通过"党旗飘扬、成长足迹、感人故事、时代风采、幸福生活、美丽古县"六个篇章重温党的历史，讴歌党的业绩，展示了古县50年来发生的巨大变化。

第四节 举办庆祝建县50周年系列成就展

为全面展现古县建县50年来取得的成就，增强发展信心，动员全县党员干部凝心聚力共创古县美好未来，县委、县政府决定举办古县庆祝建县50周年系列成就展，分别从总述、三农工作、工业发展、文化旅游、商贸发展、城市建设、交通事业、民主法治、民生事业、党的建设等方面展现古县建县50年来走过的风雨历程与取得的丰硕成果。成就展从2021年初开始筹备，十个领域牵头单位确定布展方案，积极搜集有关资料。自7月初县委办公室牵头进行布展统筹设计，先后召开推进会5次，组织各单位碰头会50余次，统稿审核3次，文字编撰27000余字，在千幅优秀摄影照片与百幅珍贵老照片中精心挑选，最终选取660张具有标志意义的图片用于展示。

成就展共分为10个篇章，50块板面，总述篇共6个板块，分别为序言、古县各个时期发展思路的演变、古县历任书记、革委会主任与政府历任县长介绍、古县经济发展变化与大事记。三农工作篇共9个板块，分别从农村改革发展历程、农业发展历程、林业发展历程、核桃发展历程、畜牧发展历程、农田水利建设、土地整理开发、农机事业发展成果与扶贫工作进行讲述。工业发展篇共4个板块，分别为50年工业发展代表图片、环境保护工作板块与经济技术开发区建设板块。文化旅游篇共2个板块，分别为古县现有人文、自然景观与文化事业发展情况。商贸发展篇选取不同年代群众购物和商贸流通企业外观图片进行对比。城市建设篇共5个板块，分别为城市建设板块、城市框架和公共服务能力提升、文明城市建设、卫生城市建设与园林城市建设。交通事业篇共3个板块，分别为建县以来交通事业取得的成绩、交通事业"建管养运"一体化建设和近年来交通事业取得的荣誉、国道341线公路改建工程情况。民主法治篇共4个板块，分别为县人大发展历程、县政协发展历程与县委政法委、公安局、法院、检察院、司法局发展历程。民生事业篇共6个板块，分别从医疗、疾控、妇幼、残疾人事业、医保、社保、教育事业发展与体育事业发展各方面加以讲述。党的建设篇共9个板块，分别为概述、历届党代会工作汇报与选举出的县委班子成员、纪检监察工作、组织工作、宣传思想工作、统一战线工作、人民武装事业发展、工会工作、共青团和妇联工作。最后选取霍山日出作为成就展结语板块，象征古县各项事业像初升的太阳蒸蒸日上，昭示古县将在全面建设社会主义现代化国家新征程中取得更加辉煌的成绩。

第五节 "古县文化系列丛书"出版发行

为深入贯彻落实习近平新时代中国特色社会主义思想和党的十九大、十九届二中、三中、四中、五中全会精神，贯彻落实党的十九届五中全会关于繁荣发展文化事业和文化产业任务要求，深入推进县委"1234"工作重心，特别是文化事业和旅游产业发展，按照县委统一部署，县委宣传部牵头组织编纂"古县文化系列丛书"，充分展示古县悠久历史、深厚文化、秀美山水和独特风情，进一步挖掘、整理和发展古县新文化，提升古县旅游的文化品位，用文化事业的丰硕成果为中国共产党成立100周年和古县建县50周年献礼。

丛书编纂以统筹兼顾、守正创新、通俗易懂、古为今

用为编纂原则。坚持思想性、科学性、艺术性和适用性相统一；坚持知识性、可读性、系统性和学术性相协调；坚持以历史的眼光审视古县，以文化的视野观察古县，以艺术的手段表现古县。坚持用富有历史文化价值和旅游观赏价值的图文资料展现古县自然风貌、人文景观、文物古迹、文学艺术、民俗风情。

丛书共12分册，《古县历史渊源》主要记述古县在不同历史时期的隶属沿革、人类活动、文明进程、地域风情以及各类地理文化信息和神话传说。发展脉络记述至1976年古县建县初期，大事记至2020年。《古县文物古迹》以严谨的考证，简练的文字把一件件文物、一处处古迹定格，把古县深厚历史文化的积淀展现在读者眼前，为研究古县历史提供了丰富的佐证。《古县历史人物》收录上至夏代下至民国时期古县籍及外籍在古县任职有突出贡献者事迹，对古县历史有一定影响力的反面人物也一并记述，展现更加完整、更加真实的历史原貌，填补了我县一项文化空白。《古县石刻文化》精选收录南北朝至当代古县境内现存和佚失碑刻356篇,是研究古县地方历史的第一手资料。《古县民间文化》收录古县民间流传的谚语、歌谣、快板等,都是长期以来劳动人民智慧的结晶,反映一方风土人情。《古县红色记忆》重点记述古县作为抗战时期太岳军区第一军分区驻扎地,我党领导太岳革命老区群众与日阎顽强斗争的光荣历史,用回忆录、抗战文艺作品、人物传记等丰富的史料,赞颂老区人民为抗战胜利和全国解放作出的贡献。《古县景观文化》从历史记述中寻访古岳阳八景,从古人诗词中感悟景观情趣,用文学作品赋予古县新十景新内涵,同时将四大树王、历史文化名村和地标建筑收录其中,充分展示古县人文景观风貌。《古县当代文学》主要收录古县文学爱好者创作的小说、诗歌、散文,以及外籍人士描写古县的文章作品,展现古县浓厚的文化氛围。《古县当代书画》主要收录古县各界人士的书法作品、美术作品及名家为古县创作的书画作品,妙笔丹青描绘古县发展新气象。《古县森林资源图谱》收录古县境内动植物资源图片,并加以详细说明,目的是让人们深入了解自然,尊重自然,顺应自然,保护自然,与自然和谐共生,推动生态文明建设不断迈上新台阶。此外,古县于2019年实现脱贫摘帽,2020年荣膺全国文明城市称号,《古县扶贫故事》《古县文明创建》两书从不同层面对这两个既具有现实意义又有重要历史意义的重大事件进行客观记述。《古县扶贫故事》从亲历者的真情实感出发,反映扶贫干部用诚心真心赢得群众认可和贫困群众自力更生摆脱贫困步入小康生活的可喜变化,从个人角度折射古县脱贫攻坚工作取得的历史性成就。《古县文明创建》收录了全县各级文明集体的创建历程和成功经验,集中展示了古县历届道德楷模事迹,充分展示的近年来我县精神文明的建设成果。

第六节　召开招商引资推介签约会

7月31日上午,以"共享新机遇 共谋新发展"为主题,庆祝古县建县50周年招商引资推介签约会成功举办。本活动由古县县委、县政府主办,古县经济技术开发区和促进外来投资服务中心承办。通过立足现有产业优势,采用产业链招商、以商招商、以企招商等方式,推荐古县投资环境和招商引资优惠政策,以古县经济技术开发区为主要项目承载地,引进支撑作用大、科技含量高、辐射带动强的优质项目,鼓励更多外来企业在古县投资兴业。省政府驻天津办事处、环渤海招商局、农业银行临汾分行、市促进

外来投资局等部门负责人，县委书记庞明明，县委副书记、县长赵晨伟等部分领导及全国各地的优秀企业家，县直有关部门，各乡镇各企业负责人共计90余人参加。

推介签约会上，与会人员观看了古县招商引资宣传片。县委副书记、县长赵晨伟代表县委、县政府致辞，着重从资源禀赋、生产成本、人文历史、营商环境、政治环境五方面详细介绍了我县的突出优势。他表示将以此次活动为契机，进一步促进交流，就合作互惠达成更多共识，为企业做大做强和古县高质量发展奠定更加坚实的基础。本次推介签约会共签约15个项目，涉及农业、新能源、新材料等多个领域，涉及资金102.6亿元。

第七节　召开古县建县50周年总结暨全方位推进高质量发展动员大会

8月1日，古县建县50周年总结暨全方位推进高质量发展动员大会在县文化活动中心隆重召开。市人大常委会主任陈小洪、市人大常委会副主任王金珍应邀出席大会。县委书记庞明明介绍古县50年来的经济社会发展成就。县委副书记、县长赵晨伟主持大会。

大会上，市人大常委会主任陈小洪高度评价了古县50年来取得的发展成就。古县籍在外领导代表，国家旅游局原党组成员、纪检书记刘金平用浓浓乡音对家乡的发展给予了充分肯定，以拳拳乡情为全县的新目标、新征程送上了美好祝福。曾在古县任职的领导代表，省体育局原局长、古县县委原书记王春元回顾了在古县工作的岁月，倾诉了

对这片热土的深情厚谊,表达了对古县未来发展的殷切期许。古县企业家代表、正泰煤气化公司董事长王勇围绕服务和推动县域经济高质量发展,畅谈了自己的感受和信心。

县委书记庞明明代表县四套班子,向全县勤劳勇敢、团结向上的8万古岳儿女表示了诚挚的祝贺!向应邀前来参加庆祝大会的各位领导、各位来宾表示热烈的欢迎!向长期以来关心支持古县发展的各界人士表示衷心的感谢!向为古县改革发展稳定作出贡献的广大党员干部群众表示崇高的敬意。会议强调,在全国上下深入学习习近平总书记"七一"重要讲话精神的关键时刻,在省委林武书记刚刚结束古县调研、充分肯定古县工作、要求全方位推进古县高质量发展的重要节点,我们隆重庆祝古县建县50周年,回顾古县50年走过的光辉历程,共同擘画古县的美好未来。50年前,我们历尽艰辛、披荆斩棘,在乱石滚滚的涧河滩上,垒石筑坝,填土造地,开启了建设古县的豪迈征程。

50年栉风沐雨、砥砺前行，不甘落后的古岳儿女，在党的坚强领导下，在历任班子的团结带领下，攻坚克难、顽强奋斗，取得了一个又一个令人振奋、令人自豪的巨大成就。50年来，全县经济总量不断跃升，三次产业结构不断优化，人民群众与贫困决战，城市建设日新月异，基础设施持续改善，社会事业全面发展，党的建设持续深化加强。

会议指出，50年的发展成绩来之不易，50年的奋斗经验弥足珍贵。站在新的历史起点，必须始终坚持党的领导，不断增强"四个意识"、坚定"四个自信"、做到"两个维护"，努力提高政治判断力、政治领悟力、政治执行力。必须始终坚持以人民为中心的发展思想，牢记习近平总书记"江山就是人民，人民就是江山"的殷殷嘱托，自觉想群众之所想，急群众之所急，解群众之所难，坚持不懈为群众办实事、做好事。必须始终保持"一任接着一任干、一张蓝图绘到底"的定力，以"功成不必在我"的境界和"功成必定有我"的担当，多做打基础、利长远的事，一步一个脚印地推动经济社会各项事业取得实实在在的成效。必须始终保持凝心聚力、团结协作的干事创业氛围，坚持把各项工作放到全县经济社会发展的大局中去认识和考量，心往一处想，劲往一处使，精诚团结，上下齐心，密切配合，和谐共事，奋力蹚出一条全方位推进高质量发展的新路子。

会议强调，五十年开拓进取，沧桑巨变；五十载春华秋实，风雨兼程。今天，古县发展的"接力棒"交到了十一届县委的手中，使命光荣，责任重大。在县委十届七次全会上，县委确立了"十四五"时期的发展方向，即：紧紧围绕"1234"工作重心，着力打造"一城一区一园四地"的战略定位,奋力谱写富裕文明美丽幸福古县新篇章的愿景目标。其中,"一城"就是全力建设精致宜居县城;"一区"就是全力建好省级经济技术开发区;"一园"就是全力建好省级现代农业产业园;"四地"就是全力打造氢能产业发展新高地、太岳板块高效清洁能源产业集聚地、"核桃+"特色农业示范地、康养健身休闲生态旅游目的地。这既是县委立足实际擘画出的美好蓝图,又是吹响全方位推进高质量发展的奋进号角,更是全县人民的共同期盼。今日之古县,活力迸发,前景广阔,未来可期,古县将以昂扬的斗志和崭新的姿态,奋力开启全方位推进高质量发展的新征程。

在习近平总书记发表"七一讲话"吹响向第二个百年目标奋进的关键时刻,在我省全方位推进高质量转型发展的重要时期,在全县上下贯彻落实古县第十一次党代会决策部署,奋力取得十四五开局新胜利的重要节点,召开此次大会,意义重大,影响深远。会议客观回顾了50年来中国共产党领导我们取得的辉煌成就,进一步坚定了全县人民矢志不渝跟党走的思想共识,进一步凝聚了全县干部群众全方位推进高质量发展的奋进力量,进一步激发了全县干部群众谱写社会主义现代化事业古县新篇章的信心和决心。这是一次胜利的大会、团结的大会,奋进的大会,全县广大干部群众必将高举习近平新时代中国特色社会主义伟大旗帜,增强"四个意识",坚定"四个自信",践行"两个维护",坚持新发展理念,抢抓新发展机遇,构建新发展格局,紧紧围绕县委"1234"工作重心,锚定"一城一区一园四地"战略定位,坚定信心、顽强拼搏,以"功成不必在我"的精神境界和"功成必定有我"的历史担当，一张蓝图绘到底，一任接着一任干，在建设富裕文明美丽幸福古县的新征程上奋勇前行。

第八节　建县50年以来主要荣誉

1984年，省军区授予古县"连续13年征兵无退兵"锦旗一面。

1993年，古县核桃被列为全国优种核桃生产基地。

1996年，古县连续10年被省爱卫会命名为"卫生红旗县城"。

1998年，古县被国家科技部授予全国科技工作先进县。

2000年，国家林业局、中国经济林协会授予古县"核桃之乡"称号。

2006年，古县被山西省委、省政府授予"计划生育优质服务先进县"称号。

2008年，全国爱国卫生委员会授予古县"国家卫生县城"称号。

2009年，古县被山西省委、省政府授予"人口和计划生育工作目标考核先进县"称号。

2010年，古县成为山西省第一批临汾市首家"省级环保模范城"。

2010年，古县农产品核桃获得"中华人民共和国农产品地理标志登记证书"。

2010年，古县被国家人口和计划生育委员会命名为"国家计划生育优质服务先进县"。

2011年，古县被授予全省"'十一五'时期经济社会发展先进县"称号。

2011年，古县获得临汾市首家"省级文明县城"称号。

2012年，古县被省科技厅评定为"全省可持续发展实验区"。

2012年，古县荣获"山西省文化强县"称号。

2013年，古县被评为"2013年度县域经济发展先进县"，被省农业厅确定为全省十大养牛重点县。

2013年，古县以全省第一名的成绩再次获得"省级文明县城"称号。

2014年，古县被国家住建部授予"国家园林县城"称号。

2014年，古县被定为临汾市首家省级低碳试点县。

2014年，古县被中央文明委确定为"全国县级文明城市提名城市"。

2014年，古县获得"山西省林业生态县"称号。

2015年，古县被省委、省政府授予"2014年度省级平安县"称号。

2015年，古县被国务院教育督导委员会授予"全国义务教育发展基本均衡县"称号。

2017年，古县被推荐为2018—2020年创建周期全国文明城市提名城市。

2018年，古县被评为"山西省率先实现农业机械化综合示范县"。

2019年，古县被评为"全国信访'三无'县"。

2019年，古县被评为"山西省食品安全示范县"。

2020年，古县被评为"山西省农产品质量安全县"。

2020年，古县被评为"山西省产业扶贫示范县"。

2020年，古县荣获"全国文明城市"称号。

2021年，古县脱贫攻坚领导组被省委省政府表彰为"山西省脱贫攻坚先进集体"。

2021年，古县被省依法治省办公室评为"全省法治政府建设示范县"。

附 录

附录

革命领导人路居地

▶ 北关朱德路居地

北关朱德路居地,位于古县岳阳镇城关村北关。1938年2月19日,朱德、左权率总部经洪洞县苏堡到安泽县城城关(时称岳阳,为抗日

城关村朱德路居地

民主政府所在地),住开明士绅王之哲院内,警卫营大部住城关南堡。

朱德路居坐北向南,二进四合院布局,现仅存过厅、后院西厢房、北房等,南北长25.27米,东西宽17.4米,占地面积400平方米。过厅面阔三间,进深四椽,单檐灰筒板瓦硬山屋顶。北房为二层楼,上层建筑已毁,下层为三孔砖砌窑洞。旧址为重要的爱国主义教育基地。2002年公布为古县第二批文物保护单位。

▶旧县朱德路居地

旧县村朱德路居地

旧县朱德路居地，位于古县旧县镇旧县村内。1938年2月23日凌晨，朱总司令率总部出县城南门前往东南部的旧县镇部署临屯公路对日阻击战。中午，县长邓肇祥带自卫队到旧县镇报到。经过四天三夜激战，取得了旧县阻击战的胜利。

当时，指挥部设在孔祥麟院内。朱德总司令住旧县镇旧县村村民刘景泰家，路居为坐北向南的三孔土窑洞，东西长14.9米，南北宽9.25米，占地面积138平方米，单孔高2.5米，面阔4米，深9米。路居旧址是革命传统教育的重要基地。1995年公布为古县第一批文物保护单位。

▶刘垣朱德路居地

刘垣朱德路居地，位于古县南垣乡刘垣村南。1938年2月23日至25日，朱德在此指挥了临屯公路阻击战。

朱德路居为坐北向南的三孔土窑洞，占地面积1260平方米，现已无人居住。

刘垣村朱德路居地

附录

▶白素彭德怀路居地

白素村彭德怀路居地

白素彭德怀路居地，位于古县古阳镇白素村中。1938年2月上旬，八路军彭德怀副司令员率部队自洪洞前往晋东南，途径白素村时居住一夜。路居旧址坐西向东，四合院布局，南北长19.46米，东西宽18.90米，占地面积367.8平方米，现存建筑有南、北厢房、正房等。正房为三孔砖砌窑洞，南、北厢房均为面阔三间，单檐硬山屋顶建筑，南厢房屋顶坍塌，北厢房屋顶改建。

▶贾寨薄一波旧居

贾寨村薄一波旧居

贾寨薄一波居住旧址，位于古县北平镇贾寨村。1943年1月，晋豫区与太岳区合并，组建新的中共太岳区委，同时组建新的太岳军区，司令员陈赓、副司令员谢富治、政治委员薄一波。薄一波政委在岳北军分区检查指导工作时在贾寨村居住。旧址为清代晚期建筑，东西长18.26米，南北宽15米，占地面积273.9平方米，坐北向南，四合院布局，现存有正房、东西厢房，正房面阔三间，进深四椽，单檐灰板瓦悬山顶。

附录

革命历史遗址

▶宝丰岳北地委、专署旧址

宝丰岳北地委、专署旧址,位于古县北平镇下宝丰村。1941年12月,中共中央提出了"精兵简政"的决策,1942年9月1日,中共中央发出《关于统一抗日根据地党的领导及调整各组织间关系的决定》(简称九一决定)。按照中共中央要求,1943年1月,晋豫区与太岳区合并,原太岳区一、二、三地委、专署合并为一地委、一专署。3月,岳北地委、岳北专署在宝丰村成立,与一地委、一专署为统一机构的两种称谓。地委书记顾大川,专署专员

宝丰村岳北地委、专署旧址

周义中,主要领导该地区的抗日武装斗争。李成芳(中将)、刘有光(少将)等曾在此战斗过、生活过。2010年公布为古县第三批文物保护单位。

▶贾寨岳北军分区旧址

贾寨村岳北军分区旧址

1943年1月,晋豫区与太岳区合并后,组建新的中共太岳区委员会。3月,岳北军分区(第一军分区)在贾寨成立,李聚奎、李成芳先后担任司令员,顾大川任政委。军分区下辖一旅二十五团、三十八团、五十九团(军分区基干团)、洪赵支队和沁源、安泽等11个地方军事组织。2010年公布为古县第三批文物保护单位。

▶神圪垛太岳中学旧址

神圪垛太岳中学旧址,位于古县古阳镇凌云村神圪垛自然庄。1940年8月1日,太岳中学在沁源县建立。第

神圪垛村太岳中学旧址

三专署路西办事处主任裴丽生兼任校长，刘舒侠任校务主任（后任校长）。这是一所培养县、区初级干部的学校。在抗日战争和解放战争期间，为太岳区党政军各部门培养三千余名干部。1943年春，太岳中学由沁源迁至古县神圪垛，校长为刘舒侠，队长杨佐直。学校在此共19个月，有学员260名，后迁至沁源县柏子镇王河村。旧址建筑整体保存完好。2002年公布为古县第二批文物保护单位。

▶岳北军分区医院旧址

岳北军分区医院旧址，位于古县北平镇贾寨村。1943年3月，岳北军分区（第一军分区）在贾寨成立，有决死纵队一旅领导机关兼岳北军分区司令部，司令员先后为李聚奎、李成芳，村内大部分民房均住有伤员。旧址为清代晚期建筑。南北长18.61米，东西宽17.26米，占地面积

贾寨村岳北军分区医院旧址

321.2平方米，坐北向南，四合院布局，现存有大门、正房、东西厢房、南房，手术室设在南房，正房面阔三间，进深四椽，单檐灰板瓦悬山顶。

▶ 霍山剿匪总指挥部旧址

20世纪40年代期间，霍山一带土匪活动频繁。1942

圪堆村霍山剿匪总指挥部旧址

年8月开始剿匪,当时总指挥部驻扎在古县北平镇圪堆村菩萨庙。旧址坐北向南,占地面积567平方米,四合院布局,现保存完整。

▶临汾战役战地救护所旧址

临汾战役战地救护所旧址,位于古县南垣乡孙寨村。1948年3月至6月临汾战役期间,在孙寨村设立战地救护所,全村90%以上的民房均住有伤员,现村内民房墙壁上仍留有"伤员就是有功人,人民功臣人人敬""前方战斗是英雄,医院休养是模范"等标语。村民崔振江院为当时主治医生的住所,其院西侧为手术室(现已毁)。旧址坐北向南,南北长21米,东西宽12.98米,建筑占地面积约273平方米,现存砖砌窑洞3孔,保存较好。救护所旧址是革命传统教育的重要场所。2002年公布为古县第二批文物保护单位。

孙寨村临汾战役战地救护所旧址

城关村赵子岳故居

▶ 赵子岳故居

赵子岳故居，位于古县岳阳镇城关村567号。其故居坐北向南，四合院布局，现仅存东房、南房等，南北长16.63米，东西宽14.93米，占地面积248平方米。据东房脊檩题记记载，故居东房创建于1937年，面阔三间，进深四椽，五檩无廊式结构，二层单檐灰板瓦硬山屋顶。

革命烈士纪念基地

▶ 古县烈士陵园

县城东屏风山半腰,原文昌阁旧址,有一块三亩平地,1947年安葬了多位临汾战役死难烈士遗骸。1971年古县建制后,县委、县政府将境内散葬的烈士遗骸迁葬于此。每年清明节,机关干部、当地群众、中小学生、烈士亲属都要到这里扫墓祭奠,缅怀先烈。2002年,县委、县政府决定修建烈士陵园,2003年4月3日清明节动土修建,翌年第一期工程竣工。

古县烈士陵园

2006年4月，古县县委、县政府又投资55万余元扩建烈士陵园，建起烈士纪念馆、大门牌楼等建筑，8月完工。至此，古县烈士陵园成为古县一处规模较大、设施比较齐全的纪念革命先烈、弘扬革命精神的教育基地。

陵园牌楼高8.5米，宽10米，由四根方柱和横额组成，柱直径50厘米，中间两柱高，组成大门，两侧柱稍低，与中间两柱分别组成两侧门。整体为混凝土框架结构，外贴草白玉石材。牌楼上方正中镶嵌着黑色大理石刻鎏金字匾，正面是时任中国人民解放军副总参谋长傅全有上将题写的"古县烈士陵园"六个大字，背面题写着"人民英雄永垂不朽"八字。四柱刻有鎏金手书楹联。

入门后是一小广场。北侧为纪念馆。纪念馆坐北向南，长18米，宽11米，高10.5米，建筑面积198平方米。正中上方镶嵌着一面黑色大理石，上面刻着2006年傅全有题写的"古县烈士纪念馆"。馆内陈列着先烈们英勇斗争及日伪暴行的图片和实物。

建成后的烈士陵园，中央为纪念碑。纪念碑仿照天安门广场"人民英雄纪念碑"样式建造，高12.5米，占地70.47平方米，为草白玉石材贴面，高大巍峨，令人肃然起敬。纪念碑坐东向西，正面刻有"革命烈士纪念碑"七个鎏金大字，碑为双层底座，上层底座正面刻着《兴建革命烈士纪念碑记》，其余三面分别为松、竹、梅浮雕，寓意革命先烈浩气长存，精神永在。

纪念碑后为英烈墓，安葬着烈士遗骨。墓上雕塑有太阳和月亮图案，意寓着革命先烈精神与日月同辉。

纪念碑北面建有英烈亭，亭内立烈士英名碑。英名碑为六棱石柱，正面刻有中共古县县委、古县人民政府碑文："为铭记历史，缅怀先烈，今将驱倭寇斗顽匪、为国捐躯的 428 位烈士英名镌刻于此，旨在昭示古岳儿女，永记其业绩，弘扬其精神，在兴县富民伟业中，与时俱进，再创辉煌。"其余 5 面是 428 位烈士的英名。

烈士陵园建成后，对园内进行绿化、美化，共栽植松树、刺柏等各类树木 3000 余株，种植大片绿草，陵园内四季常青。

附：革命烈士名录

岳阳镇

抗日战争时期

韩培智	李永贵	阴洪恩	张　录	段秉俊	丁三桂
薛文忠	杨艮福	李之予	冯春祯	郑东富	郭松林
贺庆有	张振甲	张玉良	李发云	赵恒山	李之贤
师贤荣	成福录	李泽玉	邢玉堂	李青山	阴修杰
张金太	任吉亮	刘春德	高登山	刘占龙	张庆山
刘培财	阎三旺	吴德元			

解放战争时期

李喜子	侯东学	王思其	王小娃	王成虎	郭全顺
刘喜堂	李杰生	田武山	周玉贵	赵福锁	李金山
陈有来	李金德	李德录	吴怀清	刘长兴	王继青
郝玉贵	史连祯	孟文兰	陈有新	刘克清	阎忠志
孙玉龙	裴元兴	石良子	赵金发	李振贵	张金龙

孟小山	李发锁	张存有	高登峰	卫生俊	张其贵
李洪文	赵洪祥	高长禄	李　安	许洪文	白来喜
赵岐山	吕生金	李光贞	李文全	宋文涛	王怀甲
王怀珍	王耀福	高维杰	吕山林	李树林	张启明
乔梅生	任善金	王保山	范福升	周永孝	乔兴帮
王玉培	吉根成	牛心房	任其彪	许永胜	赵德珍
杨福锁	贺金财	赵庆义	李春祯	程兴光	李德胜
李保华	陈西衡	李洪斌	阎新河	高维汉	赵金贵
赵兰珠	武天保	杨德金	贺希贵	孟金锁	王佐财
扈　龙	高维光	李洪录	刘青林	刘占艮	武国亮

中华人民共和国成立后

阎德胜	牛天福	刘子兰	杜志成	房福堂	贺庆杰
董登科	杨文政	贺金胜	李云云	李福贵	张学山
吕根虎	高存善				

北平镇

抗日战争时期

张三儿	丁德胜	王秃娃	白洪子	任当科	房居奇

解放战争时期

王世玲	李福元	张艮喜	赵全喜	孙青山	郭义生
鲍栓会	赵果生	韩永祥	任满柱	王贵元	阴培雨
赵怀慧	侯世昌	张贵山	师顺喜	苏玉春	王满喜
任天喜	柴文书	任焕章	王清亮	刘顺义	冯二小
王清和	李成保	魏志玉	柴树宝	张万德	房保荣
陈林旺	王林元	陈林元	师保安	雷万秀	尚金贵

古阳镇

抗日战争时期

王长科　周宗仁　姚林风　赵怀昌　李生俊　刘志俊
曹万秀　李连生　刘德全　刘福帮　李生萼

解放战争时期

刘笃鑫　李全毛　李和尚　刘广珠　杨吉富　李德全
王福珍　张文岐　刘宝贵　宋金柱　籍足茶　杨作相
刘克明　丁金元　周士培　田文金　李根命　刘学智
李生乐　赵德庆　杨发俤　房福红　赵德文　范福根
田国台　王有帮　杨福秀　杨发榜　赵德记　史来斤
李银喜　程四旦　刘定帮　孙全贵　王长敬　周来生
张文成　宗福全　李生贵　王国印　周永祥　苗德兴
牛洪文　谢根成　赵怀珠　赵元伟　赵洪珍　范文发
刘荣帮　房玉印　孟宪法　周永标　李福龙　马国太
赵丙辉　周天培　刘维奇　张晓录　武国祥　程守文
张文贤　刘少胜　杨发云　李志泉　张洪凤　王振录
杨玉祥　赵宗宪　赵二子　刘志进　李长秀　王振潮
韩秀彦　李丰润　赵贤哲　武国梁　刘广录

中华人民共和国成立后

赵名甫　李长喜　赵志熊　王林元　赵德荣　李登科
赵正泰　程林宝　高士玉　李庆茂　杨继红

石壁乡

抗日战争时期

李玉祯　李绍曾　韩青山　李长佳　吕茂芳　荆玉莲

王怀珠　　袁金榜　　任成绩　　杨春峪　　沈风昌

解放战争时期

　　苏吉军　　赵玉奎　　许德华　　刘周臣　　段庆吉　　周廷祥
　　阴茂云　　李栓柱　　刘天成　　王生茂　　李荣让　　邸如义
　　张新春　　赵斗娃　　吕生宝　　段庆腰　　陈新年　　李金保
　　赵芝山　　赵德胜　　吕庆兰

中华人民共和国成立后

　　任成信　　高德胜　　马德右　　牟章保

旧县镇

抗日战争时期

　　李根龙　　贾和山　　李长运　　乔国玉　　刘发才　　郭忠仁
　　康金发　　李瑞芝　　张福和　　王德胜　　郭英太　　李根东

解放战争时期

　　张广德　　王其发　　燕青勋　　刘玉海　　王道祥　　吴　俊
　　李敬文　　邢　保　　孔繁财　　陈生富　　邵明魁　　董士安

中华人民共和国成立后

　　刘　斌　　赵善良

永乐乡

抗日战争时期

　　申新有　　邓景仁　　鲁德红　　赵命保　　刁常泉　　王登云
　　路贵良　　胡振山

解放战争时期

　　董才云　　王宝山　　刘白娃　　张福财　　韩连顺　　李志强
　　马玉龙　　张长荣　　王长道　　马秀元

南垣乡

抗日战争时期

　　王丰奎　韩学信　李魁财　任希泉　孙　平　张连升
　　贾根文　刘同秀　崔德功　黄生蛋　杨景天　秦希贵
　　王振德　苗建国　张增富

解放战争时期

　　廉建国　李长河　许福堂　朱将牛　段大锁　王吉智
　　吴秀基　孔小富　梁周告　陈立从　张兆伟　庞廷银
　　孙连有　张关堂　刘小喜　李殿武　邹明魁　贾家有
　　王兰柱　张福财　朱来宝　范克见　张存墨　孙秉权
　　张玉亮　唐小娃　吴金凤　陈福来　南山虎　刘文彬
　　席顺成　卫德胜　王占兴　芦振升　吴二忠　韩小元
　　杨逢新　苗　奇　陈锡贞　苏洪胜　张长寿　乔茂森
　　崔富根　郭春富　王才顺　赵占有　常小三　张成礼
　　武倩牛　桀世俊

▶ 郭店烈士墓

郭店烈士墓，位于古县南垣乡郭店村北下河沟西侧。1945年5月，太岳第一军分区一部展开收复安泽县城作战。在郭店村有两个排的战士与日军激战，牺牲的烈士安葬于此。烈士墓坐西向东，占地面积125平方米，墓冢7座，墓冢高约1米，周长4.5米。2002年公布为古县第二批文物保护单位。

郭店烈士墓

▶孙寨烈士墓

孙寨烈士墓，位于古县南垣乡孙寨村北垣上。1948年3月至6月，临汾战役期间，孙寨村设战地救护所，在救护所因伤牺牲的烈士安葬于此。烈士墓坐北向南，占地面积146平方米，原有墓冢15座，后部分烈士家属先后将烈士遗骨移归故里，现烈士墓地夷为平地。2002年公布为古县第二批文物保护单位。

▶偏涧烈士亭

偏涧烈士亭，位于古县岳阳镇偏涧村北。1985年，原偏涧行政公安副主任靳杰、妇救会主任孙俊英为偏涧行政村在抗日战争、解放战争中牺牲的12名烈士所建。亭坐南向北，平面圆形，占地面积9平方米，四角亭，灰筒板瓦顶。亭内立烈士碑1通，青石质，圆首直身方趺，碑高1.29米、宽 0.65 米、厚 0.23 米。正面楷书"革命烈士永垂不朽"，背面楷书刻 12 名烈士姓名。2002 年公布为古县第二批文物保护单位。

▶ 北平革命烈士公墓

偏涧烈士亭

在反"蚕食"斗争中，1941 年 11 月八路军三十八团三连活动于黄梁山一带。红军连长鲁全及 11 名战士壮烈牺牲于此地。

为了纪念在黄土梁战斗中牺牲的烈士，当地军民于 1942 年 12 月将 12 位烈士遗骨集中安葬，建立了"黄土梁烈士公墓"。2012 年，北平镇党委、政府重新修建烈士纪念亭，重立烈士纪念碑。该园占地 1580 平方米，成为古县又一个爱国主义和革命传统教育基地。

北平烈士墓

▶贾寨烈士墓

1943年日军围攻沁源,太岳区党委、军区、行署、后方医院等机关被迫转移,进驻贾寨。薄一波、陈赓、裴丽生等在贾寨指挥军民奋勇杀敌,至

贾寨烈士墓

1945年陆续迁离。贾寨村民为保卫领导机关,救护伤病员,做出了巨大贡献。当地军民将1938年至1945年间,在村后方医院牺牲的三八六旅和决死一纵队烈士李维屏等数十人安葬于村东山坡上。2013年,贾寨村党支部、村委会,重修烈士墓。烈士墓占地500余平方米,建有烈士亭、烈士纪念碑、围墙等,为古县爱国主义教育基地。

▶张庄烈士墓

张庄烈士墓

临汾攻坚战于1948年3月7日由晋冀鲁豫军区发起,于5月17日结束,战役历时72天,共毙伤俘敌25000余人。战役期间,古县境内张庄设立后方医院。13名战士因伤势过重,医治无效

而牺牲，当年集体安葬在天明山下。2015年，经县老区建设促进会多次建议，县民政局、岳阳镇政府和张庄村于2016年清明期间将散葬的13名烈士遗骨集中安葬，新建张庄村烈士墓园并立碑纪念。

红色教育基地

▶ 中国人民解放军古县人民武装部国防教育暨部史馆

武装部部史馆暨国防教育基地

根据中央军委办公厅《关于新时代军事场馆体系建设规划》和在全军中开展"传承红色基因，担当强军重任"主题教育活动的要求，古县人民武装部于2018年在本部三楼建立了中国人民解放军古县人民武装部国防教育暨部史馆。

展厅中央雕塑古县平面区划图，四周悬贴有关军事方面的图片117幅。展出内容分两部分。

本史馆展出的图片及史料，记述了革命老区人民同日军、反动派斗争的史实，同时介绍一些国防常识，是对广大干部群众、青少年学生进行"国防教育"的重要阵地。

党政军领导在古县革命老区活动简介

朱　德（1886—1976）　四川仪陇人。伟大的无产阶级革命家、政治家和军事家，党、军队和国家的主要缔造者，开国元帅。1937年11月20日，朱德率八路军总部经沁源转移到古县古阳镇白素村，第二天转移到洪洞县。1938年2月21日至3月1日，在古县指挥了临屯公路阻击战。

邓小平（1904—1997）　四川广安人。伟大的无产阶级革命家、政治家和军事家，党、军队和国家的主要领导人之一，党的第二代领导核心。抗日战争时期担任一二九师政委、太行军政党委书记，1942年初到太岳区，驻安泽县，领导指挥了"四一五"保卫根据地反顽战役，并指示坚决消灭日伪军操纵的土匪和红枪会反动武装。

彭德怀（1898—1974）　湖南湘潭石潭镇人。无产阶级革命家、军事家和政治家，开国元帅，曾任国务院副总理兼国防部长。1937年11月20日，率领八路军总部从晋东南经沁源转移到古县白素村，第二天转移到洪洞县。

薄一波（1908—2007）　山西定襄人。1925年加入中国共产党，1936年10月改组牺盟会，1937年成立山西青年抗敌决死队，为古县派来抗日民主县长，率领决死纵队建立太岳根据地，经常在古县开展抗日工作。曾任太岳

古县革命老区发展史

军区政委、司令员，中共太岳区委书记，边区副主席，为太岳根据地的建立和发展做出了巨大贡献。中华人民共和国成立后任中央政府第一任财政部部长、第八届中央政治局候补委员、国务院副总理、中央顾问委员会常务副主任等职。

康克清（1911—1992） 江西万安人。1931年加入中国共产党，1938年2月任八路军总部直属队组织股长，随朱德到古县参加临屯公路阻击日军的战斗。中华人民共和国成立后任全国妇联主席、全国政协副主席等职。

安子文（1909—1980） 陕西子洲人。1927年加入中国共产党，1936年任中共北平市委组织部部长。抗日战争时期任中共太岳特委书记，太岳区委书记，参与创建太岳抗日根据地，为古县抗日根据地的建立与巩固，做出了巨大贡献，1943年奉调赴延安。中华人民共和国成立后任八大中央委员、中央组织部部长、全国政协常委等职。

牛佩琮（1909—1990） 山西定襄人。1934年6月加入中国共产党，抗日战争时期任决死一纵队政治主任、副纵队长，1941年9月至1949年5月任太岳区行署主任，长期在县境开展工作。1938年初带决死队工作人员到涧河流域开展抗日工作，为古县抗日根据地的建立和巩固做出巨大贡献。1945年2月，在古县被各界代表选为晋冀鲁豫边区参议员。中华人民共和国成立后任河南省副省长，中南区财委副主任，国务院财贸办公室副主任，全国政协常委等职。

裴丽生（1906—2000） 山西垣曲人。1933年4月在清华大学加入中国共产党，1938年2月任山西省六专署河东办事处主任，驻古县多沟村期间培训了大批抗日干部，为古县抗日根据地的建立做出很大贡献。1941年9月后任太岳行署副主任，为太岳根据地的建设和山西省解放做出巨大贡献。中华人民共和国成立后任山西省省长，中国科学院副院长，中国科协党组书记、副主席，中国老区建设促进会会长等职。

左　权（1905—1942）　湖南省醴陵人。无产阶级革命家、军事家，1925年加入中国共产党，黄埔军校一期生，红一军团代理军团长，八路军副参谋长。1938年2月，在古县协助朱德指挥了临屯公路阻击战。1942年5月，在日军"扫荡"中，左权指挥部队掩护总部机关突围转移时牺牲。

陈　赓（1903—1961）　湖南湘乡人。无产阶级革命家、军事家，开国大将。1922年加入中国共产党，黄埔军校一期生，红军第一师师长。抗日战争时期任八路军一二九师三八六旅旅长兼太岳军区司令员。1940年7月在古县指挥了晋家山保卫战，1942年3月指挥了"四一五"保卫战。中华人民共和国成立后任中国人民解放军副总参谋长、哈尔滨军事工程学院首任院长等职。

李聚奎（1904—1995）　湖南安化人。1928年参加平江起义，同年加入中国共产党，曾任红一军团第一师师长。抗日战争时期，任三八六旅参谋长，决死一纵队副司令员，决一旅旅长兼太岳军区第一军分区（岳北军分区）司令员，长期在古县指挥对日作战，比较著名的有梨园袭击战、鞍子沟突围战、"四一五"保卫战等战役，身经百战，战绩辉煌。中华人民共和国成立后任石油工业部部长，解放军总后勤部政委等职。著名的开国上将。

谢富治（1909—1972） 湖北黄安人。1930年参加红军，1931年加入中国共产党，曾任红四方面军总政治部组织部部长，红九军政治部主任。抗日战争时期任三八五旅政治委员，太岳军区副司令员、代司令员，太岳纵队政委，1942年4月参加指挥"四一五"保卫战。中华人民共和国成立后任中央政治局委员，国务院副总理兼公安部部长等职。著名的开国上将。

王新亭（1908—1984） 湖北孝感人。1930年参加红军，同年加入中国共产党，曾任红三十一军政治部主任。抗日战争时期任三八六旅政治委员兼太岳军区政治委员，在古县指挥反"扫荡"作战、晋家山保卫战、"四一五"保卫战、两次青浮反顽战役。中华人民共和国成立后任中国人民解放军副总参谋长、中央军委副秘书长等职。著名的开国上将。

陈锡联（1915—1999） 湖北红安人。14岁参加红军，1930年加入中国共产党，曾任红四军十一师政委。抗日战争时期任一二九师三八五旅旅长，1942年4月参加指挥"四一五"保卫战。中华人民共和国成立后任沈阳军区司令员，北京军区司令员，中央政治局委员，中央军委常委，国务院副总理等职。著名的开国上将。

周希汉（1913—1988） 湖北麻城人。1928年参加红军，同年加入中国共产党，曾任红四方面军总部参谋，红九军作战科长。1939年任三八六旅参谋长兼太岳军区参谋长，1940年6月协助陈赓指挥晋家山保卫战。中华人民共和国成立后任十三军军长，海军副司令员兼海军参谋长等职。1955年被授予中将军衔。

李成芳（1914—1984） 湖北麻城人。1929年参加红军，1931年加入中国共产党，曾任红四方面军团政治委员。抗日战争时期任决死纵队参谋主任，决一旅副旅长兼太岳第一军分区副司令员、司令员，决一旅旅长，在古县长期指挥反"扫荡"作战，参与指挥将军沟截击战，"四一五"反顽战役，两次青浮反顽战役，同蒲路对日伪军最后一战。后任二野十四军军长，中华人民共和国成立后任志愿军十五军代军长，武汉军区副司令员，昆明军区第二政委，五机部部长，武汉军区第一政委等职。1955年授衔中将。

张祖谅（1911—1961） 河南商城人。1931年参加红军，1932年加入中国共产党，抗日战争时期任三八六旅七七二团政委，旅政治部主任，太岳军区三分区副政委。1940年6月参加晋家山保卫战、"四一五"反顽战役和两次青浮反顽战役。中华人民共和国成立后任志愿军六十军军长，南京军区参谋长等职。1955年授衔中将。

刘　忠（1906—2002） 又名刘永灿，福建上杭人。1929年参加红军，同年加入中国共产党，曾任红二师五团政委，红一军团司令部侦察科长。抗日战争时期任三八六旅政委，太岳军区第二军分区司令员，先后参加指挥了"四一五"反顽保卫战、两次青浮反顽战役。解放战争中任太岳军区司令员，中华人民共和国成立后任中国人民解放军军事学院副院长，军政大学副校长等职。1955年授衔中将。

毕占云（1903—1977） 四川广安人。1928年参加红军，同年加入中国共产党，曾任红军营长，军参谋长等职。

抗日战争时期任太岳军区参谋长，太岳纵队参谋长，在古县工作战斗过。1942年10月陪同刘少奇到古县视察工作。中华人民共和国成立后任武汉军区副司令员等职。1955年授衔中将。

李德生（1916—2001）　河南信阳新县人。1930年参加红军，1932年加入中国共产党，曾任红四方面军十师交通队支部书记。抗日战争时期任三八五旅七六九团营长，1942年4月参加指挥"四一五"保卫战，率领一个加强营，身先士卒，英勇作战，全歼阎军一个团。中华人民共和国成立后任十二军军长，北京军区、沈阳军区司令员，解放军总政治部主任，中共中央副主席等职。1955年授衔少将，1988年被授予上将军衔。

欧致富（1913—1999）　广西田阳人。1929年参加百色起义，1931年加入中国共产党，曾任红一军团十三团代团长。1938年2月，任八路军总部特务团副团长，参加临屯公路阻击战。中华人民共和国成立后任广西军区司令员、自治区革委会第一副主任，广州军区副司令员。1955年授衔少将。

张汉丞（1913—2008）　湖北麻城人。1930年参加红军，1933年加入中国共产党，曾任红军排长。抗日战争时期任决死纵队五十七团团长，太岳军区第二军分区司令员。任职期间领导太岳二分区的抗日军事斗争，为岳阳县抗日根据地的建设做出很大贡献。中华人民共和国成立后任海军司令部后勤部长。1955年授衔少将。

苏　鲁（1902—1976）　原名苏达余，湖南浏阳人。1927年7月参加红军，同年加入中国共产党，任红六军团五十二团代副团长。抗日战争时期任决死一纵队三大队大队长，二十五团团长，长期在古县坚持抗日斗争，指挥过晋家山保卫战、夜袭岳阳城，参加多次反"扫荡"作战。1949年任十八兵团一八四师副师长，在解放太原战役中亲率突击排冲锋，右臂被炸断。中华人民共和国成立后任山西省军区副司令员。1955年授衔少将。

蔡爱卿（1913—1978） 湖南岳阳人。1930年参加红军，1931年加入中国共产党，任红三军团营长，第十一团参谋长。抗日战争时期任决死一纵队大队长，三十八团团长，太岳一军分区副司令员，决一旅副旅长，长期在古县领导抗战，指挥过晋家山保卫战、"四一五"保卫战和多次反"扫荡"作战。中华人民共和国成立后任广州军区防空军第二副司令员，北京军区防空军副司令员，山西省军区副司令员等职。1955年授衔少将。

雷绍康（1913—1974） 湖北大悟人。1930年参加红军，1934年加入中国共产党，任红四方面军副团长。抗日战争时期任三八六旅十七团团长，1940年6月参加指挥晋家山保卫战。中华人民共和国成立后任湖北省军区副参谋长，南京军事学院科学研究部部长等职。1955年授衔少将。

徐其孝（1914—1997） 湖北麻城人。1930年参加红军，1935年加入中国共产党，任红三十一军二一二团营政治委员。抗日战争时期任决死队第三总队大队长，决一旅二十五团营长，长期在古县参加反"扫荡"作战和反顽战斗，参加指挥了晋家山保卫战、将军沟截击战、金子峪战斗、夜袭岳阳城、青浮反顽战役等著名战斗战役。中华人民共和国成立后任第十三军军长，昆明军区副司令员，65 岁时参加指挥对越自卫反击战。1955 年授衔少将。

刘　丰（1915—1993）　原名刘有锋，河南渑池人。1931 年参加宁都起义，1934 年加入中国共产党，任西路军教导团供给处处长。抗日战争时期任决死一纵队四十二团团长，二十五团副团长、团长，长期在古县参加反"扫荡"作战和反顽作战，参加指挥了晋家山保卫战、将军沟截击战、金子峪战斗、"四一五"反顽保卫战等战斗战役。中华人民共和国成立后任武汉军区政治委员、湖北省委第二书记、省革委会副主任等职。1955 年授衔少将。

刘有光（1914—2001）　河北景县人。参加过"一二九"运动，1936 年加入中国共产党，抗日战争时期任决死一纵队三十八团政委，决死一纵队政治部主任，在古县参加指挥反"扫荡"作战和晋家山保卫战。中华人民共和国成立后任七机部副部长，国防科工委政委等职，为中国国防科技事业做出了重要贡献。1955 年授衔少将。

胡荣贵（1913—2004）　山西定襄人。1936 年加入中国共产党，1938 年 2 月任决死一总队民运工作队队长，在古县开展抗日工作，后任三十八团政治处主任、政委，长期在古县参加反"扫荡"作战和反顽作战。主要参加指挥了霍山剿匪、芦家庄伏击战、"四一五"保卫战和两次青浮反顽战役。后任四纵队十一旅政委，四兵团政治部副主任。中华人民共和国成立后任昆明军区副政委等职。1955 年授衔少将。

谷景生（1913—2004）　山西临猗人。1932 年加入中国共产党，参加过"一二九"运动，抗日战争初期任决一纵队民运部部长，1938年2月深入古县乡村开展抗日工作。中华人民共和国成立后任十五军政委，新疆建设兵团第一政委，自治区党委第二书记。1955年授衔少将。

江维应（1914—1987） 又名江波，湖北红安人。1929年参加红军，1933年加入中国共产党，曾任红四方面军十一师三十一团政委。抗日战争时期任三八五旅教导队教导员，1942年任太岳军区三十八团一营营长，参加指挥了霍山剿匪、芦家庄伏击战等战斗。1945年7月任三十八团团长，参加对同蒲路日伪军的最后作战。中华人民共和国成立后任第六军后勤部政委、陕西省军区副政委、兰州军区纪委专职副书记等职。1955年被授予大校军衔，1961年晋升少将。

胡尚礼（1915—2003） 山西运城人。1937年参加山西青年抗敌决死队，1938年加入中国共产党，任太岳军区三十八团连长、营长等职，长期在古县参加反"扫荡"作战和反顽作战。主要参加指挥了辛庄诱击战、霍山剿匪、芦家庄伏击战、"四一五"保卫战和两次青浮反顽战役。中华人民共和国成立后任昆明军区炮兵副司令员、十四军副军长，武汉军区政治部副主任，河南省委书记、省军区政治委员。1955年授衔大校，1964年晋升少将军衔。

赵华清（1919—　） 原名赵悦荣，山东茌平人。1938年加入中国共产党，1939年任决死一纵队五十七团三连连长，一营教导员，1943年任三八六旅七七二团营教导员、团政治处主任，长期在古县参加对日作战和反顽作战。中华人民共和国成立后任十三军三十九师副师长、师长，昆明军区副参谋长，福州军区副司令员等职。1955年授衔大校，1964年晋升少将军衔。

李明如（1911—1964） 又名陈焕文，江西吉水人。1930年参加红军，1931年加入中国共产党，任红军营长、团参谋长等职。1939年任决死纵队二一二旅五十五团团长，1942年任太岳军区第二军分区司令员，长期在古县领导反"扫荡"作战，参加反顽战役，指挥霍山剿匪。中华人民共和国成立后任晋北、忻州军分区司令员，1964年因病离职休养，享受正军级待遇。1955年授衔大校。

南静之（1916—1986） 河北交河人。1932年加入中国共产党，任交河县地下党县委书记，抗日战争时期任决死一纵队四十二团政委、五十七团政委，在古县参加对日作战和反顽战斗，参加指挥了晋家山保卫战等战役。中华人民共和国成立后任十三军三十八师政委，志愿军三十九军政治部主任，昆明军区炮兵政委，享受正军级待遇。1955年授衔大校。

翟鸣武（1919—2007） 河南伊川人。1937年参加山西青年抗敌决死队，同年加入中国共产党，任决死一纵队二十五团一连指导员、营教导员，长期在古县对日作战，参加了著名的金子峪战斗。中华人民共和国成立后任十四军副政委，昆明军区副政委等职。1955年授衔大校。

孙定国（1910—1964） 山东乳山人。1941年加入中国共产党，抗日战争时期任山西新军二一二旅旅长，决一旅副旅长兼太岳军区副司令员，长期在古县指挥对日作战，1942年担任霍山剿匪总指挥，取得完全胜利。中华人民共和国成立后任中央党校哲学教研室副主任、校党委委员，中科院学部学术委员等职，被誉为出色的军事家、哲学家、演说家。

景仙洲（1887—1977） 山西临汾尧都区人。1926年加入中国共产党，抗日战争时期任汾东游击队支队长，太岳军区第二军分区副司令员，长期在古县指挥对日作战，在岳阳、安泽、洪赵、临汾、浮山一带立下了赫赫战功。景仙洲作战勇敢，身先士卒。后赴延安学习休养，受到毛主席接见。1949年入华北军政大学学习，同年12月调天津市军事管制委员会工作，历任中共天津市委常委、天津市体委副主任、市监委委员等职。1977年病逝，享年90岁。

雷荣天（1915—2001） 山西孝义人。1935年加入中国共产党，任太原学生运动党团书记。抗日战争时期任决一旅二十五团政委，在古县参加对日作战和反顽战斗，如反"铁壁合围扫荡""四一五"反顽保卫战等。解放战争时期，任四纵十三旅政委，二野十四军政委。中华人民共和国成立后任公安部二局局长，二机部副部长等职。

余　凯（1914—1999） 原名余百川，安徽寿县人。1937年8月参加山西青年抗敌决死队，同年12月加入中国共产党，任决死纵队二十五团参谋长，在古县参加对日作战及青浮反顽等战斗。中华人民共和国成立后任兵器科学研究院院长，国家海洋局副局长、党组书记等职。

崔正山（1916—1986） 山西沁源人。1937年参加山西青年抗敌决死队，历任排长、连长、营长和三十八团、二十五团参谋长，长期在古县参加对日作战和反顽战斗，1942年任霍山剿匪副总指挥，取得完全胜利。中华人民共和国成立后任十四军四十二师师长，昆明军区第一副参谋长，云南省军区副司令员等职。1955年授衔大校。

朱　英（1921—1985）　原名李卫珍，山西临县人。1937年加入中国共产党，1938年起历任八路军一一五师连指导员，决死一纵队营教导员，太岳二军分区基干营政治教导员，抗日战争时期长期在古县参加对日作战。中华人民共和国成立后任十四军军长，昆明军区参谋长，广州军区参谋长等职。

顾大川（1909—1970）　原名顾兰亭，河北顺平人。1932年加入中国共产党，1940年1月任中共太岳区党委宣传部部长，1943年1月任太岳区一地委书记兼太岳军分区政委，为建立和巩固太岳区抗日根据地做出很大贡献。任职期间长期在古县活动，参加指挥鞍子沟突围战，后任太岳区党委书记。中华人民共和国成立后任农业部党组成员、副部长等职。

王一新（1908—1981）　河北安新人。1934年加入中国共产党，1938年9月任中共太岳地委副书记，1940年任太岳区委组织部部长，为古县抗日根据地党的建设做出重要贡献。中华人民共和国成立后任吉林省委秘书长，鞍山市副市长，辽宁省政协常委等职。

刘植岩（1918—1967）　河北昌黎人。1936年加入中国共产党，1939年参加太岳区抗日根据地的开创工作，1940年任太岳区委宣传科科长，1943年任岳北地委宣传部部长、组织部部长，解放战争时期任岳北地委书记，为古县抗日根据地党的建设做出重要贡献。中华人民共和国成立后任中共云南省委常委兼昆明市委书记，西南局组织部部长、书记处书记等职。

周义中（1906—1964）　山西代县人。1937年加入中国共产党，1940年任决一纵队五十七团政委、三十八团政委，1941年9月任太岳行署秘书长，1942年10月任岳北专署专员，为古县抗日根据地的建设做出重要贡献。中华人民共和国成立后任中国人民银行山西分行行长，中国人民银行总行监督局长，北京师范大学党委副书记、副校长等职。

张天乙（1919—2001）　山西平陆人。1937年加入中国共产党，1939年至1942年任太岳行署民政处长，协助裴丽生在古县指导抗日反顽工作。后任冀氏抗日民主县长，太岳三专署专员。中华人民共和国成立后任山西省供销合作社主任、山西省副省长、省政协副主席等职。

史怀璧（1913—2001）　山西武乡人。1933年加入中国共产党，抗日战争时期任沁县抗日民主政府县长，太岳区党委领导成员，太岳区第一专署专员。中华人民共和国成立后任云南省副省长，山西省委常委、副省长，民政部副部长等职。

史　健（1917—1977）　又名李维略，河北怀安人。1940年1月任中共太岳二地委书记兼第二军分区政委，以岳阳、安泽为中心，开展太岳区西南部的抗日工作，为古县抗日根据地的建设做出重要贡献。1942年春，领导指挥二分区基干营胜利完成抢救、转运广胜寺《赵城金藏》任务。中华人民共和国成立后任察哈尔省省委党校副校长，石家庄市委秘书长等职。

邹　桐（1917—1993）　河北定州人。1937年加入中国共产党，任赵城县牺盟会特派员，山西省六专署河东办事处秘书。1938年秋至1939年10月，协同裴丽生在古县

古县革命老区发展史

多沟村开展抗日工作。1942年任安泽县委副书记,太岳二地委办公室主任、民运部部长,为古县抗日根据地的建设做出贡献。中华人民共和国成立后任煤炭工业部副部长等职。

杨振亚（1910—1985） 河北定州人。1943年加入中国共产党,1938年秋至1939年10月任抗日决死纵队支队长,随同六专署河东办事处主任裴丽生在古县多沟村,培训抗日青年,开展抗日工作。后任晋冀鲁豫边区政府专员,教育厅、秘书厅主任。中华人民共和国成立后任天津市副市长,中国历史博物馆馆长等职。

周仲英（1902—1991） 湖北襄阳人。1926年加入中国共产党,黄埔军校毕业,抗日战争时期任决死一纵队政治部主任,1942年任决一旅政委,太岳军区第一军分区政委兼地委副书记。任职期间同地委书记顾大川、决一旅长李聚奎,在古县领导对日作战和根据地建设。解放战争时期任太岳军区副政委。中华人民共和国成立后任国家经委副主任,中央纪律检查委员会常委等职。

曹　普（1906—1981） 山西万荣人。1931年加入中国共产党,1940年任二一二旅五十五团政治部主任,决一纵队五十七团政委,太岳军区武委总会主任,为太岳根据地抗日武装的发展做出很大贡献。中华人民共和国成立后任山西省经委副主任,省人大常委会副主任等职。

刘开基（1912—1993） 山西沁源人。1937年加入中国共产党,任沁源县委书记,1945年10月至1948年3月任太岳区第一地委副书记。1946年9月至10月在安泽县解决反"三青团"运动的冤假错案。中华人民共和国成立后任山西省副省长,省人大常委会副主任。

阎定础（1907—2003）　山西祁县人。1927年加入中国共产党，抗日战争至建国前任决死一纵队团政治部主任，太岳军区政治保卫部部长，中共太岳区社会部部长。1946年，安泽县在反"三青团"运动中发生严重的扩大化错误，太岳区党委派阎定础会同地委领导纠正了运动中的冤假错案。中华人民共和国成立后任山西省公安厅副厅长，浙江省人民检察院检察长，山西省政协副主席等职。

覃应机（1915—1992）　壮族，广西东兰人。1929年参加百色起义，1931年加入中国共产党，曾任红七军连长，红一军团保卫部巡视组组长、二科科长。抗日战争时期任八路军总部参谋，太行太岳联合办事处公安处副处长。1938年2月任八路军总部参谋期间，随朱德到古县指导建立抗日武装，联系营救抗日民主政府县长邓肇祥。中华人民共和国成立后任广西壮族自治区公安厅厅长，中共广西壮族自治区第三书记，自治区人民政府主席等职。

何仰天　朝鲜人，中文名李一质，别名郑快。青年时期到中国参加革命，并加入中国共产党。1928年8月，任中共辽宁省台安县特别支部宣传委员。1936年从上海到太原参加牺盟会工作。1940年任决死一纵队政治部敌工科长，帮助岳阳县建立敌工站和情报网。1943年任太岳一军分区政治部敌工科科长，领导城关情报站打入伪县城，争取伪军反正，参加指挥夜袭城关日伪县城的战斗。还担任朝鲜独立同盟太岳分盟负责人。全国解放战争胜利后回到朝鲜，先后担任金日成首相秘书、朝鲜民主主义人民共和国文化相、朝中友好协会委员长、金日成大学校长等重要职务。

革命战争时期的先烈精英简介

冯春祯（1915—1940） 古县岳阳镇南坡村人。1936年12月参加抗日牺牲救国同盟会。翌年，考入山西国民军官学校，赴太谷受训，期间加入中国共产党后受党组织委派回县以牺盟会协助员身份活动于城关、下冶、热留一带，1938年5月，在多沟村发展了冯春俊、张福英等5名党员，组建了抗日战争时期古县第一个农村党支部。1938年10月，任安泽县一区分委书记，领导群众搞减租减息，为抗日军政筹粮筹款。1940年正月，与区长王波在城关辛庄村古鲁巴召开筹粮会议时不幸被捕，他宁死不从，惨遭杀害，年仅25岁。

王　波（1921—1940） 山西省垣曲县人。1937年参加山西青年抗日决死队并加入中国共产党。1938年5月，被中共太岳特委派往安泽县，担任一区（城关区）区长。1940年2月，阎锡山的卫立功教导师一部进犯一区区公所驻地辛佛村。区长王波组织突围，打退敌人，安全转移。此后，他同区分委书记冯春祯带领农会干部到所辖村逐户做富户工作，催缴抗日公粮。2月21日晚，由于地主李鸿章、李国华告密，卫立功教导师一个连包围了区长驻地古鲁巴村。王波区长手持双枪，奋战突围，壮烈牺牲，年仅19岁。

赵本庭（　—1942） 安徽省人。原为红军指挥员，抗日战争时期任决死一纵队二十五团一营营长，参加过晋家山保卫战、百团大战和多次反"扫荡"作战。1942年9月，赵本庭率二十五团一营二、三连，向小路山日军据点发起攻击，打死打伤日伪军20多人，战斗中赵营长身先士卒，壮烈牺牲。

徐洪文（1918—1943） 河北省望都县阳邦村人。1937年10月赴太岳区，在决死纵队民运科工作，12月奉命到安泽县任武装科长，不久任县游击队大队长，经常率领游击队在旧县、城关一带打击敌人。1941年12月，他率部参加四羊滩阻击日军的战斗。1942年10月，率部在贾寨村北山下阻击日军，掩护地、县两级机关转移。同年11月12日，他组织白素、多沟、哲才、董必庵等村民兵分段阻击敌人，从敌人手中夺回羊千余只、耕牛80多头，解救被捕群众十余人。1943年9月参加夜袭岳阳城的战斗。1943年10月，日军"铁滚扫荡"时，在掩护县委领导古白丁、县交通员刘明顺等转移到哲才前寺岭庄时，与伏击之敌展开激战，以身殉国，年仅25岁。

古白丁（1917—1943） 原名顾彦义，江苏省武进县徐家村人。1936年秋参加抗日工作，在太原担任牺盟会工作员。1943年任县委宣传部部长。他深入涧河流域村庄宣传群众、组织群众，积极开展抗日工作，深受群众拥护和爱戴。1943年10月，日军扫荡太岳区，11月7日，他随游击队转移到哲才村寺岭庄，夜里被敌人四面包围。突围中不幸中弹牺牲，年仅26岁。

郝敬德 武乡县人，共产党员，抗日战争时期任县六区武委会主任。1942年10月，日军发动"百日扫荡"，郝敬德任六区战时指挥部副指挥,驻地在相力村西山上的枣庄。一天,一百多日军突然包围了枣庄,郝敬德镇静地指挥青年抗日先锋队书记宋良销毁机密文件,弹尽被捕,惨遭敌人杀害。

王德胜(1891—1943) 原籍河南省滑县。1931年携家到安泽县谋生,居住在花车村虎东沟。1939年4月,参加了村抗日自卫队,1941年2月县政府成立游击大队,王德胜任一连副连长。在游击大队,他多次智入敌据点,夺枪支,救群众,名声远扬。

1942年3月的一天,王德胜独自下山,赤手抢夺伪军的枪。自此"王麻子"夺枪传遍岳阳城,敌人更是闻风丧胆。1943年6月,旧县日军到黄罗木垣一带抢粮,他带领游击队设伏应敌,迎头痛击,敌弃尸数具逃窜。1943年9月,日伪两千余人"扫荡"县城,游击队冲破包围,转移至路南浮山境内,21日晚返回路北住宿在五马岭村井儿沟,敌人突然折回,从三面包围了井儿沟。情况十分危急,王德胜让大队长韩固带大部队从沟底突围,自己抱一挺机关枪同两名战士爬上窑顶,从容应战,掩护了一百多名战友转移,身中数弹,壮烈牺牲。

姚林风(1918—1942) 古县古阳镇横岭村人。1938年春,任金堆村武委会主任、村党支部书记。他多次带领民兵参加反"扫荡"斗争,伏击敌人,解救群众,破袭敌人交通线。1942年10月,率金堆村民兵配合八路军进霍山剿匪。1942年"百日扫荡"中,他带领金堆村民兵,同八路军一道伏击日军运输队。1942年12月9日,日军包围横岭村民兵驻地,他杀开一条血路,冲出重围,掩护大部突围。还有部分同志仍在敌人包围中，驻地还有党的机密文件，于是他又奋不顾身，返回驻地，一方面隐藏机密文件，一方面掩护群众突围转移，当他最后一个冲出敌人包围时，不幸身中数弹，英勇牺牲，年仅24岁。

赵怀昌 又名赵吉儿，古县古阳镇安吉村人。他积极投身抗日武装斗争，打伏击、割电线、毁公路、解救群众。日军占领安吉村后，赵怀昌和民兵周宗福等三人编成一个游击小组，掩护群众转移，并以麻雀战、地雷战等形式骚扰敌人。在一次去安吉据点活动时，为掩护战友脱险，他被敌人抓捕，壮烈牺牲。

刘德全 古县古阳镇白素村人，时任村民兵队队长。1942年12月，在与日军搏斗中，不幸被捕牺牲。1943年3月15日，安泽县武委会及全体民兵敬立石碑，纪念刘德全、姚林凤、赵怀昌诸烈士。

王秃娃 古县北平镇圪堆村人，时任村抗日闾长。日军"百日扫荡"时，为了掩护群众的安全，他只身一人把前来搜索迷路的3名日军引到沟外，并利用有利地形与敌展开搏斗，终因寡不敌众，壮烈牺牲。

乔国玉 古县旧县镇西庄村人，时任抗日村长。1942年，日伪奔袭焦家山，乔国玉为了让群众迅速转移，奋力抵抗，壮烈牺牲。

任成绩 古县石壁乡三合村人，时任村农会秘书。1943年夏天遭汉奸指认被日军抓到城关，审问中只承认自己是共产党员，未暴露党的机密，他坚贞不屈，被敌残杀。

张金太 古县岳阳镇张才村人，时任民兵班长。他年龄虽大，但作战勇敢，被群众尊称为民兵老英雄。1943年在与日军作战中，被敌人抓捕，壮烈牺牲。

韩青山 古县石壁乡高城村人。1939年入党，时任村仓库主任。1943年9月，旧县据点日军奔袭高城村，不幸被捕。在旧县据点，韩青山受到敌人的严刑拷打，但他坚贞不屈，始终不向敌人吐露藏粮地点，被敌人残酷杀害，他用生命和鲜血保护了公粮。

袁炳宁 古县三区三交村北岭庄人，时任抗日闾长。当时，袁炳宁保管着二十五团两万斤军粮和11捆军大衣。1943年9月15日，旧县据点内线送出情报，说16日一早日军要奔袭北岭。袁炳宁组织10多个群众，连夜把军粮、军大衣转移到骆驼沟地洞。16日凌晨，日军包围北岭庄，闾长袁炳宁等6人被敌人抓住。任敌人严刑拷打，宁死不屈，壮烈牺牲。

宋天仓 古县岳阳镇哲才村人。1941年加入中国共产党，抗日战争中，他与父亲为抗日武装修理枪械。1943年11月，日军包围哲才村时不幸被捕，受到百般拷打，英勇牺牲，被追认为"为国牺牲的民兵英雄"。

王直夫 1940年8月，太岳军区第二军分区派王直夫到岳阳县担任安岳抗日游击大队教导员，开展抗日游击战争，率队配合主力部队参加百团大战的破路行动、晋家山保卫战和反"扫荡"作战。1947年5月任四纵十二旅卫生处政委，随军南渡黄河，开辟陕南根据地。11月任新开辟的上关县县委书记，1948年1月在同国民党军的激战中壮烈牺牲。

李之观（1921—1948） 古县岳阳镇城关村人。1937年参加抗日救亡运动，17岁参加八路军白晋游击队，在一次通过封锁线时，他的腿被打伤，仍坚持战斗，不下火线，受到部队领导的传令嘉奖。1939年参加中国共产党，并调入八路军前方总部担任政治处文书，常常受到康克清同志的表扬。1942年到抗大学习，在反扫荡战斗中，被评为战斗英雄。1948年，升为团政治部主任，在解放房县的战斗中，英勇牺牲，年仅27岁。

邓肇祥（1912—1991） 又名邓辰西，山西省尧都区人，共产党员。1937年11月被太岳三专署委任为安泽县抗日政府第一任县长。他任县长期间，改造旧政权，建立县抗日自卫队，卓有成效地领导全县人民开展抗日救亡工作。中华人民共和国成立后，他先后任全国供销合作总社副主任，山东省委常委、副省长，山西省供销合作社党组书记、主任，是中共八大代表，山西省四届政协常委。

张学纯（1914—1984） 陕西省神木县人。1936年参加革命工作，1937年加入中国共产党。1938年5月，太岳特委和三专署派张学纯任安泽县抗日县长，1940年2月离任。任职期间，根据形势把县政府从城关迁往和川镇；充分利用牺盟会、动委会、牺公联委等合法组织开展抗日工作，培训村干部、自卫队队长、小学教师和群团组织等抗日骨干；改造旧政权，任命一批共产党员担任各区区长和县政府主要科室领导；以身作则，改变工作作风，不搞特殊化。后任沁源县县长，指挥围困沁源日军。中华人民共和国成立后任运城专区专员、国务院第一机械工业局局长等职。

任明道（1919—2016） 沁源县河西村人。1937年参加牺盟会，同年加入中国共产党。1939年5月任安泽县委副书记,1940年8月任岳阳县第一任县委书记。当时岳阳县城、旧县镇、北平镇都驻扎有日军,斗争相当残酷。县委、县政府合并成立战时指挥部,"抓武装、抓群众、反扫荡、反维持,坚决斗垮敌伪"。在任岳阳县委书记期间,先后成立了区游击分队和县游击大队,积极开展对敌斗争;抓政权建设,实行减租减息,合理负担,开展反贪污、反"维持"等斗争。1945年1月,任永济县委书记。中华人民共和国成立后,先后任西藏自治区党委书记处书记、区革委会副主任,四川省委常委、省革委会副主任等职。2016年8月于北京逝世,享年97岁。

石金河(1916—) 山西省洪洞县人。1938年在洪洞县抗日政府工作,并加入中国共产党,1940年11月至1942年4月任岳阳县委书记。任职期间,于1941年先后新组建了安岳游击大队基干第一连和安岳游击大队第二中队(第二连);针对日军"铁壁合围扫荡"组织群众空室清野,转移妇幼老弱,认真总结反"扫荡"斗争的经验教训,积极开展战争善后工作;狠抓农村党的建设,农村党支部由1940年初的7个增加到1942年3月的18个,农村党员由65名发展到173名,有力地巩固了岳阳抗日根据地。1947年11月任豫陕鄂区第一专员公署专员。中华人民共和国成立后,先后任陕西省商洛地委副书记、新疆维吾尔自治区党委委员、自治区财办副主任等职。

杨泽生 山西省清徐县人。抗战初期在洪洞县抗日政府工作,中共党员。1940年8月1日岳阳县建立,杨泽生任岳阳县抗日民主政府第一任县长,1941年11月离任。上任后首先抓村政建设,完善区村组织,开展基层民主建政试点推广工作。同时狠抓生产建设,全县各级普遍建立生产委员会,实行减租减息,推动互助变工,开展集市贸易,积极囤积公粮。在全县重点抓武装斗争,发展壮大县区游击队,发展民兵和村级游击小组,建立情报网,开展游击战和对敌政治斗争,打击日军维持会。1942年任赵城县抗日民主政府县长。

程　诚　又名程延义,山西省浮山县人。1941年11月至1942年4月任岳阳县抗日民主政府县长。上任后即组织慰问团慰问日军"扫荡"后的受难群众,发放救济粮100多石;召开全县民兵检阅大会,为参军青年披红戴花。在任期间加强县区游击队建设,成立"反扫荡委员会",一手抓武装,一手抓生产。1946年至1949年任高平县政府县长。

石　平(1914—2002)　原名宋洁涵,辽宁省辽阳市人。1936年在北平参加革命工作,1937年6月加入中国共产党。安泽和岳阳县合并后,石平于1942年4月至1945年9月任太岳二地委副书记兼安泽县委书记。任职期间全面领导县内各项工作,为在全县取得抗日战争的完全胜利做出了贡献。1945年9月,石平书记带领40多名干部支援东北。中华人民共和国成立后任吉林省委副书记、书记等职。

杨少桥(1914—1996)　山西省清徐县人。1938年2月加入中国共产党,1939年任赵城县县长。"晋西事变"后,他带领赵城县政府工作人员退往古县热留一带开展抗战工作。1940年夏,杨少桥任八专署专员,常驻热留。1942年岳阳、安泽合并,兼任县长。1941年到1942年10月,指挥全县民兵配合太岳军分区霍山剿匪，取得完全胜利。1946年以后，任太岳军区后勤部政委，太岳行署办事处主任，参加了晋南保卫战。全国解放后，先后任粮食部副部长，北京市委常委、副市长。1996年2月于北京逝世，享年82岁。

朱尤林（1922—2004） 古县石壁乡高城村人。1936年6月参加工作，1940年8月加入中国共产党。历任高城村自卫队队长、村长。1940年3月调任区助理员，区分队队长。同年8月26日，带领区分队和民兵在贾庄伏击伪军抢粮队伍，毙伤伪军10余人，夺回20多匹骡马及部分粮食、财产。1942年9月，参加夜袭旧县镇日伪据点战斗。1942年11月带领区分队在草峪岭一带打败与日军勾结的红枪会武装。1943年2月任县游击大队三连连长。1943年9月参加了夜袭城关镇战斗。1945年12月任县独立团参谋。1946年2月先后任旅军务参谋、旅政工科长、通信科长，团长。1955年4月任三十八师副师长、军参谋长。1973年2月任陆军第十一军副军长。1983年8月离休。2004年病故，享年82岁。

宋福有（1923—1990） 古县石壁乡高庄村人。1923年9月出生于河南汲县，11岁随母逃难到高城村给地主当长工，1940年参加县游击大队，任第二连班长、指导员，1942年8月加入中国共产党。1942年夜袭旧县镇日伪据点，冲锋在前，刀劈了伪军小队长。1943年8月配合主力部队突袭旧县镇，缴获日军刚从洪洞运到旧县准备发动"铁滚扫荡"的弹药100余箱。1943年9月参加夜袭城关日伪军战斗。此后还参加了上党、晋南、吕梁、淮海、渡江、解放两广、进军大西南等重大战役，三次在战斗中负伤不下火线，出色完成战斗任务。多次立功受奖，荣立大功、特等功各一次。中华人民共和国成立后，4次率部援越。任昆明军区三一一工兵团团长，陆军三十八师副师长。1964年6月被授予上校军衔，1987年4月享受正师级待遇。1990年6月，在云南大理市逝世。

刘　钊（1924—2013）　原名刁可发，古县永乐乡朱家窑村人。1938年参加革命，曾任村武委会主任。1939年10月加入中国共产党，任区武委会教导员、主任。抗日战争时期，他带领区分队在高城、西庄、焦家山、朱家窑等地多次阻击日军。在小曲伏击战、围困草峪岭据点战斗中，积极配合县游击大队打击敌人。1945年10月任区长。1947年带头参军，先后任晋冀鲁豫野战军四纵十一旅政治部组织科干事，一一九团二营副教导员，参加过宛西、淮海、广东、越桂边等战役。1953年先后任师政治部科长，昆明军区政治部党务科长、副部长，十四军政治部主任、副政委。1981年调任昆明军区炮兵副政委。1983年离休。1965年前为上校军衔。

毕德山（1925—1989）　古县岳阳镇沟北村东圪垛庄人。1942年1月参加县抗日游击队，在县内参加对敌斗争。1943年9月，参加夜袭岳阳城战斗。后编入县独立团，参加上党战役。1947年4月加入中国共产党。后编入野战军，历任班长、排长、队长、股长、师炮兵司令部参谋长、团长、副师长、师长、副军长等职。参加了吕梁、晋南、淮海、渡江、挺进大西南以及云贵剿匪等战役，荣立大功两次。1979年率部参加对越自卫反击战。1985年离休，1989年病故，享年64岁。

段岐山（1920—1981）　古县南垣乡东池村人。1938年参加革命，先在县便衣队工作，1943年任区游击队队长，同年加入中国共产党，任浮山县游击大队连长。在抗大四分校毕业后，先后任警卫团连长、侦察参谋、六十五团副营长、营长。期间，全营荣立一次大功。他在晋南战役、中原西进和汉城战斗中各立三等功一次。后任一二三团团长，十四军军务处长，昆明军区司令部军务部副部长、部长。1981年7月，在昆明不幸因公牺牲。

李之升（1917—2010）　古县岳阳镇城关村人。总后勤部原顾问。1936年8月毕业于太原成成高中，后入山西大学学习。1937年12月参加革命，任县抗战总动员委员会工作团团员。1938年，任县抗日自卫队工作团团员，积极参加抗日救亡活动。1938年4月入伍，同年9月加入中国共产党。1940年7月毕业于延安抗大，后进入一二九师司令部，任参谋、股长，参加过百团大战、同蒲战役和解放运城、临汾、太原等战役，多次立功受奖。1955年被授予上校军衔，1964年被授予大校军衔，1979年起享受副军级待遇。2010年逝世于北京，享年93岁。

李则望（1920—1993）　岳阳镇张庄村人。1937年初参加牺盟会，同年10月参加八路军，1938年赴延安抗大学习，曾任政治部科长，1939年加入中国共产党，曾在延安俄文学校学习，1945年9月在张北多伦一带协助苏联红军工作，并任翻译组长。1946年在张家口联合大学任俄文教员。1950年调外交部工作，历任驻匈牙利、波兰、罗马尼亚、苏联大使，是资深外交官，曾任中苏友好协会副会长。卒于1993年9月26日，享年72岁。

赵金林（1890—1970） 古县古阳镇古阳村人。1938年参加农救会，任村农救会主席。当时，太岳二地委驻扎在泽泉、松木沟一带，赵金林所在的古阳东山铁凹庄成为根据地的工作站，同期加入中国共产党。1943年，全家共垦地60亩，收粮150多石，除留自己吃外，全部交给抗日民主政府。同时积极响应党和政府的号召，把全村群众组织起来，互助合作，所领导的互助组常年为军抗烈属播种收获。不少军政干部在他家路居、养伤，是稳固可靠的八路军联络点。1943年到1945年，赵金林年年当选全县劳动英雄。1944年当选岳北专署劳动英雄。1945年2月，高票当选为太岳区一等劳动英雄，并被选为晋冀鲁豫边区参议员。1970年因病去世，享年80岁。

李克让（1906—1997） 古县城关镇张庄村人。1924年高校毕业后担任小学教员，同时钻研医术。1931年安泽县鉴定医生，李克让名列第一，此后在乡间行医。1937年参加山西村政干部训练，结业后任安泽县旧县编村村长。1938年2月，参加了朱德指挥的七里坡阻击战。1940年调县营药店济世堂当医生，8月被派往上治村开设药铺。他团结三区中西医，成立医药合作社，对军烈属八折收费，对贫困户五折收费或全免，以医术有力地支援了抗日斗争，受到干部群众好评。1943年4月加入中国共产党，1945年出席太岳区劳动模范代表大会，被评为一等劳模，边区政府授予"眼睛向下 服务群众"锦旗一面。延安《解放日报》发表《模范医生李克让》长篇报道并配发社论。解放战争中，组织医务人员随民兵参战支前。1948年筹办县卫生院任院长。1951年调临汾专署医院任院长。1955年任临汾专署卫生科副科长。1956年调太原任中华医学会山西分会副秘书长、省中医学会副理事长。1974年任临汾地区卫校校长。撰写6万多字的医学专著。1997年4月逝世,享年91岁。

赵子岳（1909—1997） 古县岳阳镇城关村人,著名电影表演艺术家。1936年在石家庄正太扶轮小学任音乐教员期间参加中国共产党。1937年7月在县城关一高任教,组织抗日救亡学生服务团。1938年由学生服务团转为"青年抗日宣传队""安泽县全民抗战总动员委员会"并任团长、宣传部部长。1940年以后,在太行山剧团、太行军区文工团、太行军区京剧团担任过宣传干事、艺术指导、团长等职务,编排演出了许多抗日救国的好剧目,激励群众团结起来,抗击日军侵略,发挥了很好的作用。1944年任山西省剧协副主席,参加了影片《吕梁英雄传》的拍摄。1951年调入北京电影制片厂,先后担任过演员科科长和演员剧团团长等职务。后任中国影协第三、四届理事、中国电影表演家协会名誉理事,为新中国的电影事业做出了贡献。1997年逝世于北京,享年88岁。

张恒业（1917— ） 山西省尧都区人。1936年9月参加牺盟会,1937年加入中国共产党。1936年12月受省牺盟总会委派到安泽担任临时村政协助员,3个月间深入各区村开展抗日救亡宣传工作,广泛发展牺盟会员,动员300多名青年报考国民兵军官教导团。1937年10月,任壶关县抗日民主政府县长。中华人民共和国成立后,任解放军外语学院副院长、副政委,江苏省生产建设兵团副司令员,解放军南京外语学院院长。1955年被授予大校军衔。

巩绍英（1920—1973） 辽宁省阜新市人。中共党员，1937年6月任省牺盟总会驻安泽县牺盟会特派员，大力发展牺盟会员的同时，建立健全县乡村牺盟会组织。1937年12月，县战地总动员委员会在城关文庙成立，巩绍英任副主任，领导全县开展抗日工作。中华人民共和国成立后，先后任中华书局副总编辑，南开大学历史系教授等职。

张一樵（1917— ） 又名张景文，河南省洛宁县人。1937年加入中国共产党，1938年6月被中共太岳特委派到安泽县任党组负责人，公开职务是县牺盟会特派员、牺公联主任、县动委会副主任，协助抗日民主县长张学纯工作。1938年10月，安泽县委成立后张一樵任县委委员。1939年"十二月事变"后调离安泽。中华人民共和国成立后任温州地委书记，贵州省委书记处书记兼贵阳市委第一书记等职。

朱剑白（1914— ） 山西临汾尧都区人。1937年5月加入中国共产党，1937年12月调任安泽县抗日民主政府秘书兼教育科长，协助抗日县长邓肇祥创建根据地政权。中华人民共和国成立后任华北人民政府工商部出入口处处长，参与新中国海关总署的创建，任国家海关总署副署长。

祁　果（1917—2009） 山西临汾尧都区人。1937年加入中国共产党，1937年从北方局派到安泽担任战地总动员委员会抗日工作团副团长，协助赵子岳在县内开展抗日救亡工作。1938年5月加入八路军白晋游击队，后任太岳二地委宣传部部长。中华人民共和国成立后任新疆维吾尔自治区革委会副主任，区党委书记，区顾问委员会副主任等职。

谷　震（1918—　）　又名亢保芳，山西临汾尧都区大苏乡人。1937年参加牺盟会并加入中国共产党，任临汾游击支队副队长，1940年4月任安泽县驻西南办事处主任，8月任岳阳县第一任公安局局长，1942年参加霍山剿匪战斗，长期为古县抗日根据地的建设做贡献。中华人民共和国成立后任山西省公安厅副厅长，省检察院检察长，省高级人民法院院长等职。

建设时期模范人物

张聚贵（1896—1983） 原籍襄垣县。民国年间携妻逃荒，在尧店村北沟打土窑定居。1946年土改时，分得北沟一片荒山沟开园种树，把荒凉山沟变成郁郁葱葱、生机盎然的好地方。

张聚贵夫妻一生无儿无女，爱树如子。1971年，加入中国共产党，并被评选为县、地、省林业劳动模范。古稀之年依然拄着拐棍，提着水壶，每天在山间为树苗浇水松土，直到1982年9月患病的前一天，他还在山林中修剪树苗。

1983年农历二月四日，张聚贵逝世。

张聚贵逝世后，县委、县政府为他立了一块石碑。碑文写道：优秀共产党员、省林业劳动模范张聚贵同志，出身贫寒，一生历尽艰辛，一心扑在林业上。他一把锨、一担桶，风里来、雨里去，不畏酷暑严寒，年逾八旬，栽树不止，留给后人600亩山林，48万株树木，50万元财富。他献身林业的革命精神、公而忘私的高尚风格、勤劳朴实的优秀品德，永远是后人学习的榜样。

苗金梅（1926.2—1995） 女，古县古阳镇古阳村人。中共党员。她艰苦奋斗，热爱集体，一心为公，无私奉献，深受广大干部群众的好评。多次被县、地区、省授予"学大寨模范""妇女标兵""劳动模范"等光荣称号。1995年去世,享年69岁。

戴金贵（1933.8—1996.7） 1933年8月出生在山东省一个普通农民家庭。抗日战争爆发后,随父逃荒来到古县南坦乡山头村,以开荒、当长工维持生活。土改后分到了土地,上了学,后来加入了中国共产党。合作化后,先后任店上公社驼腰村生产队会计、队长、村民兵连长、大队主任、山头村党支部书记。中共十一届三中全会后,依托本地资源优势,带领山头村5户村民狠抓粮食生产,大力发展林、牧、副业,探索出黄土丘陵地区农民致富的新路子,被古县县委、县政府树立为农民致富的典型,被临汾地委、行署先后授予"劳动模范""优秀共产党员"和"红旗党支部书记"称号。1986年售粮11.2万公斤,被山西省人民政府授予"售粮大王"称号,同年10月,被省人民政府授予"山西省特级劳动模范"称号,出席了省劳模大会。1996年7月,因病去世,享年63岁。

袁俊章（1934—2008） 古县旧县镇皂角沟村人。小学文化,中共党员。曾任皂角沟大队生产队长、大队主任、党支部书记。任职期间,带领群众大搞农田基本建设,使全村机耕面积由原来的300亩扩大到1600亩,建成机灌站4个,二级提水工程1处,水浇地面积增加到400多亩;大搞植树造林,木材树、果木树达到10万余株。鼓励农民养猪、养羊；每年售余粮10万多斤。1977年被授予"临汾地区劳动模范"称号。1982年被评为"山西省劳动模范"。2008年去世，享年74岁。

党生堂（1931.12—2015.10） 古县北平镇北平村人。小学文化，中共党员。1944年参加八路军，任决一旅三十三团通信战士，积极参加对日作战。解放战争中，先后参加过上党、晋南、临浮、吕梁等战役。在解放洛阳战斗中负伤，为二等一级伤残。获解放西南胜利纪念章和华北解放纪念章。复员后，历任村民兵连长、贫协主任、治保主任、村革委会主任、公社党委常委、安泽县革委会常委、镇党委委员、村党支部书记、村南河煤矿矿长等职。多次被评为"五好民兵"，被誉为"神枪手"。1958年当选为安泽县人大代表，同年获"晋南区民兵荣复军人烈属积极分子"纪念章。1960年曾出席全国民兵先进代表大会，受到毛主席、周总理、刘少奇等党和国家领导人的接见并合影留念。毛主席亲自颁发给"56式"半自动步枪1支、子弹100发、持枪证和民兵代表会议纪念章。1963年参加全国性民兵大比武活动，以竞速射击98环的优异成绩被省政府、省军区授予"维护社会治安秩序模范个人"荣誉。2015年去世，享年84岁。

李玉书（1936.9—2019.6） 古县永乐乡范寨村人。初中文化，中共党员。1983年至1995年任村党支部书记。任职期间新建校舍9间，购置课桌95套，添置了教学仪器、活动设施，从根本上改变了办学条件。整修原有土地4000

余亩，新开工程 4 处，打坝 10 条，造地 60 亩。栽植各种经济树 40 余万株。全村达到人均千株木材树、百株经济树、1 吨粮，户均 2.5 头大牲畜，人均收入 1870 元，成为全县首批小康示范村之一。2003 年以来，带领村民大力发展"玉米、药材、畜牧、木材"四大支柱产业。建设双千亩玉米吨粮田，万亩药材基地，退耕还林 1000 余亩，养牛 310 头。同时筹集资金 200 万元，为 100 户农民修建了新住宅，使原来的 6 个自然村成为 1 个范寨新村。先后被山西省委、省人民政府授予"农田水利基本建设先进工作者""劳动模范""优秀共产党员"等称号。

**韩联愈** 1944 年 7 月出生，古县岳阳镇槐树村人。高中文化，中共党员，农业经济师。1965 年 10 月参加工作，1971 年 9 月 5 日加入中国共产党，历任下冶公社团委书记，城关公社党委委员、革委会副主任、管委会副主任，旧县公社党委副书记、主任，永乐乡党委书记，县农业局局长，核桃中心主任兼林业局副局长，统计局局长，县委农工部部长，农委主任等职。2004 年退休后任古县老区建设促进会常务副会长兼秘书长。工作期间，多次被评为"农村工作先进个人""农村干部培训先进工作者""劳动模范""离退休老干部先进个人"等，受到县委、县政府、地区农工部、地委、行署、省委农工部表彰。自 2005 年以来，主持编辑出版了《古县革命老区》《古县财政志》《古县林业志》《古

县辉煌60年》《古县现代人物志》等200余万字的专著。所写多篇调查报告、老区建设经验文章被中国老促会《共和国从这里走来》《老区改革30年》《山西老区开发》等书刊登载。2010年被评为"全国优秀老区工作者",出席了中国老区建设促进会成立20周年总结表彰大会,获"思源功勋奖章",受到中央领导贾庆林、回良玉的接见。其事迹被中国老促会《老区英雄谱》收录。

孟宪志 1949年7月18日出生,古县古阳镇白素村人。高中文化,中共党员。1968年1月参加解放军。1973年6月转业,历任古阳镇武装部长、党委秘书、纪检书记等职。任职期间,多次受到中共临汾地委、古县县委、县政府的表彰。1990年山西省纪委授予"优秀纪检干部"称号,同年,被中央纪委授予"全国优秀纪检干部"称号,并参加了在京召开的全国纪检工作表彰大会,受到江泽民、乔石等中央领导的接见。2002年6月退休。

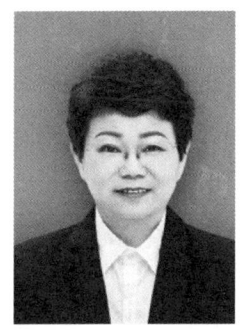

刘红丽 女,1969年6月出生,古县岳阳镇城关村人,中共党员,本科学历,中小学副高级职称。1989年7月参加工作,2013年6月参加由县委县政府组织的公开竞聘,被任命为古县城镇小学校长。

任职以来,她秉承"为每个孩子人生出彩奠基"的办学宗旨,围绕"学做人、会求知、健身心"的校训,践行魅力教育,打造智慧课堂,始终将"养成习惯,提升素质,快乐成长"的办学目标作为工作的出发点和落脚点。她一贯坚守立德树人初心,牢记为国育才使命,用爱心去塑造,用真诚去感召,用人格去熏陶,团结带领全校师生奋力拼搏,砥砺前行。先后荣获"第五届全国未成年人思想道德建设先进工作者""全国《中华魂》主题教育活动先进工作者""山西省中小学名校长""山西省学科带头人""山西省星星火炬奖""临汾市模范教师"等称号。

蔡英霞 女,1970年3月8日出生,运城市万荣县人。1988年9月参加工作,在古县城北小学任教;2007年担任分管教学和德育工作副校长;2008年至今,任政协古县委员会委员、常务委员。2009年,她把"生本教育"实验模式大胆引进了城北小学,成为古县课改的有力推手,曾被全国教育科学"十二五"规划课题组评为"课题优秀校长""优秀学术指导",同年9月荣获"全国模范教师""全国教育系统巾帼建功标兵"称号。在古县开展"三名"教育活动中,先后4次被评为"名师",多次获"市优秀辅导员"称号。

历任县委书记、县长名录

历任中共岳阳县委中共古县县委书记名录

姓　名	籍　贯	任职时间	职　务
任道明	山西省沁源县	1940.8—1940.11	中共岳阳县委书记
石金河	山西省洪洞县	1940.11—1942.4	中共岳阳县委书记
林贞木	福建省	1971.7—1971.10	中共古县革委会核心小组组长
张炳勋	山东省沾化县	1971.10—1971.12	中共古县革委会核心小组组长
张炳勋	山东省沾化县	1971.12—1973.3	中共古县县委书记
许　澎	山西省浮山县	1973.3—1983.12	中共古县县委书记
王春元	山西省洪洞县	1983.12—1990.4	中共古县县委书记
耿根喜	山西省安泽县	1986.8—1987.9	中共古县县委代书记
李秀英	北京市	1990.4—1994.12	中共古县县委书记
闫家富	山西省洪洞县	1995.3—1996.12	中共古县县委书记
安双荃	山西省霍州市	1996.12—2002.7	中共古县县委书记

黄翠莲	山西省临汾市尧都区	2003.11—2006.4	中共古县县委书记
张成梁	山西省临汾市尧都区	2006.6—2009.8	中共古县县委书记
李　菲	山西省襄汾县	2009.9—2014.4	中共古县县委书记
陈小洪	山西省夏县	2014.4—2015.5	临汾市委常委、政法委书记，主持古县县委工作
郝献民	山西省沁县	2015.5—2018.12	中共古县县委书记
庞明明	山西省右玉县	2019.1—	中共古县县委书记

注：（1）1940年8月，安泽、岳阳分县后，任道明为岳阳县第一任县委书记。（2）1971年7月，安泽、古县分县后，林贞木为古县革命委员会核心小组组长。（3）1971年12月古县召开第一次党代表大会，张炳勋被选为县委书记。（4）王春元参加中央党校学习期间，耿根喜任代书记。

历任抗日民主政府县长 古县革命委员会主任 古县人民政府县长名录

姓　名	籍　贯	任职时间	职　务
杨泽生	山西省清徐县	1940.8—1941.11	岳阳县政府县长
程　诚	山西省浮山县	1941.11—1942.4	岳阳县政府县长
林贞木	福建省	1971.7—1971.10	古县革委会主任
张炳勋	山东省沾化县	1971.12—1972.11	古县革委会主任

许　澎	山西省浮山县	1972.12—1973.3	古县革委会主任
谥洪祯	山西省古县	1973.3—1975.11	古县革委会主任
侯殿荣	山西省翼城县	1975.11—1978.7	古县革委会主任
司致祥	山西省高平县	1978.7—1980.9	古县革委会主任
司致祥	山西省高平县	1980.9—1983.12	古县政府县长
姚金殿	山西省浮山县	1983.12—1990.3	古县政府县长
闫家富	山西省洪洞县	1990.8—1995.3	古县政府县长
郑向晨	山西省尧都区	1995.4—1997.1	古县政府县长
郭文虎	山西省闻喜县	1997.1—2000.5	古县政府县长
黄翠莲	山西省尧都区	2000.5—2003.9	古县政府县长
张成梁	山西省尧都区	2003.9—2006.6	古县政府县长
李　菲	山西省襄汾县	2006.6—2009.9	古县政府县长
加天山	山西省乡宁县	2009.10—2013.1	古县政府县长
李　强	山西省壶关县	2013.4—2016.7	古县政府县长
刘舒华	山西省洪洞县	2016.7—2020.11	古县政府县长
赵晨伟	山西省侯马市	2020.11—	古县政府县长

注：（1）1940年8月安泽、岳阳分县后，杨泽生为岳阳县第一任县长。（2）1971年7月安泽、古县分县后，林贞木为古县革命委员会主任。（3）1980年9月，古县人民代表大会第一次会议召开，撤销县革命委员会，成立古县人民政府，司致祥当选为县长。

古县革命老区发展史

后 记

在庆祝中国共产党成立100周年之际,《古县革命老区发展史》同大家见面了。这是古县人民政治生活中的一件大事,值得庆贺。

根据国家老促会安排,在省、市老促会的指导下,在县委、县政府的领导下,我县于2018年6月确定了以县委书记、县长为主任的《古县革命老区发展史》编纂委员会,制定了编纂方案,确定了编纂人员,并召开了工作会议。会后,编纂人员一方面认真查阅《古县志》《古县革命老区》《中国共产党古县历史纪事》《古县军事志》及其他相关资料;另一方面走村入户,深入学校、企业、医院、各行政事业单位,走访知情人士,召开座谈会,广泛收集资料,了解各行业的发展情况,力争全面、准确地记录本县的革命史实和发展历程。2019年2月形成初稿并送审。经过多方面征求意见,反复修改之后,县审核委员会召开评审会议,对《古县革命老区发展史》书稿进行终审。大家认为此书政治观点正确,指导思想明确,史实准确,体例得当,结构合理,符合史志要求,可以付梓。

在编纂过程中,编纂部的全体工作人员克服年高体弱等多种困难,不惧劳苦,不计名利,加班加点,呕心沥血,终于竣稿。

《古县革命老区发展史》的编写按照历史时期分编负

后记

责、相互照应。付珍祥负责技术指导和制定《编写方案》；《概述》由韩志亮编写；第一编《革命老区的形成和发展》由亓采祥编写；第二编《在社会主义革命和建设中探索前行》由赵新民编写；第三编《老区与改革开放同行》由王学亮编写；第四编《十八大以来的辉煌成就》由王文选、李宁编写；附录部分由惠聚义、王建红等编写；文内插图由李永辉、兰瑞鹏、孟福红负责收集拍照。

本书以党的坚强领导为核心，以老区人民光辉事迹为主体，以老区发展为主线，坚持辩证唯物主义与历史唯物主义的观点和方法，采用编年体与记述体相结合，实事求是地记述古县的革命历史和发展历程。上溯1926年，下迄2021年，分革命战争年代、社会主义革命和建设、改革开放、党的十八大以来四个时期，突出改革开放以来的沧桑巨变和全面落实党的十九大精神取得脱贫攻坚的伟大胜利。

在编纂《古县革命老区发展史》的过程中，得到县人大、县政协及有关单位的大力支持，各有关单位提供了大量有价值的史料，在此一并表示感谢。

本书内容广泛，条理分明，真实反映了近百年来古县社会发展的全过程。由于时间紧迫，所掌握的资料不够全面，加之编纂人员的文化水平与专业知识有限，疏漏和错误在所难免，欢迎读者不吝赐教。

编 者

2021年8月